Fröhler

Ü

C000147393

# Modernisierung des öffentlichen Sektors          Sonderband 46

Herausgegeben
von

Jörg
**Bogumil**          Ruhr-Universität Bochum, Fakultät für Sozialwissenschaft

Dietrich
**Budäus**          Universität Hamburg, Arbeitsbereich Public Management

Gisela
**Färber**          Hochschule für Verwaltungswissenschaften, Speyer

Wolfgang          University of Southern Denmark, Department of Marketing &
**Gerstlberger**          Management, Research Group Integrative Innovation Management

Werner          Universität Potsdam, Wirtschafts- und sozialwissenschaftliche
**Jann**          Fakultät

Renate
**Meyer**          Wirtschaftsuniversität Wien, Institut für Public Management

Erika          Deputy Director, European Foundation for the Improvement of Living
**Mezger**          and Working Conditions (Eurofound), Dublin

Frieder
**Naschold †**          Wissenschaftszentrum Berlin für Sozialforschung

Isabella
**Proeller**          Universität Potsdam, Lehrstuhl für Public und Nonprofit Management

Christoph          Universität Potsdam, Wirtschafts- und sozialwissenschaftliche
**Reichard**          Fakultät

Karsten          DGB-Bundesvorstand, Leiter der Abteilung Öffentlicher Dienst und
**Schneider**          Beamtenpolitik, Berlin

Heinrich
**Tiemann**          Staatssekretär des Auswärtigen Amts a.D., Berlin

Göttrik          Vice President E-Government bei der Deutsche Post Consult (DPC)
**Wewer**          GmbH., Bonn

Sprecher des Herausgeber/innen-Kreises: Christoph Reichard.

**Gedruckt mit freundlicher Unterstützung der Hans-Böckler-Stiftung.**

Norbert Fröhler

# Der Übergang in die Beamtenversorgung im beschäftigungs- politischen Wandel

Eine empirische und analytische Bestandsaufnahme

 Nomos

edition sigma

**Die Deutsche Nationalbibliothek** verzeichnet diese
Publikation in der Deutschen Nationalbibliografie;
detaillierte bibliografische Daten sind im Internet
über http://dnb.d-nb.de abrufbar.

ISBN 978-3-8487-2881-7 (Print)
ISBN 978-3-8452-7281-8 (ePDF)

edition sigma in der Nomos Verlagsgesellschaft

1. Auflage 2015
© Nomos Verlagsgesellschaft, Baden-Baden 2015. Printed in Germany. Alle Rechte,
auch die des Nachdrucks von Auszügen, der fotomechanischen Wiedergabe und der
Übersetzung, vorbehalten. Gedruckt auf alterungsbeständigem Papier.

Druck: Rosch-Buch, Scheßlitz

# Inhalt

1   Einleitung                                                                      7

2   Beschäftigungspolitik und Versorgungsübergang                 13
2.1 Personalpolitik im Zeichen der Ökonomisierung               14
    des öffentlichen Dienstes
2.2 Schlussfolgerungen im Hinblick auf den Versorgungsübergang  25

3   Funktionsweise und Entwicklung der Beamtenversorgung       29
3.1 Grundzüge der Beamtenversorgung                            33
3.2 Regressive Reformen in der Beamtenversorgung seit 1989     41
3.3 Ausgabenentwicklung und „Finanzierbarkeit"                48
    der Beamtenversorgung

4   Ruhestand wegen des Erreichens einer Altersgrenze          59
4.1 Regelaltersgrenze und Antragsaltersgrenzen                 60
4.2 Besondere Altersgrenzen                                    65
4.3 Entwicklung des Versorgungszugangs                         70

5   Ruhestand wegen Dienstunfähigkeit                          93
5.1 Voraussetzungen und Leistungen                             93
5.2 Entwicklung des Versorgungszugangs                         97

6   Vorruhestand                                              109
6.1 Vorruhestandsregelungen                                   109
6.2 Altersteilzeit                                            121
6.3 Teilzeitbeschäftigung im Alter                            135
6.4 Beurlaubung ohne Bezüge                                   135
6.5 Langzeitkonten                                            136
6.6 Flexible Altersarbeitszeit                                139

7   Fazit: Versorgungsübergang im beschäftigungspolitischen   143
    Wandel

    Literatur                                                 155
    Verzeichnis der Abbildungen und Tabellen                  161

# 1 Einleitung

Seit mehr als 20 Jahren befinden sich Alterssicherung und Arbeitsmarktpolitik in einem permanenten Umgestaltungsprozess, der den vorzeitigen Erwerbsausstieg zusehends erschwert und den Übergang in den Ruhestand in ein höheres Alter verlagert hat. Waren die 1970er und 80er Jahre angesichts der steigenden Arbeitslosigkeit vom Paradigma der *Verkürzung* der Lebensarbeitszeit geprägt, so hat sich seit den 1990er Jahren ein Paradigmenwechsel vollzogen. Unter den vorrangigen Zielen der Entlastung der öffentlichen Haushalte, der Senkung der Sozialversicherungsbeiträge und der Bereitstellung eines ausreichenden Arbeitskräfteangebots im demografischen Wandel ist die *Verlängerung* des Erwerbslebens in den Mittelpunkt staatlicher Steuerungsstrategien gerückt (vgl. Fröhler 2014).

In der gesetzlichen Rentenversicherung wurden beginnend mit der Rentenreform 1992 die Altersgrenzen sukzessive angehoben und der vorzeitige Rentenzugang mit dauerhaften Rentenabschlägen versehen. Um den Erwerbsausstieg über den Invaliditätspfad zu erschweren und Ausweichreaktionen aus den Altersrenten zu unterbinden, wurde überdies der Zugang zur Erwerbsminderungsrente erschwert und gleichzeitig die Leistungen reduziert. Auch im Bereich der Arbeitsförderung wurden Übergangspfade zusehends verschlossen (z.B. durch die Abschaffung des erleichterten Arbeitslosengeldbezugs und der Förderung der Altersteilzeit) und der Arbeitsangebotsdruck auf Ältere deutlich erhöht (z.B. durch „Hartz IV" und die Kürzung der maximalen Bezugsdauer von Arbeitslosengeld). Weitere Beschränkungen gehen von der Absenkung des gesetzlichen Rentenniveaus aus, werden dadurch doch die individuellen Ressourcen für die Finanzierung des Rentenübergangs zunehmend begrenzt.

Parallel zum Abbau der staatlichen Vorruhestandsoptionen wurde die Verlagerung der Übergangsgestaltung und -finanzierung auf die tarifliche und betriebliche Ebene gezielt gefördert. Somit erhielt das vormals ergänzende Verhältnis tariflicher und betrieblicher Sozialpolitik zur staatlichen Sozialpolitik zunehmend einen ersetzenden Charakter. Erste Ansätze der Vertariflichung und Verbetrieblichung reichen bis in die 1980er Jahre zurück, als mithilfe des Vorruhestandsgesetzes die betrieblichen Vorruhestandsmodelle mit „kalkulierter Erwerbslosigkeit" eingedämmt werden sollten. Es folgten das erste Altersteilzeitgesetz (1989), die Teilrenten (1992), der Abschlagsausgleich (1996), das zweite Altersteilzeitgesetz (1996) und die „Flexi-Gesetze" zur sozialrechtlichen Regulierung von Langzeitkonten (1998, 2009). Neben der Entlastung der Sozialversicherungssysteme und der Sicherung der personalpolitischen Flexibilität der

Unternehmen zielte diese Rahmengesetzgebung immer auch auf die Verlängerung des Erwerbslebens durch die Förderung von Instrumenten des
*gleitenden* Erwerbsausstiegs.

Unter dem Eindruck der anhaltenden Ablehnung der „Rente mit 67"
in der Bevölkerung und den offensichtlichen Schwierigkeiten etlicher Be-
rufs- und Beschäftigtengruppen, die neuen Altersgrenzen zu erreichen,
zeigen sich in den letzten Jahren staatliche Bestrebungen, den Übergang in
den Ruhestand wieder etwas flexibler zu handhaben. So wurde Mitte 2014
die Altersgrenze für die abschlagsfreie Altersrente für besonders langjährig Versicherte vorübergehend bis auf 63 Jahre abgesenkt. Weitere Gesetzesinitiativen sind geplant, die dann aber wieder auf die Förderung der
tariflichen und betrieblichen Übergangsregulierung zielen sollen (vgl.
Deutscher Bundestag 2014). Ohnehin ist mit diesen Aktivitäten keineswegs
ein erneuter Paradigmenwechsel verbunden. Vor dem Hintergrund der demografischen Entwicklung bleiben die Verlängerung der Lebensarbeitszeit und die Begrenzung der Sozialausgaben nach wie vor zentrale Ziele
staatlicher Alterssicherungs- und Arbeitsmarktpolitik. So wurde parallel
zur „Rente mit 63" ein erster Schritt zur Förderung der Weiterbeschäftigung Älterer über die Regelaltersgrenze hinaus getan. Nunmehr können
Arbeitsverträge, die mit Erreichen der Regelaltersgrenze enden, beliebig
lang und beliebig oft verlängert werden. Weitere Schritte zur Förderung
des zeitlichen Aufschubs des Rentenzugangs und der Fortsetzung bzw.
Neuaufnahme einer Erwerbstätigkeit neben dem Rentenbezug („Flexi-
Rente") sollen folgen.

Während die auf den Rentenübergang bezogene staatliche Steuerungs-
politik und ihre Auswirkungen auf das Übergangsverhalten der Beschäftigten für den Bereich der Privatwirtschaft in den letzten Jahren eingehend
untersucht wurde (vgl. z.B. Bäcker et al. 2009; Fröhler et al. 2013), fehlt
es bislang an vergleichbaren Studien zum öffentlichen Dienst und insbesondere an Untersuchungen zum Übergangsverhalten der BeamtInnen.
Dies ist nicht nur insofern folgenreich, als der öffentliche Dienst mit einem
Anteil von rund 15% an allen abhängig Beschäftigten nach wie vor die
bedeutendste Wirtschaftsbranche darstellt, sondern vor allem auch deshalb, weil mit dem öffentlich-rechtlichen Sonderstatus des Beamtentums
ein eigenständiges Rechtssystem einhergeht, das sich sowohl im Hinblick
auf das Beschäftigungsverhältnis als auch auf die Alterssicherung und die
Regulierung des Erwerbsausstiegs grundlegend vom Bereich der privatrechtlichen Arbeitsverhältnisse unterscheidet. Ein weiterer zentraler Unterschied besteht in der Doppelfunktion des Staates im öffentlichen Dienst
als Gesetzgeber und Arbeitgeber. Diese Doppelfunktion erlaubt ihm einerseits einen unmittelbaren Zugriff auf die Steuerung der institutionellen

Rahmenbedingungen des Übergangs in den Ruhestand. An dieser Regulierungsmacht hat er andererseits auch ein besonderes wirtschaftliches Interesse, denn während private Unternehmen ihre Personalkosten über den (Vor-)Ruhestand auf die Sozialversicherungssysteme externalisierten können, ist dies für die öffentlichen Arbeitgeber in Bezug auf die ArbeitnehmerInnen (wegen der staatlichen Zuschüsse zur gesetzlichen Rentenversicherung) nur bedingt und in Bezug auf die BeamtInnen (wegen der auch im Ruhestand fortbestehenden Alimentationspflicht) gar nicht der Fall. Zwar unterliegen die öffentlichen Arbeitgeber nicht in gleichem Maße betriebswirtschaftlichen Zwängen wie private Unternehmen, dafür aber stehen sie unter dem Druck der öffentlichen Rechtfertigung ihres wirtschaftlichen und politischen Handelns gegenüber SteuerzahlerInnen und WählerInnen. Dabei geht es nicht zuletzt um Fragen der Kohärenz von gesamtgesellschaftlichen staatlichen Politiken und dem eigenen Handeln als öffentlicher Arbeitgeber.

Mit der vorliegenden Untersuchung soll ein Beitrag zur Schließung der in Bezug auf die Beamtenversorgung bestehenden Forschungslücken geleistet werden. Dabei stehen zwei miteinander verbundene Fragenkomplexe im Fokus: *Erstens,* in welcher Weise sich die beamtenrechtlichen Rahmenbedingungen und Bestimmungen für den Übergang in den Ruhestand seit Ende der 1980er Jahren verändert haben. Und *zweitens*, wie sich dieser institutionelle Wandel auf das Übergangsgeschehen ausgewirkt hat. Welche rechtlichen Übergangsoptionen stehen zur Verfügung? Wie werden diese von den BeamtInnen genutzt? Welche Veränderungen lassen sich hierbei im Zeitverlauf erkennen? Welche Wechselwirkungen von Angebot und Nachfrage zwischen den verschiedenen Übergangsoptionen sind zu beobachten? Bei der Beantwortung dieser Fragen sollen signifikante Differenzen zwischen Gebietskörperschaften, Dienstbereichen, Laufbahngruppen oder Geschlechtern herausgearbeitet werden.

Um ein möglichst umfassendes Bild der Entwicklung der beamtenrechtlichen Regulierung und der Praxis des Versorgungsübergangs der BeamtInnen zeichnen zu können, erstreckt sich das Untersuchungsfeld prinzipiell sowohl auf die unmittelbare als auch auf die mittelbare öffentliche Verwaltung sowie auf alle Gebietskörperschaften. Untersuchungszeitraum sind die letzten beiden Jahrzehnte, wobei der Schwerpunkt auf der letzten Dekade liegt. Methodisch fußt die Untersuchung auf einer Auswertung der von den Statistischen Ämtern geführten Personalstand- und Versorgungsempfängerstatistik des öffentlichen Dienstes. Die zentralen Daten der beiden auf Vollerhebungen basierenden Statistiken werden jährlich in tabellarischer Form veröffentlicht. Die Versorgungsempfängerstatistik liefert Daten über die Leistungsberechtigten des öffentlich-rechtlichen Alterssicherungssystems. Hierzu gehören Daten über die Versorgungszugänge eines Jahres, die Rückschlüsse auf den Ablauf des Versorgungsübergangs zulassen. Dies gilt insbesondere für das Zugangsalter und den Grund für den Eintritt des Versorgungsfalles. Die Versorgungsempfängerstatistik erlaubt grundsätzlich Differenzierungen nach Gebietskörperschaften (Bund, Länder, Kommunen und Sozialversicherungsträger), nach Dienstbereichen (Bund: BeamtInnen und RichterInnen, BerufssoldatInnen, Bahn, Post, rechtlich selbstständige Einrichtungen; Länder: Schuldienst, Vollzugsdienst, übrige Bereiche), nach Laufbahngruppen (einfacher und mittlerer Dienst, höherer Dienst, gehobener Dienst), nach Zugangsalter und nach Geschlecht (Frauen/Männer). Die Personalstandstatistik liefert ergänzend Daten über das Personal und die Altersteilzeitbeschäftigten des öffentlichen Dienstes. Sie bietet Differenzierungen nach Gebietskörperschaften, Regionen (Ost/West) und Geschlecht (Frauen/Männer). In beiden Statistiken ist die Vergleichbarkeit der Daten über den Zeitverlauf durch systematische oder statistische Veränderungen teilweise (erheblich) eingeschränkt.

Die Auswertung und Interpretation der statistischen Daten wird eingebettet in eine eingehende Darstellung und Analyse der beschäftigungspolitischen und institutionellen Rahmenbedingungen der Alterserwerbstätigkeit und des Versorgungsübergangs. Im Zentrum stehen dabei die Regelungen zum Übergang in die Beamtenversorgung selbst. Da die Versorgungsbedingungen und die Höhe der zu erwartenden Versorgungsbezüge ein entscheidendes Kriterium für Zeitpunkt und Ablauf des Erwerbsaustritts darstellen, werden darüber hinaus auch diese Aspekte in die Untersuchung einbezogen. Gleiches gilt für die Beschäftigungspolitik im öffentlichen Dienst und deren Auswirkungen auf die Übergangsregulierung einerseits sowie auf die Arbeitsfähigkeit und -motivation der BeamtInnen im fortgeschrittenen Erwerbsalter andererseits.

Die Untersuchung gliedert sich in sechs Kapitel. In *Kapitel 2* steht zunächst die Entwicklung der Beschäftigungs- und Personalpolitik des öffentlichen Dienstes im Zentrum der Analyse, ohne deren Kenntnis sich die Entwicklung des Versorgungsübergangs nicht verstehen lässt. Ausgangspunkt ist hierbei der umfassende Umstrukturierungsprozess, in dem sich der öffentliche Dienst seit Ende der 1980er Jahre befindet und der von Liberalisierungs-, Privatisierungs-, Austeritäts- und Effizienzsteigerungsstrategien gekennzeichnet ist. Deren Auswirkungen auf die Personalpolitik und die Arbeitsbedingungen im öffentlichen Dienst werden anhand der Daten der Personalstandsstatistik und anderer quantitativer Erhebungen nachvollzogen und problematisiert (2.1). Abschließend werden erste Schlussfolgerungen im Hinblick auf mögliche Auswirkungen auf die Entwicklung der Übergangsregulierung und den individuellen Übergangsverlauf gezogen (2.2).

Als weitere zentrale Grundlage für die Untersuchung werden in *Kapitel 3* die Konstruktionsprinzipien sowie die wichtigsten rechtlichen Regelungen der Beamtenversorgung und deren Veränderungen dargestellt. Dabei stehen die Bestimmungen zu den Versorgungsbezügen im Mittelpunkt, aber auch die Regelungen zum Versorgungszugang werden bereits kurz gestreift. Zunächst werden die Grundzüge der Beamtenversorgung und -besoldung nachvollzogen (3.1). Anschließend werden die zahlreichen, unter dem Paradigma der Kosteneinsparung stehenden Reformmaßnahmen in der Beamtenversorgung seit Ende der 1980er überblicksartig dargestellt (3.2). Abschließend werfen wir einen Blick auf die finanziellen Auswirkungen dieser regressiven Reformen. Hierzu werden quantitative Daten zur Entwicklung der Versorgungsempfängerzahlen, der Versorgungsbezüge und der Versorgungsausgaben vorgestellt und analysiert. Dabei geht es nicht zuletzt um die viel diskutierte Frage der „Finanzierbarkeit" der Beamtenversorgung, die den Reformmaßnahmen zugrunde liegt (3.3).

Danach widmen wir uns dem eigentlichen Untersuchungsgegenstand, der Regulierung des Erwerbsausstiegs und der Inanspruchnahme der verschiedenen Möglichkeiten des Versorgungszugangs und des Vorruhestands. Dabei geht es in *Kapitel 4* zunächst um die Ruhestandsversetzung wegen des Erreichens einer Altersgrenze. Zunächst werden die zentralen Regelungen und Reformen in Bezug auf die Regelaltersgrenze und die Antragsaltersgrenzen (allgemeine Antragsaltersgrenze, Antragsaltersgrenze wegen Schwerbehinderung) vorgestellt (4.1), gefolgt von den für bestimmte Beamtengruppen geltenden besonderen Altersgrenzen (4.2). Anschließend wird die Entwicklung der Inanspruchnahme der Altersgrenzen anhand der Daten der Versorgungsempfängerstatistik nachvollzogen und analytisch an den rechtlichen Wandel rückgebunden (4.3).

In gleicher Weise wird in *Kapitel 5* der Ruhestand wegen Dienstunfähigkeit untersucht. Aufgrund des leichteren Zugangs und der höheren Versorgungsleistungen ist der Ruhestand wegen Dienstunfähigkeit seit jeher wesentlich stärker eine tatsächliche „Option" für den Erwerbsausstieg als die Erwerbsunfähigkeits- bzw. Erwerbsminderungsrenten in der gesetzlichen Rentenversicherung. Entsprechend kommt dem Ruhestand wegen Dienstunfähigkeit eine wichtige Rolle sowohl in der Übergangsregulierung als auch im konkreten Übergangsgeschehen zu. Zunächst werden die zentralen Regelungen und Reformen vorgestellt (5.1), anschließend wird die Entwicklung der Inanspruchnahme analysiert und interpretiert (5.2).

*Kapitel 6* widmet sich den Vorruhestandsmöglichkeiten, jenen rechtlichen Instrumenten also, die einen teilweisen oder vollständigen Erwerbsausstieg vor dem eigentlichen Ruhestandseintritt ermöglichen. Im Beamtenbereich des öffentlichen Dienstes umfasst dies insbesondere diverse Vorruhestandsregelungen (6.1), die Altersteilzeit (6.2), die „normale" Teilzeitbeschäftigung (6.3) und die Möglichkeit der Beurlaubung bis zum Ruhestandseintritt (6.4). Mit Langzeitkonten (6.5) und dem an die Teilrenten in der gesetzlichen Rentenversicherung angelehnten Modell der „Flexiblen Altersarbeitszeit" (6.6) sind in den letzten Jahren zwei neue Instrumente hinzugekommen, die sich jedoch noch mehr oder weniger in der „Erprobungsphase" befinden. Die genannten Vorruhestandsinstrumente werden in Hinblick auf ihre zentralen Regelungen und – soweit möglich – auf die Entwicklung ihrer Inanspruchnahme hin analysiert. Neben der Versorgungsempfängerstatistik wird hierbei auch auf Daten aus der Personalstandsstatistik zurückgegriffen.

Zum Abschluss erfolgt in *Kapitel 7* eine Zusammenfassung der zentralen Untersuchungsergebnisse. Dabei werden die intendierten und nicht-intendierten Folgen der Ruhestandspolitik sowohl für die unterschiedlichen Beamtengruppen als auch für die öffentlichen Arbeitgeber diskutiert und davon ausgehend einige Empfehlungen im Hinblick auf die zukünftige Übergangsregulierung gegeben.

# 2    Beschäftigungspolitik und Versorgungsübergang

Beschäftigungs- und Personalpolitik wirken in mehrfacher Hinsicht auf die Regulierung und den individuellen Verlauf des Übergangs in die Beamtenversorgung ein.[1] Zum einen stellt die Regulierung des Erwerbsausstiegs ein zentrales Instrument zur Steuerung von Arbeitskräfteangebot und -nachfrage dar. So dient die Ermöglichung eines frühen Erwerbsausstiegs in der Regel dem Abbau eines Überangebots an Arbeitskräften, der gezielten Umstrukturierung des Personalbestands (z.B. in qualifikatorischer oder in altersbezogener Hinsicht) oder der Ausgliederung von gesundheitlich eingeschränkten und leistungsgeminderten Beschäftigten. Umgekehrt dient die Heraufsetzung des Erwerbsausstiegsalters in der Regel der Befriedigung der Arbeitskräftenachfrage in Zeiten eines knappen Arbeitskräfteangebots bzw. bei Überbeschäftigung. In diesem Fall kann jedoch auch das gezielte Angebot eines vorzeitigen Erwerbsausstiegs ein probates Mittel der Personalrekrutierung und -bindung darstellen und die Attraktivität des Arbeitgebers im Wettbewerb um knappe Qualifikationen erhöhen. Zum anderen haben Beschäftigungs- und Personalpolitik unmittelbare Konsequenzen für die Arbeitsfähigkeit und -motivation der Beschäftigten und stellen auch aus dieser Perspektive eine unverzichtbare Grundlage für das Verständnis des Versorgungsübergangs dar. So führen hohe Arbeitsbelastungen und -anforderungen, mangelnde Qualifizierungen oder das Fehlen von Gesundheitsprävention und alter(n)sgerechter Arbeitsgestaltung in der Regel zu einem frühzeitigen Verschleiß des Leistungs- und Arbeitsvermögens und zu einem vorzeitigen Erwerbsausstieg. Auch Arbeitszeit- und Entgeltpolitik stellen zentrale Einflussfaktoren dar, wirkt sich das Einkommen doch unmittelbar auf die Versorgungsbezüge aus und steckt somit den finanziellen Handlungsspielraum für Zeitpunkt und Gestaltung des Erwerbsaustritts ab – zumal dieser im Regelfall ohnehin mit (erheblichen) Einkommenseinbußen verbunden ist. Aufgrund ihrer Bedeutung für das Verständnis der Regulierung und des individuellen Verlaufs des Versorgungsübergangs erfolgt an dieser Stelle zunächst eine einleitende Übersicht über die für den Untersuchungsgegenstand zentralen Charakteristiken und Entwicklungen der öffentlichen Beschäftigungspolitik, bevor wir uns im nächsten Kapitel der Beamtenversorgung zuwenden.

---

1    Als Versorgungsübergang wird die Statuspassage von der Erwerbsphase in den Ruhestand bezeichnet. Diese kann neben direkten Übergängen auch Übergangsformen mit einer Abfolge von verschiedenen Erwerbsformen und sozialrechtlichen Zuständen wie z.B. Teilzeitbeschäftigung, Altersteilzeit oder Beurlaubung umfassen.

## ■ 2.1 Personalpolitik im Zeichen der Ökonomisierung des öffentlichen Dienstes

Der öffentliche Dienst befindet sich seit Ende der 1980er Jahre in einem Umstrukturierungsprozess, der sich als fortschreitende „Ökonomisierung" kennzeichnen lässt (Czerwick 2007). Historischer Ausgangspunkt dieser Entwicklung ist die konjunkturell und strukturell bedingte Verschlechterung der Ausgaben- und Einnahmenseite der öffentlichen Haushalte, die daraus resultierende Zunahme der Haushaltsdefizite bzw. Staatsverschuldung sowie die Liberalisierung des europäischen Binnenmarktes und der (vermeintliche) Zwang zur Einhaltung der Konvergenzkriterien der Wirtschafts- und Währungsunion. Zugleich gewannen die an betriebswirtschaftlichen Effizienzkriterien ausgerichteten personalpolitischen Prinzipien des „New Public Management" – Kundenorientierung und höhere Leistungsfähigkeit bei geringerem administrativem und finanziellem Aufwand – auch in Deutschland an Einfluss (vgl. Koch 2004). Im Ergebnis setzte sich ein zunehmend neoliberal geprägtes Staatsverständnis durch, das einen Rück- und Umbau staatlicher Leistungserbringung hin zur „schlanken Verwaltung" und zum „lean state" implizierte, um mittels Senkung der Staatsquote, Steuer- und Abgabensenkungen und Privatisierungen das Wirtschaftswachstum anzukurbeln und so die Position der nationalen Wirtschaft im europäischen und globalen Wettbewerb zu stärken (vgl. Pelizzari 2001). Neben dem „Outsourcing" von Teilaufgaben wie Reinigungsdiensten oder Catering wurde die Liberalisierung und Privatisierung von ganzen Aufgabenbereichen bzw. Einrichtungen der öffentlichen Daseinsvorsorge vorangetrieben. Im Bundesbereich betraf dies vor allem die Bundesbahn und die Bundespost, im kommunalen Bereich die Versorgungs- und Entsorgungsleistungen (Energie, Wasser, Abfall), den öffentlichen Personennahverkehr und die Krankenhäuser. Die verbliebenen Aufgabenbereiche wurden im Zuge der „Verwaltungsmodernisierung" und der Umsetzung des „neuen Steuerungsmodells" Effizienzsteigerungs- und Vermarktlichungsstrategien unterzogen, insbesondere durch die Einführung von externem Wettbewerb und internen Vergleichen, einer verstärkten Leistungsorientierung sowie durch den Aufbau unternehmensähnlicher, dezentraler Führungs- und Organisationsstrukturen (vgl. Czerwick 2007; Bogumil et al. 2007). Grundsätzliche Fragen zu Form, Umfang und Qualität öffentlicher Infrastruktur und Verwaltung wurden dabei durch kurzfristige Kostenkalküle in den Hintergrund gedrängt.

Da die arbeitsintensive Erstellung öffentlicher Dienstleistungen einen überdurchschnittlichen Anteil der Personalkosten an den Gesamtausgaben verursacht, setzten die staatlichen Sparpolitiken vor allem hier an.[2] Neben Privatisierung und Effizienzsteigerung wurde dabei auch zu klassischen Mitteln der Personalkostenreduzierung wie Stellenabbau, Arbeitszeitflexibilisierung, Arbeitsintensivierung oder Entgeltkürzung gegriffen. Damit passten die öffentlichen Arbeitgeber ihre Personalstrategien an jene der privaten Arbeitgeber an. Die lange vorherrschende Selbstverpflichtung, ein „guter Arbeitgeber" zu sein und darin eine Vorbildfunktion gegenüber der Privatwirtschaft auszuüben, wurde weitgehend aufgegeben (vgl. Briken et al. 2014). Gleichwohl bietet der öffentliche Dienst in der Summe wohl noch immer die (etwas) besseren Arbeitsbedingungen (vgl. Ellguth/Kohaut 2011; Brandl/Stelzl 2013).

Infolge von Privatisierung und Stellenabbau, der zum Teil auch den Folgelasten des Beitritts der DDR geschuldet war, ist das Gesamtpersonal des öffentlichen Dienstes zwischen 1991 und 2014 um fast ein Drittel von 6,74 Mio. auf 4,65 Mio. Beschäftigte gesunken (StBA 2003: 10.1.1; StBA 2015b: 82).[3] Im OECD-Vergleich liegt die öffentliche Beschäftigungsquote damit inzwischen im unteren Mittelfeld, im EU-Vergleich genau im Durchschnitt (OECD 2011; Vesper 2012: 38). Der Personalabbau betraf zunächst vor allem die ostdeutschen Bundesländer, deren Personalausstattung sukzessive an die der westdeutschen angeglichen wurde.[4] Ab Mitte der 1990er Jahre setzte dann auch in den westdeutschen Bundesländern ein drastischer Abbau ein. Insgesamt machte allein die Privatisierung von Bundesbahn und Bundespost in etwa die Hälfte des Personalabbaus aus. Ein weiteres Viertel lässt sich auf den beitrittsbedingten Stellenabbau in

---

2    Aufgrund der föderalen Aufgabenverteilung differiert der Personalkostenanteil zwischen den Gebietskörperschaften: Er ist mit 37% in den Ländern am höchsten, da diese für die personal- und kostenintensiven Bereiche Bildung, Wissenschaft, Polizei und Justiz vorwiegend zuständig sind, gefolgt von den Kommunen (26%) und dem Bund (10%) (Keller 2010: 29).

3    In diesen Zahlen enthalten sind auch Auszubildende und befristet Beschäftigte, nicht aber geringfügig Beschäftigte sowie Personen in sogenannten „Ein-Euro-Jobs" und Freiwilligendiensten.

4    Die vollständige Übertragung der westdeutschen Strukturen auf das Beitrittsgebiet machte grundlegende Umstrukturierungen notwendig. Die Kommunalverwaltungen mussten umgebaut und die Länderverwaltungen völlig neu aufgebaut werden. Hingegen wurde die umfangreiche Zentralverwaltung weitgehend überflüssig. Insgesamt war die öffentliche Verwaltung in der DDR mit mehr als zwei Mio. Beschäftigten im Vergleich zu jener der BRD personell wesentlich besser ausgestattet und galt daher aus westdeutscher Perspektive als übersetzt. Auch von den rund 90.000 zum Beitrittszeitpunkt noch im Dienst befindlichen Angehörigen der NVA wurden letztlich nur ca. 10.800 als Berufs- oder Zeitsoldaten in die Bundeswehr übernommen (Ehlert 2002).

Ostdeutschland zurückführen, rund 5% gehen auf das Konto der Verkleinerung der Bundeswehr (Ahlers 2004: 79). Seit 2009 ist wieder ein leichter Beschäftigungsanstieg zu verzeichnen, der im Wesentlichen aus der Ausweitung des wissenschaftlichen Personals an den Hochschulen und dem Ausbau der Kinderbetreuung resultiert, während vor allem in der allgemeinen Verwaltung, in der Bundeswehr oder im Gesundheitsbereich der Personalbestand weiter zurückgeht. Der Anstieg beschränkt sich zudem auf Westdeutschland, während die ostdeutschen Länder und Kommunen aufgrund der prekäreren Finanzlage weiter Personal abbauen. Ohnehin fiel der Personalabbau im Osten (-22,1% seit 1995) insgesamt deutlich stärker aus als im Westen (-8,9%) (Tepe/Kroos 2010: 6, StBA 2015b: 86ff.). Zugleich war der Personalabbau im Bundesbereich (ca. drei Viertel) erheblich stärker als in den Kommunen (ca. ein Drittel) und in den Ländern (ca. ein Viertel) (StBA 2011: 100; StBA 2015b: 82).[5]

Jenseits von Privatisierungen wurde der Stellenabbau vor allem über Einstellungsstopps und die vorzeitige Versetzung in den Ruhestand vollzogen. Hingegen waren betriebsbedingte Kündigungen eher die Ausnahme, wozu – neben der Unmöglichkeit des Rückgriffs auf dieses Instrument (Beamte) bzw. des arbeitgeberseitig selbstauferlegten Verzichts (Tarifbeschäftigte) – nicht zuletzt die ab Anfang der 1990er Jahre abgeschlossenen Dienstvereinbarungen zum Beschäftigungsschutz ihren Beitrag lieferten. Laut Ahlers (2004: 81) hatten bis zum Jahr 2002 75% der Dienststellen und Betriebe von der Nichtwiederbesetzung von Stellen Gebrauch gemacht, 66% von Vorruhestandsmöglichkeiten, 20% von Aufhebungsverträgen und 4% von betriebsbedingten Kündigungen.

Auch im Beamtenbereich hat sich die Beschäftigung insgesamt deutlich verringert. Der Rückgang fiel jedoch weit weniger drastisch aus als im Tarifbereich: Zwischen 1991 und 2014 ist die Anzahl der aktiven BeamtInnen (inkl. Bahn- und Postnachfolgeunternehmen) um 9% von 2,1 Mio. auf 1,92 Mio. gesunken (vgl. Abb. 2.1). Dabei war bis 1994 zunächst sogar ein Anstieg zu verzeichnen, der vor allem auf die Übertragung des Berufsbeamtentums auf die ostdeutschen Bundesländer – in der DDR gab es keine BeamtInnen – zurückzuführen war. In der zweiten Hälfte der 1990er Jahre nahm die Anzahl der BeamtInnen infolge der Privatisierung von Bundespost und Bundesbahn dann stark ab, da in den Nachfolgeunternehmen der Zugang zur Beamtenlaufbahn nicht mehr möglich war, teilweise Beamten- in Arbeitnehmerverhältnisse umgewandelt und die verbliebenen BeamtInnen bevorzugt in den vorzeitigen Ruhestand versetzt

---

5    Exakte Zahlenangaben sind aufgrund systematischer Umstellungen in der Statistik nicht möglich.

wurden. Seit Anfang der 2000er Jahre zeigt sich ein wellenartiger Beschäftigungsverlauf bei insgesamt sinkender Tendenz. Während insbesondere in der Bundeswehr, der Finanzverwaltung und in der Sozialverwaltung Beamtenstellen wegfielen, wurden in der zentralen Verwaltung, im Sicherheits- und im Bildungsbereich zusätzliche Stellen geschaffen (StBA 2003: 2.2; StBA 2015b: 46). Mit Blick auf die Gebietskörperschaften zeigen sich gegenläufige Entwicklungen: Während sich die Anzahl der BundesbeamtInnen im Vergleich zum Beginn der 1990er Jahre nahezu halbiert hat, ist die Anzahl insbesondere der LandesbeamtInnen (+20%), aber auch der KommunalbeamtInnen (+10%) in der Summe sogar gestiegen (StBA 2003: 10.1.1; StBA 2015b: 82).[6]

**Abb. 2.1:** Entwicklung der Anzahl der aktiven BeamtInnen von 1991 bis 2014 (in Tausend)

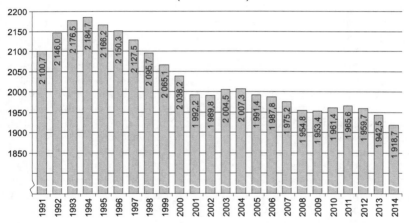

Quelle: Statistisches Bundesamt, Personal des öffentlichen Dienstes, Fachserie 14, Reihe 6; eigene Berechnungen

Im Jahr 2014 waren 69% der BeamtInnen im Landesbereich beschäftigt, 19% im Bundesbereich, 10% im kommunalen Bereich und 2% bei den Sozialversicherungsträgern (StBA 2015b: 82). Der Frauenanteil lag bei 45% (StBA 2015b: 29). Er ist infolge der beschäftigungs- und familienpolitisch intendierten Gleichstellungsförderung seit Beginn der 1990er Jahre um 14 Prozentpunkte gestiegen, liegt aber noch immer deutlich hinter dem Frauenanteil des Tarifbereichs (62%) zurück (ebd.; BMI 1996: 15). Auch die

---

6   Auch hier verhindern Umstellungen in der Statistik genaue Zahlenangaben.

Laufbahnstruktur hat sich in den letzten beiden Dekaden sichtlich verändert (BMI 1996: 129; StBA 2015b: 29).[7] Zwischen 1993 und 2014 ist der Anteil der BeamtInnen des einfachen Dienstes von 6% auf 3% und jener der BeamtInnen des mittleren Dienstes von 35% auf 29% gesunken. Auch der Anteil der BeamtInnen des höheren Dienstes ist etwas zurückgegangen (von 19% auf 16%).Hingegen ist der Anteil der BeamtInnen des gehobenen Dienstes von 40% auf 52% gestiegen. Diese Verschiebungen haben zu einem weiteren Anstieg des im Vergleich zur Privatwirtschaft, aber auch zum Tarifbereich des öffentlichen Dienstes ohnehin (weit) überdurchschnittlichen Qualifikationsniveaus geführt, das auf dem hohen Anteil akademischer Berufe beruht.

Infolge der Ökonomisierung des öffentlichen Dienstes haben sich die Beschäftigungs- und Arbeitsbedingungen erheblich ausdifferenziert und in der Summe deutlich verschlechtert. Der Personalabbau, die Reorganisations- und Rationalisierungsmaßnahmen und die strukturelle Unterfinanzierung haben Prozesse der Flexibilisierung, Intensivierung und Subjektivierung der Arbeit nach sich gezogen bzw. verstärkt (vgl. Matuschek 2010). Weniger Personal bei gleichzeitiger Zunahme der zu erbringenden Dienstleistungen, steigenden Qualitäts- und Qualifikationsanforderungen, erheblichen Veränderungen in der Arbeitsorganisation und erhöhtem Effizienz- und Leistungsdruck hatten und haben massive Arbeitsverdichtungen und Arbeitszeitverlängerungen zur Folge. Die personellen, zeitlichen, fachlichen und qualifikatorischen Lücken im Arbeitsalltag müssen durch subjektive Mehrleistung geschlossen werden, wobei sich die Grenzen zwischen Erwerbsarbeit und Privatleben verschieben bzw. auflösen und Beschäftigte zunehmend an die Grenzen ihrer Leistungsfähigkeit stoßen. Die Gefahr der Entgrenzung und der erzwungenen Subjektivierung durch subjektivierte Leistungspolitik ist im öffentlichen Dienst besonders virulent, da es sich bei den hier geleisteten Tätigkeiten vorwiegend um Interaktionsarbeit handelt (vgl. Böhle et al. 2015).

Die gestiegenen Arbeitsanforderungen und -belastungen sind in einer Reihe von empirischen Studien nachgewiesen worden. So berichten in der Befragung von Schmidt/Müller (2012) übereinstimmend je 88% der kommunalen Arbeitgeber und Personalräte, dass die Leistungsanforderungen an die Beschäftigten zugenommen haben. Als Ursachen hierfür werden

---

7   In Folge der Föderalismusreform gibt es bei Bund und Ländern keine einheitlichen Laufbahngruppen mehr, weshalb in der Statistik eine entsprechende Unterteilung nur noch für den Bundesbereich erfolgt. Deshalb wurden für das Jahr 2014 annährungsweise Laufbahnen nach den Besoldungsgruppen gebildet: A2-A5 (einfacher Dienst), A6-A9 (mittlerer Dienst), A10-A13 (gehobener Dienst), A14-A16, B, C, W (höherer Dienst).

zuvorderst wachsende Aufgabenbereiche, Stellenabbau bei gleichen oder wachsenden Aufgaben und Haushaltsengpässe genannt (ebd.: 30). Ähnliche Ergebnisse liefert für einen früheren Zeitpunkt die WSI-Personalrätebefragung 2004: Demnach sind in 91% der Dienststellen die psychischen und in 33% die körperlichen Arbeitsbelastungen angestiegen (Ahlers 2005: 346f.). Erwartungsgemäß liegen im öffentlichen Dienst insbesondere die psychischen Arbeitsbelastungen weit über dem gesamtwirtschaftlichen Durchschnitt: Laut BIBB/BAuA-Erwerbstätigenbefragung 2005/06 müssen 65% der öffentlich Beschäftigten regelmäßig verschiedenartige Arbeiten gleichzeitig ausführen, 50% arbeiten unter starkem Termin- und Leistungsdruck, 49% werden oft bei der Arbeit gestört, 48% berichten von ständig wiederkehrenden Arbeitsvorgängen und 42% werden oft mit neuen, ungewohnten Aufgaben konfrontiert. Dabei werden insbesondere der Termin- und Leistungsdruck und die ständigen Unterbrechungen als stark belastend empfunden (BMAS/BAuA 2012: 66). Die Folgebefragung 2011/12 zeigt ein ungemindert hohes Belastungsniveau; gleichzeitig berichtet etwa die Hälfte der Beschäftigten in der Summe von einer weitere Zunahme des Arbeitsstresses (Lohmann-Haislah 2012: 44f., 89). Die Belastungen ziehen entsprechende gesundheitliche Beeinträchtigungen nach sich: 50% der öffentlich Beschäftigten berichten von arbeitsbedingten Nacken- und Schulterschmerzen, 45% von allgemeiner Erschöpfung, 43% von Rückenschmerzen, 35% von Kopfschmerzen, 30% von Nervosität und Reizbarkeit und 23% von Schlafstörungen (BMAS/ BAuA 2012: 67). Dies macht sich nicht zuletzt in hohen krankheitsbedingte Fehlzeiten bemerkbar: Während der Durchschnitt der AOK-Versicherten im Jahr 2011 einen Krankenstand von 4,7% erreichte, lag der Sektor „Öffentliche Verwaltung und Sozialversicherung" mit 5,5% fast an der Spitze, nur übertroffen von der Branche „Energie, Wasser, Entsorgung und Bergbau" mit 5,6% (Badura et al. 2012). Zudem geht laut DGB-Index „Gute Arbeit" die Hälfte der Beschäftigten regelmäßig trotz eigentlicher Arbeitsunfähigkeit zur Arbeit (DGB-Index 2011: 11).

Neben der Zunahme der Arbeitsintensität hat auch die Verlängerung der Arbeitszeiten einen Beitrag sowohl zur Kostenreduktion als auch zur Belastungssteigerung geleistet. So wurden im Laufe der letzten beiden Dekaden in weiten Teilen des öffentlichen Dienstes die Arbeitszeiten ohne Lohnausgleich erhöht. Auch wurden verbreitet Pausen- und Wegezeiten reduziert oder in unbezahlte Zeiten umgewandelt (vgl. z.B. Resch 2012). Bis Mitte der 2000er Jahre galten im öffentlichen Dienst einheitlich tarifliche Wochenarbeitszeiten von 38,5 Stunden (West) bzw. 40 Stunden (Ost). Seit der Einführung des „Tarifvertrags für den öffentlichen Dienst" (TVöD) im Jahr 2005 gilt im Bundesbereich übergreifend die 39-Stunden-

Woche. Für den Bereich der westdeutschen Bundesländer wurden mit dem „Tarifvertrag für den öffentlichen Dienst der Länder" (TV-L) ab 2006 differenzierte Wochenarbeitszeiten eingeführt, die aktuell zwischen 38:42 Stunden (Schleswig-Holstein) und 40:06 Stunden (Bayern) liegen. Auch in den Kommunen wurde 2008 im Tarifgebiet West die Wochenarbeitszeit auf 39 Stunden erhöht, wobei Öffnungsklauseln eine weitere Verlängerung auf bis zu 40 Stunden erlauben. Im Beamtenbereich wurden die Arbeitszeiten früher und zum Teil auch stärker angehoben. Auch hier lag die regelmäßige Wochenarbeitszeit bis Mitte der 1990er Jahre in Bund und Ländern einheitlich bei 38,5 Stunden (West) bzw. 40 Stunden (Ost). Im Jahr 1996 erhöhte Niedersachsen als erstes westdeutsches Bundesland auf 40 Stunden, die anderen Länder folgten nach und nach. Aktuell liegt die regelmäßige Wochenarbeitszeit im Bund einheitlich bei 41, in Hessen bei 42, in Baden-Württemberg, Nordrhein-Westfalen und Schleswig-Holstein bei 41 und in den restlichen Bundesländern bei 40 Stunden (dbb 2015: 44).[8] In den meisten Ländern können zudem die obersten Dienstbehörden die regelmäßige Arbeitszeit für einzelne Verwaltungszweige, Dienststellen oder Beamtengruppen auf 50, 55 oder 60 Wochenstunden verlängern. Ohnehin liegen die tatsächlichen Arbeitszeiten oft (weit) über der Regelarbeitszeit: Laut BIBB/BAuA-Erwerbstätigenbefragung arbeiten die öffentlich Beschäftigten (inkl. Tarifbereich) im Durchschnitt vier Wochenstunden länger als eigentlich vereinbart, 42% arbeiten regelmäßig mehr als 40 Stunden und 11% sogar mehr als 48 Stunden pro Woche (BMAS/BAuA 2012: 63; Lohmann-Haislah 2012: 59).

Ein weiteres Mittel der Personalkostenreduzierung ist die Destandardisierung der Beschäftigungsverhältnisse durch die Ausweitung atypischer und prekärer Arbeit. So ist Vollzeitbeschäftigung zunehmend durch Teilzeitbeschäftigung ersetzt worden: Während sich die Anzahl der Vollzeitbeschäftigten im öffentlichen Dienst zwischen 1991 und 2014 von 5,67 Mio. auf 3,16 Mio. verringert hat, ist gleichzeitig die Anzahl der Teilzeit-

---

8    In Bayern (2004 bis 2013) und Thüringen (2005 bis 2012) galt zeitweise ebenfalls die 42-Stunden-Woche. Für Schwerbehinderte gelten teilweise (Bund, Hessen, Nordrhein-Westfalen, Schleswig-Holstein) um ein bis zwei Stunden reduzierte Wochenarbeitszeiten. Gleiches gilt im Bund für BeamtInnen mit Kinderbetreuungs- und Pflegeaufgaben. In Hessen und Nordrhein-Westfalen existieren zudem Altersstaffelungen: In Hessen verringert sich die Wochenarbeitszeit ab dem 51. Lebensjahr um eine und ab dem 61. Lebensjahr um eine weitere Stunde; dasselbe gilt für Nordrhein-Westfalen ab dem 55. und dem 60. Lebensjahr. Bei der Deutschen Bahn beträgt die regelmäßige Wochenarbeitszeit der BeamtInnen 41 Stunden, bei Deutscher Post und Postbank 38,5 Stunden und bei der Telekom 34 Stunden.

beschäftigten (inkl. Altersteilzeit) von 1,07 Mio. auf 1,49 Mio. gestiegen. Infolge dessen hat sich die Teilzeitquote von 16% auf 32% verdoppelt (StBA 2003: 10.1.3; StBA 2015b: 84). Der Beschäftigungsabbau ging somit weit über den reinen Personalabbau hinaus. Des Weiteren hat auch der Anteil geringfügiger Beschäftigung deutlich zugenommen: Minijobs machen mittlerweile rund 5% der Beschäftigungsverhältnisse aus, weitere 4% der öffentlich Beschäftigten gehen einem Midi-Job nach (Keller/Seifert 2014: 631f.). Ebenfalls deutlich angestiegen ist der Anteil befristeter Arbeitsverhältnisse (Altis/Koufen 2011: 1116). Aufgrund des gesetzlichen Sondertatbestands der „Haushaltsbefristung" hatte der öffentliche Dienst hier schon immer eine Vorreiterrolle inne. Bei den Tarifbeschäftigten liegt die Befristungsquote (ohne Auszubildende und geringfügig Beschäftigte) mittlerweile bei 15% (StBA 2015b: 77).[9] Weitere 2% der Beschäftigten sind LeiharbeitnehmerInnen (Keller/Seifert 2014: 632). Ähnlich hoch dürfte auch der Anteil der WerkvertragsnehmerInnen und freien MitarbeiterInnen sein (ebd.: 633). Insgesamt hatten atypische Beschäftigungsverhältnisse im Jahr 2012 einen Anteil von 37% an der Gesamtbeschäftigung (ebd.). Damit war atypische Beschäftigung im öffentlichen Dienst sogar etwas weiter verbreitet als in der Privatwirtschaft (36%). Im Vergleich zu dieser weist der öffentliche Dienst im Einzelnen eine höhere Teilzeit- und Befristungsquote, aber eine niedrigere Geringfügigkeits- und Leiharbeitsquote auf (ebd.: 630ff.; Ellguth/Kohaut 2011: 24). Wie im Allgemeinen ist atypische Beschäftigung auch im öffentlichen Dienst unter Frauen weiter verbreitet als unter Männern und in den unteren Entgelt- und Laufbahngruppen stärker als in den oberen (Keller 2010: 36). Somit zeigen sich auch im öffentlichen Dienst deutliche Tendenzen einer Dualisierung des Beschäftigungssystems in intern-stabile Segmente („etablierte Insider") und extern-instabile Segmente („neue Outsider") bei allgemein steigender Beschäftigungsunsicherheit.

Da Hauptberuflichkeit, Lebenszeitprinzip und Vollalimentation zu den hergebrachten Grundsätzen des Berufsbeamtentums zählen, waren atypische Beschäftigungsverhältnisse hier lange Zeit kaum anzutreffen. In den letzten 20 Jahren wurden die vormals engen rechtlich-institutionellen Grenzen jedoch sukzessive gelockert. Gleichwohl beschränkt sich im Beamtenbereich atypische Beschäftigung aus den genannten Gründen nach wie vor auf Teilzeit und Befristung. Teilzeitbeschäftigung ist bis heute

---

9  Bei Neueinstellungen ist die Befristung mit einem Anteil von etwa zwei Dritteln quasi zum „Normalarbeitsverhältnis" geworden (Bellmann et al. 2009: 361). Zudem liegt die Übernahmequote in ein unbefristetes Arbeitsverhältnis lediglich bei einem Drittel und damit deutlich niedriger als in der Privatwirtschaft (Ellguth/ Kohaut 2011: 25).

grundsätzlich nur auf Antrag des Beamten/der Beamtin zulässig und muss mindestens die Hälfte der regelmäßigen Arbeitszeit umfassen.[10] Die voraussetzungslose Antragsteilzeit wurde erst 1997 eingeführt, zuvor war Teilzeit nur bei Vorliegen familiärer oder arbeitsmarktpolitischer Gründe möglich. Ein Teilzeitantrag kann aus dienstlichen Gründen zurückgewiesen werden.[11] Dennoch ist die Teilzeitquote in den letzten Jahren stark angestiegen: Waren 1991 lediglich 9% der BeamtInnen teilzeitbeschäftigt, so hat sich ihr Anteil bis zum Jahr 2014 auf 22% erhöht (StBA 2003: 10.1.3; StBA 2015b: 84). Auch die Möglichkeiten der Befristung wurden in den letzten Jahren erweitert. So erfolgt z.b. die Erstberufung in ein Professorenamt vielfach nur noch auf Zeit. Grundsätzlich ist ein Beamtenverhältnis auf Zeit aber nach wie vor nur dann möglich, wenn der Beamte/die Beamtin nur für eine bestimmte Dauer mit einer Aufgabe betraut werden soll (klassisch z.b. bei ZeitsoldatInnen und kommunalen WahlbeamtInnen).[12] Da die Personalstandstatistik Befristungen nur im Tarifbereich erfasst, liegen konkrete Daten zur Befristung von BeamtInnen nicht vor. Insgesamt kann jedoch davon ausgegangen werden, dass trotz der beschriebenen Destandardisierungstendenzen der Beamtenbereich in wesentlich stärkerem Maße noch vom Normalarbeitsverhältnis und der tradierten Beschäftigungssicherheit geprägt ist als der Tarifbereich des öffentlichen Dienstes.

Einsparungen vollzogen die öffentlichen Arbeitgeber schließlich auch beim Entgelt. Der im Zuge der Austeritätspolitik enger werdende Verteilungsspielraum und die institutionelle Schwächung der Gewerkschaftsmacht (vgl. Keller 2010) führten dazu, dass die Entwicklung der Tarifentgelte und der Besoldung hinter dem gesamtwirtschaftlichen Durchschnitt zurückgeblieben ist. Während sich die jährlichen Tarifsteigerungen zwischen 1998 und 2014 in der Gesamtwirtschaft auf 39,6% addieren, verzeichnete der Tarifbereich des öffentlichen Dienstes nur einen nominalen Zuwachs von 36,8% (vgl. Abb. 2.2). Noch stärker zurückgeblieben ist die Beamtenbesoldung mit einem nominalen Anstieg von lediglich 29,3% im genannten Zeitraum. Dieser Besoldungsanstieg bewegte sich nur knapp über dem Anstieg der Verbraucherpreise, wirkte also nicht sehr viel mehr als inflationsausgleichend (StBA 2015c: 3). Infolge der zunehmenden

---

10  Lediglich bei familienbedingter Teilzeit (wegen Kinderbetreuung oder Pflege) und während der Elternzeit sind unterhälftige Arbeitszeiten möglich.

11  Bei familienbedingter Teilzeit sind hierzu zwingende dienstliche Gründe vonnöten.

12  Auch Beamtenverhältnisse auf Widerruf und auf Probe sind grundsätzlich befristet, zielen jedoch in der Regel auf ein anschließendes Beamtenverhältnis auf Lebenszeit.

Entkopplung von Tarif- und Beamtenbereich (siehe Kap. 3) wurden die Tarifabschlüsse oftmals nur noch zeitversetzt, zeitlich gestaffelt oder in (stark) reduziertem Umfang in das Besoldungsrecht übernommen; teilweise kam es sogar zu „Nullrunden".

## Abb. 2.2: Tarif- und Besoldungssteigerungen von 1998 bis 2014 (Anhebung gegenüber Vorjahr in %)

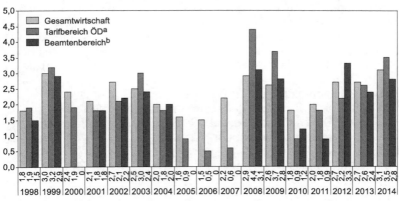

a – Gebietskörperschaften und Sozialversicherung;  b – bis 2006 bundeseinheitlich, danach Bundesbereich ohne Länder und Kommunen

Quelle:    WSI-Tarifarchiv; eigene Zusammenstellung

Über die unterdurchschnittliche Tarifentwicklung bzw. Besoldungsanpassung hinaus setzten die öffentlichen Arbeitgeber auch direkte Einsparungen beim Entgelt durch. Dazu gehören (erhebliche) Kürzungen beim Urlaubs- und Weihnachtsgeld, bei Zulagen und Zuschlägen sowie bei den nichttariflichen Leistungen. Des Weiteren wurden die Beschäftigten an der Finanzierung der betrieblichen Altersvorsorge („Zusatzversorgung des öffentichen Dienstes") und der Beamtenversorgung beteiligt. Lohnsenkend wirkte auch die Flexibilisierung der Arbeitszeiten, da sie mit einem Wegfall oder zumindest verringerten Anfall von Überstundenzuschlägen verbunden ist. Hinzu kommt die indirekte Lohnreduktion durch die Verlängerung der regelmäßigen Wochenarbeitszeiten ohne Lohnausgleich. Erhebliche Einsparungen brachten schließlich diverse Änderungen in den Entgelt- und Laufbahnstrukturen. So wurde mit der Einführung des TVöD das Niveau der Einstiegstarife deutlich abgesenkt und eine Niedriglohngruppe für un- und angelernte Tätigkeiten eingeführt. Des Weiteren wurden die Leistungskomponenten im Entgelt- und Laufbahnsystem gestärkt, indem der Bewährungs- und Zeitaufstieg nach dem Senioritätsprinzip durch funktions- und leistungsabhängige Aufstiegskriterien ersetzt und zudem leistungsorientierte Entgeltbestandteile eingeführt wurden. Nunmehr können bis zu 8% der Gesamtentgeltsumme für Leistungszulagen und -prämien verwendet werden. Solche Leistungselemente finden sich auch im Besoldungsrecht (siehe Kap. 3.1).

Eine nicht intendierte Folge der Sparpolitik ist hingegen die überdurchschnittliche Alterung des Personalbestands. Infolge des Personalabbaus und der restriktiven Einstellungspolitik weist der öffentliche Dienst eine wesentlich stärkere Alterszentrierung auf als die Privatwirtschaft (vgl. Abb. 2.3). Verstärkt wird dieser Effekt durch den Ausbau des öffentlichen Sektors und die erhebliche Personalexpansion der 1960er/70er Jahre. Diese

≡ Abb. 2.3:  Altersstruktur der Beschäftigten des öffentlichen Dienstes[a] und der sozialversicherungspflichtig Beschäftigten[b] im Jahr 2010 (Anteil der Beschäftigten nach Altersgruppe in %)

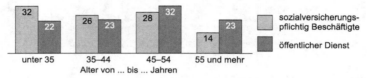

a – ohne SoldatInnen und BeamtInnen des Bundeseisenbahnvermögens und der Postnachfolgeunternehmen; b – inkl. öffentlicher Dienst

Quelle:  Beschäftigungsstatistik der Bundesagentur für Arbeit; Altis/Koufen (2011: 1115)

besonders stark besetzten Alterskohorten sind in den letzten zehn Jahren zunehmend ins hohe Erwerbsalter vorgerückt und sorgen in Verbindung mit dem in den 1980er einsetzenden Personalabbau für die überdurchschnittliche Alterszentrierung. Im Jahr 2010 lag der Anteil der über 55-Jährigen rund neun Prozentpunkte über jenem der Gesamtheit der sozialversicherungspflichtig Beschäftigten. Hingegen lag der Anteil der unter 35-Jährigen um zehn Prozentpunkte darunter. Bei den mittleren Altersklassen ist das Verhältnis ausgeglichener, aber auch hier weist der öffentliche Dienst in der älteren Altersklasse die höheren und in der jüngeren die niedrigeren Werte auf. Würden die Tarifbeschäftigten des öffentlichen Dienstes aus der Gruppe der sozialversicherungspflichtig Beschäftigten herausgerechnet, wären die Altersdifferenzen noch größer (vgl. hierzu Robert-Bosch-Stiftung 2009: 38).

Bei den BeamtInnen ist die Alterszentrierung noch etwas stärker ausgeprägt als in der Gesamtheit der öffentlich Beschäftigten (vgl. Abb. 2.4).
Im Jahr 2013 waren 21% der BeamtInnen unter 35 Jahre alt, 24% waren
zwischen 35 und 44 Jahren, 29% zwischen 45 und 54 Jahren und 26% waren 55 Jahre und älter. Im Vergleich zur ersten Hälfte der 1990er Jahre
zeigt sich eine Verdopplung des Anteils der über 54-Jährigen. Auf der anderen Seite ist der Anteil der 35- bis 44-Jährigen um rund ein Drittel zurückgegangen. Die Anteile der anderen Altersgruppen sind hingegen weitgehend konstant geblieben. Besonders stark ist die Alterszentrierung im

Abb. 2.4: Entwicklung der Altersstrukturen im Beamtenbereich $\equiv$
von 1993 bis 2013 (Anteil der BeamtInnen nach
Altersgruppe in %)[a]

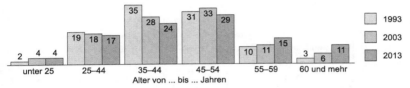

a – ohne BeamtInnen der Postnachfolgeunternehmen und BeamtInnen in Ausbildung

Quelle: Statistisches Bundesamt, Personal des öffentlichen Dienstes, Fachserie
14, Reihe 6; eigene Berechnungen

Verkehrs- und Nachrichtenwesen, im Schulbereich, in der Zentral- und in
der Finanzverwaltung (StBA 2015b: 48). Des Weiteren steigt die Alterszentrierung mit der Qualifikation und mit der Laufbahngruppe an (vgl.
Kistler 2009: 473f.). Die überdurchschnittliche Alterszentrierung ist zum
einen auf den hohen Anteil akademischer Berufe zurückzuführen, der ein
höheres Eintrittsalter in das Erwerbsleben zur Folge hat. Schließlich ist der
Beamtenbereich aufgrund des Lebenszeitprinzips und der geringen Fluk-
tuationsrate auch in stärkerem Maße von der allgemeinen Alterung der
Erwerbsbevölkerung und von dem mit der Personalexpansion der 1960er/
70er Jahre verbundenen strukturellen Effekt tangiert.

## 2.2 Schlussfolgerungen im Hinblick auf den ∎
Versorgungsübergang

Welche Auswirkungen auf den Versorgungsübergang lassen sich nun aus
den bis hierhin skizzierten beschäftigungs- und personalpolitischen Entwicklungen ableiten?

Wie gesehen, wurde der bis in die jüngere Vergangenheit anhaltende Personalabbau infolge des Fehlens anderer beamtenrechtlicher Handlungsmöglichkeiten vor allem über Einstellungsstopps und die vorzeitige Versetzung in den Ruhestand vollzogen. Im Gegensatz zur Privatwirtschaft können die öffentlichen Arbeitgeber ihre Personalkosten jedoch nur bedingt über den Vorruhestand externalisieren, da sie aufgrund des Alimentationsprinzips nicht nur für die Besoldung der BeamtInnen zuständig sind, sondern auch für deren Versorgung. Einsparungen bei der Besoldung haben somit zusätzliche Ausgaben bei der Versorgung zur Folge. Wirtschaftlich ist die vorzeitige Versetzung in den Ruhestand immer dann, wenn die zusätzlichen Versorgungskosten niedriger sind als die eingesparten Besoldungskosten. Dies ist regelmäßig dann der Fall, wenn ein Überangebot an Arbeitskräften besteht und die Stelle des/der in den Ruhestand versetzten Beamten/Beamtin nicht mehr neu besetzt werden soll. Es gilt zudem prinzipiell auch für den Fall eingeschränkter Leistungsfähigkeit, wenn die Stelle mit einem/r leistungsstärkeren und gegebenenfalls auch jüngeren – und damit niedriger besoldeten – Beamten/Beamtin neu besetzt werden kann.

Der Personalabbau hat sich im Laufe der 2000er Jahre zusehends abgeschwächt und sich stärker auf einzelne Beschäftigungsbereiche konzentriert. Seit 2009 ist insgesamt sogar wieder ein leichter Beschäftigungsanstieg zu verzeichnen. Vor dem Hintergrund des merklich abgeschwächten Personalanpassungsbedarfs einerseits und der anhaltenden öffentlichen Sparpolitik andererseits kann davon ausgegangen werden, dass der Gesetzgeber auch im Beamtenbereich einen Paradigmenwechsel hin zur Verlängerung der Lebensarbeitszeit vollzogen, die Vorruhestandsmöglichkeiten eingeschränkt und die Altersgrenzen für den Ruhestandseintritt angehoben hat. Darauf weisen nicht zuletzt auch die überdurchschnittliche Alterung des Personalbestands und der starke Anstieg der über 55-jährigen BeamtInnen hin.

Auf der anderen Seite haben die infolge des Personalabbaus, der Arbeitsintensivierung und der Arbeitszeitverlängerung stark gestiegenen Arbeitsanforderungen und -belastungen den Bedarf der BeamtInnen an Möglichkeiten des vorzeitigen oder gleitenden Erwerbsausstiegs grundsätzlich erhöht. Zu vermuten ist in diesem Zusammenhang auch eine Zunahme leistungsgeminderter BeamtInnen – auch und gerade im höheren Erwerbsalter. Dieser gestiegene Bedarf wird nicht nur durch den auf die Anhebung der Lebensarbeitszeit bezogenen Paradigmenwechsel des Gesetzgebers konterkariert, sondern auch von der Entwicklung der Arbeitszeit- und Entgeltpolitik der öffentlichen Arbeitgeber. Die Ausweitung der Teilzeitbeschäftigung und die Absenkung des Entgeltniveaus haben den finanziellen

Handlungsspielraum der BeamtInnen in Bezug auf Zeitpunkt und Gestaltung des Erwerbsaustritts insgesamt deutlich eingeengt, zumal Einkommenssenkungen im Regelfall auch Versorgungseinbußen nach sich ziehen. Arbeitgeberseitig besteht ein fortgesetzter Bedarf an Möglichkeiten des vorzeitigen und gleitenden Erwerbsausstiegs nicht nur in Bezug auf weiterhin bestehende Umstrukturierungs- und Personalabbaubereiche sowie auf leistungsgeminderte BeamtInnen, sondern auch in Hinblick auf die starke Alterszentrierung. Bis zum Jahr 2030 wird etwa die Hälfte der heute aktiven BeamtInnen aus dem Dienst ausgeschieden sein. Soll der Status quo der Personalausstattung zumindest beibehalten werden, entsteht dadurch ein erheblicher Ersatzbedarf von schätzungsweise um die 140.000 Beschäftigten bzw. 3% des Personalbestands pro Jahr (Vesper 2012: 46). Dieser Ersatzbedarf wird bei kleiner werdenden Alterskohorten zunehmend schwieriger zu befriedigen sein. Dies gilt in besonderer Weise für die im Beamtenbereich besonders nachgefragten höheren Qualifikationen, um die eine starke Konkurrenz mit der Privatwirtschaft besteht. Mithilfe der gezielten Förderung des flexiblen Erwerbsausstiegs könnte nicht nur der Spielraum für die rechtzeitige Verjüngung des Personals erweitert, sondern auch die Attraktivität als Arbeitgeber und somit die Erfolgschancen bei der Mitarbeiterrekrutierung und -bindung gesteigert werden.

# 3 Funktionsweise und Entwicklung der Beamtenversorgung

Der Beamtenversorgung kommt im Gesamtsystem der deutschen Alterssicherung eine Sonderstellung zu, die auf dem öffentlich-rechtlichen Sonderstatus des Beamtentums basiert. Verfassungsrechtlich verankert sind die Grundlagen der Beamtenversorgung in Art. 33 Abs. 5 des Grundgesetzes, wonach „das Recht des öffentlichen Dienstes unter Berücksichtigung der hergebrachten Grundsätze des Berufsbeamtentums zu regeln und fortzuentwickeln" ist. Im besoldungs- und versorgungsrechtlichen Sinne sind zu diesen Grundsätzen insbesondere die Dienst- und Treuepflicht, das Lebenszeitprinzip, die Fürsorgepflicht, das Alimentationsprinzip sowie das Leistungs- und Laufbahnprinzip zu zählen (vgl. Färber et al. 2011: 69).

Anders als die gesetzlichen Renten ist die beamtenrechtliche Altersverorgung grundsätzlich nicht von finanziellen Vorleistungen aus der Erwerbsphase abhängig. BeamtInnen entrichten keine (direkten) eigenen Beiträge zu ihrer Alterssicherung, vielmehr kommt ihre Versorgung einem öffentlich-rechtlichen Unterhaltsanspruch gegenüber dem jeweiligen Dienstherrn gleich, den dieser prinzipiell alleine finanzieren muss (Murmann 1991: 232). Der Versorgungsanspruch umfasst neben der gesetzlichen Basissicherung auch die betriebliche Zusatzversorgung. Er resultiert aus der hoheitlichen Berufung in ein lebenslanges, nicht kündbares Treueverhältnis zum Staat, welches BeamtInnen dazu verpflichtet, ihre Person und Arbeitskraft ausschließlich ihrem Dienstherrn zur Verfügung zu stellen (Lebenszeitprinzip, Treue- und Dienstpflicht). Dieser wird im Gegenzug dazu verpflichtet, Bezüge zu zahlen, die eine standesgemäße Lebensführung garantieren (Fürsorgepflicht, Alimentationsprinzip). Die Bezüge sind entsprechend der unterschiedlichen Wertigkeit der Ämter (fachliche Qualifikation, Verantwortung, Dienstrang), dem Dienstalter und der individuellen Leistungserbringung abgestuft (Laufbahn- und Leistungsprinzip). Da das Beamtenverhältnis auf Lebenszeit geschlossen ist, endet es nicht mit dem Eintritt in den Ruhestand, vielmehr werden die BeamtInnen lediglich von ihrer aktiven Dienstpflicht befreit. Die Fürsorgepflicht des Staates besteht hingegen fort. Er ist also auch für eine dem Lebensstandard des letzten bekleideten Amtes angemessene Absicherung seiner BeamtInnen im Ruhestand, für die Absicherung bei Dienstunfähigkeit und die Versorgung der Hinterbliebenen verantwortlich. Diese umfassende Alimentationspflicht fußt auf der tradierten Auffassung, dass eine geordnete Staatsverwaltung und eine Verpflichtung auf das Staats- und Gemeinwohl nur dann sichergestellt werden können, wenn die verantwortlichen AmtsträgerInnen auf Lebenszeit finanziell abgesichert sind.

Unter Beachtung der hergebrachten Grundsätze des Berufsbeamtentums hat der Gesetzgeber nach ständiger Rechtsprechung einen weiten Gestaltungs- und Ermessensspielraum für die Ausgestaltung und Fortentwicklung des Besoldungs- und Versorgungsrechts (vgl. Bull 2006). Die Kompetenz, Besoldung und Versorgung einseitig per Gesetz und Verordnung festzulegen, eröffnet dem Staat größere Handlungsspielräume, als er sie als Tarifpartei hat. Sein Gestaltungsspielraum endet jedoch dort, wo die gewährte Alimentation nicht mehr dem Kriterium der „Amtsangemessenheit" entspricht. Maßstab hierfür sind letzten Endes jene Einkünfte, die ein ähnlich ausgebildeter und befähigter Beschäftigter mit einer vergleichbaren Verantwortung in der Privatwirtschaft erzielt (Färber et al. 2011: 75).

Wegen ihrer besonderen Treuepflicht gegenüber dem Staat verfügen BeamtInnen nach herrschender Rechtsprechung nur über eine eingeschränkte Koalitionsfreiheit, die zwar das Recht umfasst, sich in Interessenverbänden zusammenzuschließen, nicht jedoch das Kollektivverhandlungs- und Streikrecht. Des Weiteren sind die BeamtInnen gemäß ihrem Anteil an den Beschäftigten der jeweiligen Dienststelle in den Personalräten vertreten.[1] Die betriebliche Mitbestimmung der öffentlich Beschäftigten ist in den Personalvertretungsgesetzen des Bundes und der Länder geregelt. Sie garantieren ähnliche Mitbestimmungsrechte wie das Betriebsverfassungsgesetz in sozialen, personalen und organisatorischen, nicht jedoch in wirtschaftlichen Angelegenheiten. Die überbetrieblichen Interessen der BeamtInnen werden im Wesentlichen von jenen beiden Dachverbänden vertreten, in denen auch die meisten ArbeitnehmerInnen des öffentlichen Dienstes organisiert sind: dem Deutschen Gewerkschaftsbund (DGB) und dem Deutschen Beamtenbund (dbb). Die Mehrzahl der BeamtInnen gehört einer der beiden Organisationen an. Im Gegensatz zum Tarifbereich ist im Beamtenbereich jedoch der dbb die mitgliederstärkere Organisation: Im Jahr 2013 waren hier laut eigenen Angaben 908.000 BeamtInnen organisiert[2], im DGB hingegen nur 445.000[3]. Zwar verfügen die Beamtenverbände lediglich über Anhörungs- und Beteiligungsrechte im Vorfeld der beamtenrechtlichen Gesetzgebung. Die Beteiligungsgespräche können aber durchaus Verhandlungscharakter annehmen, insbesondere wenn sie öffentlich

---

1     Die betriebliche Deckungsrate, also der Anteil der Beschäftigten, die durch Personalräte vertreten werden, liegt bei mehr als 90% und damit weit über jener der Privatwirtschaft (ca. 40%) (Ellguth/Kohaut 2011: 16).

2     http://www.dbb.de/themen/themenartikel/d/dbb-mitglieder.html

3     http://www.dgb.de/uber-uns/dgb-heute/mitgliederzahlen/2010/?tab= tab_0_2#tabnav

geführt werden und die Arbeitgeber aufgrund wahltaktischer Kalküle zögern, Forderungen der Verbände einfach pauschal zurückzuweisen. Darüber hinaus nutzen die Beamtenverbände die bestehenden Möglichkeiten informeller Einflussnahme auf Parteien, Parlaments- und Regierungsmitglieder oder Ministerialbürokratie (Keller 2010: 126f.).

Aufgrund der komplexen Wechselbeziehungen zwischen dem beamten- und dem tarifrechtlichen Verhandlungssystem des öffentlichen Dienstes fielen die eingeschränkten Einflussmöglichkeiten der Beamtenverbände lange Zeit kaum ins Gewicht. Trotz der rechtlichen Unterschiede besteht faktisch eine mehr oder weniger enge Koppelung zwischen Tarif- und Beamtenbereich. Solange neben den Beamtenverbänden auch die öffentlichen Arbeitgeber an einer Vereinheitlichung der Arbeits- und Beschäftigungsbedingungen der beiden Statusgruppen interessiert waren, konnten DGB und dbb ihre strategischen Handlungsspielräume zu einer wechselseitigen Angleichung der Dienstverhältnisse nutzen. Einerseits entwickelte sich ein „Quasiautomatismus" der zeit- und inhaltsgleichen Übernahme zentraler Ergebnisse der Tarifverhandlungen in das Beamtenrecht, andererseits setzten die Gewerkschaften die Übernahme beamtenrechtlicher Regelungen in den Tarifbereich durch.[4] Mit Beginn der 1990er Jahre hat sich diese enge Koppelung zwischen Tarif- und Beamtenbereich im Zuge der um sich greifenden Spar- und Konsolidierungspolitik zusehends gelockert (vgl. Keller 2010: 130f.). Zunächst gingen die Arbeitgeber dazu über, Tarifabschlüsse verzögert oder nicht in vollem Umfang auf den Beamtenbereich zu übertragen. Dann wurden die Arbeitsbedingungen der BeamtInnen zunehmend auch durch einseitige Verfügungen verschlechtert. Schließlich versuchten die Arbeitgeber, diese Anpassungen auch im Tarifbereich durchzusetzen.

Weitere Flexibilisierungs- und Deregulierungstendenzen gehen von der Dezentralisierung der beamtenrechtlichen Gesetzgebungskompetenz aus. Die grundgesetzlich vorgegebene föderalistische Aufgabenverteilung weist den Gebietskörperschaften unterschiedliche Funktionen zu. Der Bund ist für alle übergeordneten, im allgemeinen Interesse einheitlich zu ordnenden und regelnden Aufgaben zuständig. Alle anderen Angelegenheiten liegen grundsätzlich im Zuständigkeitsbereich der Länder und der Kommunen. In den ersten Jahrzehnten der Bundesrepublik war die Kompetenz für die beamtenrechtliche Gesetzgebung zunächst strikt zwischen Bund und Ländern aufgeteilt.[5] Erst gegen Ende der 1960er Jahre erfolgte auf

---

4   Die Tarifbindung liegt traditionell nahe bei 100% der Beschäftigten (WSI-Tarifarchiv 2015: 1.7).

5   Die Gesetzgebungskompetenz für die kommunalen BeamtInnen liegt grundsätzlich bei den Ländern, da die Kommunen keine eigenen Gesetze erlassen dürfen.

Bestreben der öffentlichen Arbeitgeber in mehreren Schritten eine Harmonisierung und Zentralisierung. Die Gesetzgebungskompetenz wurde beim Bund gebündelt, der neben der Rahmengesetzgebung auch verbindliche Vorgaben für die Gesetzgebung der Länder formulierte. Dies führte zu einer weitgehenden Vereinheitlichung der Arbeitsbedingungen der BeamtInnen und zu der intendierten Eindämmung der Personalkonkurrenz zwischen den Dienstherren. Mit der 2006 in Kraft getretenen Reform der bundesstaatlichen Ordnung (Föderalismusreform I) wurde dann – wiederum auf Drängen der Arbeitgeber – jedoch ein Prozess der erneuten Dezentralisierung des Beamtenrechts und der Arbeitsbeziehungen eingeleitet. Unter der formulierten Zielstellung der Effizienzsteigerung und einer größeren Handlungs- und Entscheidungsfreiheit der einzelnen Gebietskörperschaften fiel die Regelungskompetenz für das Besoldungs-, Laufbahn- und Versorgungsrecht der Landes- und KommunalbeamtInnen an die Länder zurück. Durch Öffnungsoptionen in der Landesgesetzgebung kam es zusätzlich zu einer Regionalisierung des Beamtenrechts (vgl. Pechstein 2006). Lediglich die Zuständigkeit für die Regelung der Statusrechte und -pflichten der BeamtInnen ist zentral beim Bund verblieben. Allerdings haben die Länder auch diesbezüglich größere Spielräume erhalten.

Ähnliche Entwicklungstendenzen lassen sich im Tarifbereich beobachten. Auch hier hatte lange Zeit eine Verhandlungsgemeinschaft der öffentlichen Arbeitgeber unter Federführung des Bundesinnenministeriums (BMI) bestanden. Da auch auf Gewerkschaftsseite formale oder informelle Tarifgemeinschaften zwischen DGB, dbb, DAG und Marburger Bund die Regel waren, wurde für alle Beschäftigten des öffentlichen Dienstes im Wesentlichen eine Tarifverhandlung geführt (deren Ergebnisse wiederum weitgehend unverändert auf den Beamtenbereich übertragen wurden). Vor dem Hintergrund wachsender Haushaltsdefizite und (partei-)politischer Differenzen traten im Laufe der 1990er Jahre jedoch vermehrt Konflikte innerhalb der Verhandlungsgemeinschaft auf. Insbesondere die aufgrund ihres hohen Personalkostenanteils von Tarifsteigerungen besonders betroffenen Länder zeigten sich mit den Tarifabschlüssen zunehmend unzufrieden. Nach der Tarifrunde 2003 drohten einige unionsregierte Länder offen mit ihrem Austritt aus der Tarifgemeinschaft deutscher Länder (TdL), woraufhin diese nach heftigen internen Auseinandersetzungen beschloss, die Mitgliedschaft in der Verhandlungsgemeinschaft aufzukündigen. Seither führt die TdL eigene Tarifverhandlungen unabhängig von Bund und Kommunen. Das Land Hessen verhandelt wiederum unabhängig von der TdL; gleiches galt für den Zeitraum von 1994 bis 2012 auch für das Land Berlin. Heftige Spannungen entlang der genannten Konfliktlinien bestanden und bestehen auch innerhalb der Vereinigung der kommunalen Arbeitgeberverbände (VKA), die jedoch bislang an der Verhandlungsgemeinschaft mit dem Bund (BMI) festgehalten hat. Somit lässt sich insgesamt eine Dezentralisierung und Heterogenisierung der vormals hochgradig zentralisierten und vereinheitlichten Arbeitsbeziehungen, Arbeits- und Beschäftigungsbedingungen konstatieren, die auch vor der Beamtenversorgung und den institutionellen Grundlagen und Praxen des Versorgungsübergangs nicht Halt gemacht hat.

## 3.1 Grundzüge der Beamtenversorgung ■

Die Altersversorgung der BeamtInnen ist maßgeblich durch das „Gesetz über die Versorgung der Beamten und Richter des Bundes" (BeamtVG) bestimmt, das bis zum Herbst 2006 grundsätzlich auch für den Landes- und Kommunalbereich Gültigkeit hatte. Im Rahmen der Föderalismusreform ist die Gesetzgebungskompetenz jedoch an die einzelnen Bundesländer übergegangen. Inzwischen sind in allen Bundesländern eigene Versorgungsgesetze in Kraft getreten. Dabei haben die Länder mehr oder weniger umfassend von ihrer neuen Gesetzgebungskompetenz Gebrauch gemacht (vgl. dbb 2013). Insgesamt orientieren sich die Landesgesetze aber nach wie vor relativ nah am BeamtVG, das insofern noch immer als übergeordneter Rahmen für die Versorgungsgesetzgebung gelten kann. Wenn nicht anders ausgewiesen, beziehen sich die folgenden Ausführungen deshalb im Wesentlichen auf die Gesetzgebung des Bundes.

Neben Personen mit klassischem Beamtenstatus gelten die Regelungen des BeamtVG auch für RichterInnen und StaatsanwältInnen sowie für die BeamtInnen in den privatisierten Nachfolgeunternehmen der Deutschen Bundesbahn[6] und der Deutschen Bundespost[7]. Die Versorgung der

---

6    Die ehemaligen BeamtInnen von Bundesbahn und Reichsbahn sind seit der 1994 erfolgten Privatisierung BeamtInnen des Bundeseisenbahnvermögens (BEV). Sie sind beim BEV selbst beschäftigt oder der Deutschen Bahn AG zugewiesen bzw. zu ihr beurlaubt. Die Besoldung und Versorgung wird durch das BEV als Sondervermögen des Bundes erbracht. Die Deutschen Bahn leistet an das BEV für die ihr zugewiesenen BeamtInnen, über die sie Dienstherrnbefugnisse ausübt, Zahlungen in Höhe der Aufwendungen, die sie für Arbeitsleistungen vergleichbarer, neu einzustellender Angestellter erbringt bzw. erbringen müsste, einschließlich des Arbeitgeberanteils an den Sozialversicherungsbeiträgen und der betrieblichen Altersversorgung.

7    Die ehemaligen BeamtInnen der Deutschen Bundespost sind seit der 1995 erfolgten Privatisierung unter Wahrung ihrer Rechtsstellung bei den Aktiengesellschaften Deutsche Telekom, Deutsche Post und Deutsche Postbank beschäftigt. Wie die BahnbeamtInnen sind auch sie weiterhin Bundesbeamte. Die Versorgungs-

BerufssoldatInnen ist im „Gesetz über die Versorgung für die ehemaligen Soldaten der Bundeswehr und ihre Hinterbliebenen" (SVG) geregelt, das in seinen Grundstrukturen weitgehend inhaltsgleich mit dem BeamtVG ist. Die wesentlichsten Unterschiede bestehen bei den Altersgrenzen, die für den größten Teil der BerufssoldatInnen niedriger sind, und dem sich daraus ergebenden Ruhegehaltssatz. Zur Vereinfachung werden die verschiedenen Statusgruppen im Folgenden unter dem Oberbegriff „BeamtInnen" zusammengefasst.

Voraussetzung für den Bezug von Leistungen nach dem BeamtVG ist zum einen eine Mindestdienstzeit von fünf Jahren (einschließlich berücksichtigungsfähigem Wehr- und Zivildienst) und zum anderen das Erreichen einer geltenden Altersgrenze bzw. das Vorliegen einer anerkannten Dienstunfähigkeit.[8] Die Altersgrenzen sind weitgehend identisch mit jenen in der gesetzlichen Rentenversicherung, es existieren jedoch auch signifikante Abweichungen (siehe hierzu ausführlich Kap. 4). Die Regelaltersgrenze lag bis 2012 bei 65 Jahren und wird seither schrittweise auf 67 Jahre angehoben. Von der Anhebung ausgenommen sind BeamtInnen mit einer ruhegehaltsfähigen Dienstzeit von mindestens 45 Jahren. Im Gegensatz zur gesetzlichen Rentenversicherung existiert im Beamtenrecht eine allgemeine vorgezogene Altersgrenze, zu der (auf einen entsprechenden Antrag hin) prinzipiell alle aktiven BeamtInnen in den Ruhestand treten können. Diese Altersgrenze liegt bei 63 Jahren. Gesonderte Regelungen für Frauen, Erwerbslose oder Altersteilzeitbeschäftigte, wie bis vor kurzem in der gesetzlichen Rentenversicherung, gab und gibt es im Beamtenrecht hingegen nicht. Eine Ausnahme existiert jedoch für Schwerbehinderte, die bis 2012 bereits mit 60 Jahren auf Antrag in den Ruhestand gehen konnten. Diese Altersgrenze wird aktuell ebenfalls schrittweise auf 62 Jahre angehoben. Für bestimmte Berufsgruppen mit hohen gesundheitlichen Belastungen bzw. Anforderungen existieren darüber hinaus variierende besondere Altersgrenzen.

Versorgungsleistungen werden grundsätzlich nur BeamtInnen auf Lebenszeit sowie BeamtInnen auf Zeit gewährt. Zudem muss unmittelbar vor Eintritt des Leistungsfalls ein Beamtenverhältnis bestanden haben. Beam-

---

und Beihilfeleistungen werden seit 2001 von der Postbeamtenversorgungkasse (PVK) erbracht, deren Funktion seit 2013 die „Bundesanstalt für Post und Telekommunikation Deutsche Bundespost" (BAnstPT) wahrnimmt. Zur Finanzierung der Aufgaben der PVK leisten die Aktiengesellschaften jährlich Beiträge in Höhe von 33% der Bruttobezüge ihrer aktiven BeamtInnen und der fiktiven Bruttobezüge ihrer ruhegehaltsfähig beurlaubten BeamtInnen an die PVK.

8   Beruht die Dienstunfähigkeit auf einem Dienstunfall, entfällt die Voraussetzung einer Mindestdienstzeit.

tInnen, die vorher aus dem Dienst ausscheiden, werden in der gesetzlichen Rentenversicherung nachversichert. Da die Nachversicherung ausschließlich die erste Säule der Alterssicherung bedient, führt sie im Vergleich zur bifunktionalen – d.h. auch die betriebliche Altersvorsorge umfassenden – Beamtenversorgung zu geringeren Leistungen. Um diesen Nachteil zumindest teilweise auszugleichen und die Beschäftigungsmobilität im öffentlichem Dienst zu fördern, wurde im September 2013 im Bund und einigen Ländern für diesen Personenkreis zusätzlich die Möglichkeit geschaffen, statt der Nachversicherung den Bezug von sogenanntem „Altersgeld" zu wählen.[9] Voraussetzung hierfür ist, dass der Beamte/die Beamtin freiwillig aus dem Dienst ausgeschieden ist und eine Mindestdienstzeit von sieben Jahren vorweisen kann.

Kernbestandteil der Beamtenversorgung ist das Ruhegehalt, welches seit 1992 nach der folgenden Formel – der sogenannten „linearen Ruhegehaltsskala" – berechnet wird: *ruhegehaltsfähige Dienstjahre x Steigerungssatz pro Jahr (in %) x ruhegehaltsfähige Dienstbezüge.* Zu den ruhegehaltsfähigen Dienstjahren zählen neben den zurückgelegten Dienstzeiten auch Ausbildungs- und Zurechnungszeiten, eventuelle Beschäftigungszeiten als Angestellte/r im öffentlichen Dienst sowie Wehrdienst- und vergleichbare Zeiten. Für jedes volle Dienstjahr werden 1,79375% der ruhegehaltsfähigen Dienstbezüge gewährt.[10] Diese setzen sich aus dem Grundgehalt des letzten, mindestens zwei Jahre lang ausgeübten Amtes, dem Familienzuschlag sowie den ruhegehaltsfähigen Amts- und Stellenzulagen zusammen. Während in der gesetzlichen Rentenversicherung die Entgeltpunkte die durchschnittliche Einkommensposition des Erwerbslebens widerspiegeln, ist bei der Beamtenversorgung also das letzte Entgelt entscheidend für die Höhe der Pension. Das Ruhegehalt ist grundsätzlich auf maximal 71,75% der letzten Dienstbezüge begrenzt. Diese Höchstversorgung wird nach 40 ruhegehaltsfähigen Dienstjahren erreicht. Eine darüber hinaus gehende Fortsetzung des Dienstes schlägt sich also nicht in höheren Versorgungsbezügen nieder.

Wie in der gesetzlichen Rentenversicherung werden bei vorzeitigem Ruhestandseintritt lebenslange Versorgungsabschläge in Höhe von 0,3% pro Monat fällig. Das Ruhegehalt ist dynamisiert, es steigt also linear zur Besoldung. Ein Teil der Pensionäre erhält wie die aktiven BeamtInnen zu-

---

9    Höhe und Bezugsbedingungen des Altersgeldes lehnen sich weitgehend an die Bestimmungen der Beamtenversorgung an. Um einen finanziellen Anreiz zum Verbleib im Beamtenverhältnis zu bewahren, wird ein pauschaler Abschlag auf den Pensionsanspruch in Höhe von 15% erhoben (vgl. Hellfeier/Pinsdorf 2013).

10    Bei Teilzeitarbeit vermindert sich der Steigerungssatz um den entsprechenden Teilzeitfaktor.

sätzlich eine einmalige jährliche Sonderzuwendung (Weihnachtsgeld). Des Weiteren erhalten Pensionäre einen Zuschuss zu den Kosten ihrer gesundheitlichen und pflegerischen Versorgung. Da diese Beihilfe aber nur einen Teil der tatsächlichen Kosten abdeckt (in der Regel ca. 70%), müssen sich die Pensionäre ergänzend in einer privaten Kranken- und Pflegeversicherung absichern (oder die Restkosten selbst tragen). Im Gegensatz zu den gesetzlichen Renten unterliegen die Beamtenpensionen zudem in vollem Umfang der Besteuerung.

Werden neben der Pension weitere Einkünfte erzielt, so werden diese mit dem Ruhegehalt verrechnet und dieses gegebenenfalls gekürzt. Hierfür bestehen diverse Verrechnungsregelungen, die sich nach der Art der zusätzlichen Einkünfte, der Art der Versorgungsbezüge und nach den Voraussetzungen für den Ruhestandseintritt unterscheiden (vgl. Färber et al. 2011: 105ff.). Erwerbs- oder Erwerbsersatzeinkommen ist nach Erreichen der Regelaltersgrenze grundsätzlich anrechnungsfrei, es sei denn, es handelt sich um Einkommen aus einer weiteren Verwendung im öffentlichen Dienst. In diesem Fall gilt eine Höchstgrenze der Gesamteinkünfte in Höhe der ruhegehaltsfähigen Dienstbezüge aus der Endstufe der Besoldungsgruppe, aus der sich das Ruhegehalt berechnet.[11] Diese Regelungen gelten jedoch nicht für BeamtInnen, die sich im vorgezogenen Antragsruhestand befinden. Um den finanziellen Anreiz für eine Frühpensionierung zu verringern, gilt in diesem Fall eine niedrigere Gesamteinkommensgrenze in Höhe von 71,75% der ruhegehaltsfähigen Dienstbezüge aus der Endstufe der Besoldungsgruppe, aus der sich das Ruhegehalt berechnet[12], zuzüglich eines monatlichen Betrags von 450 € (der zudem zweimal im Jahr um maximal das Doppelte überschritten werden darf) sowie gegebenenfalls des Familienzuschlags. Ein Siebtel der monatlichen Bezugsgröße wird jedoch vorab vom Einkommen abgezogen und bleibt stets anrechnungsfrei (Anrechnungsfreibetrag). Zudem ist dem Beamten/der Beamtin grundsätzlich eine Mindestversorgung in Höhe von 20% der Versorgungsbezüge zu belassen.[13] Somit sind die Hinzuverdienstgrenzen im Beamtenrecht deut-

---

11 Zusätzlich ist eine amtsunabhängige Mindestgrenze in Höhe des 1,5-fachen der jeweils ruhegehaltfähigen Dienstbezüge aus der Endstufe der Besoldungsgruppe A 4 garantiert. Gesamteinkommen bis zu dieser Grenze bleibt also immer anrechnungsfrei.

12 In diesem Fall besteht eine amtsunabhängige Mindestgrenze in Höhe von 71,75% des 1,5-fachen der jeweils ruhegehaltfähigen Dienstbezüge aus der Endstufe der Besoldungsgruppe A 4.

13 Dies gilt jedoch nicht, wenn der/die Versorgungsberechtigte Einkommen aus einer Verwendung im öffentlichen Dienst bezieht, das mindestens aus derselben

lich höher als in der gesetzlichen Rentenversicherung, wo bei einem vorzeitigen Rentenzugang lediglich Einkommen unterhalb der Geringfügigkeitsgrenze (450 € im Monat zuzüglich zweimaliger Überschreitung im Jahr um maximal das Doppelte) anrechnungsfrei bleibt.

Neben Erwerbs- und Erwerbsersatzeinkommen werden auch weitere Versorgungsbezüge sowie Renten aus der gesetzlichen Rentenversicherung mit dem Ruhegehalt verrechnet. Für Versorgungsbezüge gilt eine Gesamtgrenze in Höhe der Höchstversorgung aus der Endstufe der Besoldungsgruppe, aus der sich das frühere Ruhegehalt berechnet (zuzüglich gegebenenfalls des Familienzuschlags). Für zusätzliche gesetzliche Renten, Unfallrenten oder Renten aus einer Altersversorgung des öffentlichen Dienstes gilt eine Gesamtgrenze in Höhe der Versorgungsbezüge, die angefallen wären, wenn das gesamte Arbeitsleben im Beamtenverhältnis verbracht worden wäre. Entsprechende Grenzen existieren in der gesetzlichen Rentenversicherung nicht, hier sind die BeamtInnen also im Vergleich schlechter gestellt.

Auf der anderen Seite sieht die Beamtenversorgung auch einen Anspruch auf ein Mindestruhegehalt vor. Voraussetzung hierfür ist lediglich eine Dienstzeit von mindestens fünf Jahren in einem Beamtenverhältnis auf Lebenszeit. Die Mindestversorgung ist gewissermaßen das beamtenrechtliche Pendant zur „Grundsicherung im Alter und bei Erwerbsminderung". Sie garantiert eine Versorgung von mindestens 35% der ruhegehaltsfähigen Dienstbezüge aus dem zuletzt bekleideten Amt („amtsabhängige Mindestversorgung"). Alternativ hierzu besteht des Weiteren die Möglichkeit der „amtsunabhängigen Mindestversorgung", falls dies im Einzelfall günstiger ist. Sie garantiert eine Versorgung in Höhe von mindestens 65% der jeweils ruhegehaltsfähigen Dienstbezüge aus der Endstufe der Besoldungsgruppe A 4, zuzüglich eines monatlichen Fixbetrags von 30,68 € (Erhöhungsbetrag). Nach derzeitiger Besoldungstabelle (2015) erhält somit niemand eine Pension von weniger als 1.604 €.[14] Zu beachten ist hierbei jedoch, dass es sich bei diesem Betrag um die Bruttobezüge vor Abzug von Steuern sowie Kranken- und Pflegeversicherungsbeiträgen handelt. Ein Vergleich der Nettobezüge zeigt, dass die Mindestversorgung nur bei ledigen BeamtInnen deutlich über dem durchschnittlichen Bedarf der Grundsicherung im Alter liegt, bei verheirateten und alleinverdienenden BeamtInnen hingegen sogar darunter (Färber et al. 2011: 78).

---

Besoldungsgruppe bzw. einer vergleichbaren Vergütungsgruppe berechnet wird, aus der sich auch die ruhegehaltsfähigen Dienstbezüge bestimmen.

14    Ausnahmen hiervon gelten bei Zeiten von Teilzeitbeschäftigung oder Beurlaubung.

Die Ausgaben für die Versorgungsleistungen werden überwiegend aus dem laufenden Haushalt der zuständigen Gebietskörperschaft bestritten. Mit dem Versorgungsreformgesetz 1998 wurde jedoch ein Paradigmenwechsel in der Versorgungsfinanzierung eingeläutet. Erstmals wurden flächendeckend Versorgungsrücklagen bei Bund und Ländern gebildet, die über entsprechende Kürzungen der Besoldungs- und Versorgungsbezüge finanziert werden. Dieser Kapitalstock wurde in der Folgezeit weiter aufgestockt. Im Bund wurde 2007 ein Versorgungsfonds eingerichtet, mit dessen Hilfe die Finanzierung der Beamtenversorgung gänzlich auf Kapitaldeckung umgestellt werden soll. Die Länder haben zum Teil schon früher mit der Bildung von Versorgungsfonds begonnen. So hat das Land Rheinland-Pfalz bereits im Jahr 1996 einen Fonds eingerichtet, aus dem die Versorgungs- und Beihilfeleistungen aller seither neu eingestellten BeamtInnen in vollem Umfang finanziert werden sollen. Auch in Baden-Württemberg, Bayern, Hamburg, Nordrhein-Westfalen oder Sachsen gibt es solche Versorgungsfonds, die allerdings recht unterschiedlich ausgestattet sind (vgl. Färber et al. 2011: 34; Walther 2013: 89). Auf kommunaler Ebene existiert bereits seit längerer Zeit die Praxis einer (Teil-)Finanzierung der Versorgungsausgaben im Umlageverfahren. Einige Kommunen haben sich zu diesem Zweck Versorgungskassen oder kommunalen Versorgungsverbänden angeschlossen, in die sie einen bestimmten Prozentsatz der Besoldungsbezüge einzahlen.

## Die Besoldung als Basis der Beamtenversorgung

Über die Höhe der ruhegehaltsfähigen Dienstbezüge und die Dynamisierung des Ruhegehalts hat die Ausgestaltung der Beamtenbesoldung einen direkten Einfluss auf die Versorgungsbezüge. Besoldung und Versorgung müssen also in einem ökonomischen Gesamtzusammenhang gesehen werden. Bereits 1951 wurden die Gehälter mit Hinweis auf die Begrenzung der Pensionsausgaben pauschal um 7% (den damaligen Arbeitnehmerbeitrag zur gesetzlichen Rentenversicherung) gekürzt. Durch die Besoldungsreform 1957 mussten die BeamtInnen auf weitere 7% ihrer Grundbesoldung verzichten, wobei die Einsparungen wiederum als Rückstellung für zukünftige Pensionszahlungen dienen sollten. Auch in neuerer Zeit wurden Einschnitte bei der Besoldung wiederholt mit den ansteigenden Pensionskosten begründet (vgl. Färber et al. 2011: 13).

Die Beamtenbesoldung ist maßgeblich durch das Bundesbesoldungsgesetz (BBesG) bestimmt, das bis 2006 grundsätzlich auch für den Landes- und Kommunalbereich Gültigkeit hatte. Allerdings waren die Länder im Zuge erster Dezentralisierungsbestrebungen seit 2003 nur noch bei der

Grundbesoldung an die Vorgaben des BBesG gebunden. Im Rahmen der „Föderalismusreform I" wurde die Gesetzgebungskompetenz für das Besoldungs- und Laufbahnrecht dann vollständig dezentralisiert. Dennoch orientieren sich die Landesbesoldungsgesetze nach wie vor relativ eng am BBesG (vgl. dbb 2013). Der Einfachheit halber beziehen sich die folgenden Ausführungen deshalb vor allem auf die Gesetzgebung des Bundes.

Maßgebend für die Höhe der Besoldung ist im Sinne des Alimentationsprinzips die Wertigkeit des ausgeübten Amtes. Diese bestimmt sich anhand innerdienstlicher, unmittelbar auf das Amt bezogener Kriterien wie der fachlichen Qualifikation, der damit einhergehenden Eingruppierung sowie dem Dienstrang und der mit dem Amt verbundenen Verantwortung (Lindner 2007: 222). Kernbestandteil der Besoldung ist das fixe Grundgehalt, dessen Höhe sich nach der jeweiligen Besoldungsordnung, der Besoldungsgruppe und der an beruflichen Dienstzeiten orientierten Erfahrungsstufe richtet. Es existieren vier Besoldungsordnungen[15] mit einer je unterschiedlichen Anzahl an Besoldungsgruppen und maximal acht Erfahrungsstufen, die in einem Rhythmus von zunächst zwei (2. Stufe), dann drei (3.-5. Stufe) und schließlich vier Jahren (6.-8. Stufe) erreicht werden können. Für jede der Besoldungsordnungen existiert eine jährlich aktualisierte Besoldungstabelle, die das jeweilige Grundgehalt ausweist.

Ergänzend zum Grundgehalt wird gegebenenfalls ein Familienzuschlag gewährt, der sich nach dem Familienstand und der Anzahl der kindergeldberechtigten Kinder richtet. Zudem wird gegebenenfalls jährlich ein Weihnachtsgeld gezahlt, dessen Höhe stark nach Gebietskörperschaften variiert. Hier ist es in den vergangenen Jahren zu erheblichen Kürzungen bis hin zur völligen Streichung gekommen (ähnlich beim Urlaubsgeld). Während die bis hierher genannten Gehaltsbestandteile allesamt ruhegehaltsfähig sind, trifft dies auf Leistungsprämien und -zulagen, mit denen „weit überdurchschnittliche" Leistungen honoriert werden, nicht zu. Die Leistungsprämie ist eine Einmalzahlung, die bis zur Höhe des Anfangsgrundgehalts der jeweiligen Besoldungsgruppe gewährt werden kann. Die Leistungszulage ist hingegen eine zeitlich befristete, wiederkehrende Zahlung, deren Höhe monatlich 7% des Anfangsgrundgehaltes nicht übersteigen darf. Darüber hinaus existiert eine Reihe weiterer, an bestimmte Tätigkeiten gebundener Zulagen wie Ministerial-, Amts-, Stellen-, Erschwernis- oder Auslandszulagen, die in unterschiedlicher Weise ruhegehaltsfähig sind oder eben nicht.

---

15  A: BeamtInnen des einfachen, mittleren, gehobenen und höheren Dienstes; B: besondere Ämter des höheren Dienstes; R: RichterInnen und StaatsanwältInnen; W: HochschullehrerInnen.

Die durchschnittlichen Bruttomonatsbezüge der BeamtInnen lagen Mitte 2014 bei 3.570 € und damit 28% über jenen der Tarifbeschäftigten des öffentlichen Dienstes (StBA 2015b: 38).[16] Insgesamt liegt das Entgeltniveau des öffentlichen Dienstes um etwa ein Fünftel über jenem der Privatwirtschaft (Keller/Seifert 2014: 634).[17] Dies ist allerdings nicht auf eine generell höhere Entlohnung zurückzuführen, sondern auf strukturelle Unterschiede, insbesondere das weit überdurchschnittliche Qualifikationsniveau, die größeren Betriebseinheiten und die stärkere Sekundärmacht (Organisationsgrad, Tarifdeckung, betriebliche Deckungsrate) der öffentlich Beschäftigten. Werden diese strukturellen Faktoren weitgehend eliminiert und auf diese Weise vergleichbare Betriebe gegenübergestellt, zeigt sich sogar ein um 10% niedrigeres Bruttolohnniveau gegenüber der Privatwirtschaft (Ellguth/Kohaut 2011: 31).[18] Ein weiteres Charakteristikum des öffentlichen Dienstes ist die wesentlich geringere Lohnspreizung. Zwar lassen sich auch hier erhebliche Lohndifferenzen entlang von Entgelt- und Laufbahngruppen feststellen, dennoch sind die Entgeltstrukturen traditionell komprimierter: Die unteren Qualifikations- und Einkommensgruppen verdienen eher mehr, die höheren eher weniger als vergleichbare Beschäftigte in der Privatwirtschaft (vgl. Tepe/Kroos 2010). Auch Frauen haben im öffentlichen Dienst durchweg bessere Verdienstchancen. Zwar existieren auch hier geschlechtsspezifische Segregationsstrukturen: Der durchschnittliche Bruttomonatsverdienst der Beamtinnen lag im Jahr 2014 bei 3.250 € und somit 10% unter dem Gesamtdurchschnitt (StBA 2015b: 39). Dies ist jedoch vor allem darauf zurückzuführen, dass Frauen weit überproportional in Teilzeitbeschäftigung tätig sind: 84% der teilzeitbeschäftigten BeamtInnen sind Frauen; insgesamt gehen 41% der Beamtinnen, aber nur 6% der Beamten einer Teilzeitbeschäftigung nach (ebd.: 31). Hingegen weist die Laufbahnverteilung eher in die entgegengesetzte Richtung: Mit einem Anteil von 73% gehören Beamtinnen häufiger dem gehobenen und höheren Dienst an als Beamte (65%) (ebd.: 29).[19] Somit ist der

---

16  Im Vergleich der Vollzeitäquivalente fällt die Differenz mit 17% etwas geringer aus (ebd.: 41).

17  Laut SOEP lag der mittlere Bruttostundenlohn im Jahr 2012 im öffentlichen Dienst bei 16,80 €, in der Privatwirtschaft hingegen bei 13,90 € (ebd.).

18  Anders verhält es sich jedoch in Bezug auf die Nettoverdienste der BeamtInnen: Aufgrund des Wegfalls der Sozialversicherungsbeiträge fallen diese im Vergleich mit den ArbeitnehmerInnen sowohl der Privatwirtschaft als auch des öffentlichen Dienstes deutlich höher aus (Tepe/Kroos 2010: 8).

19  Hierin unterscheidet sich der Beamtenbereich übrigens vom Tarifbereich des öffentlichen Dienstes, wo Frauen in den unteren Entgeltgruppen überrepräsentiert und andererseits spiegelbildlich in den oberen Entgeltgruppen unterrepräsentiert sind (Ellguth/Kohaut 2011: 25).

„Gender Gap" im öffentlichen Dienst – und insbesondere im Beamtenbereich – wesentlich geringer ausgeprägt als in der Privatwirtschaft (Ellguth/ Kohaut 2011: 25). Gleiches gilt auch für die Ost-West-Differenzen: Zwar liegt das effektive Entgeltniveau der ostdeutschen Beschäftigten auch im öffentlichen Dienst noch immer unter jenem der westdeutschen, der Lohnabstand ist jedoch deutlich geringer als in der Privatwirtschaft (Bäcker/ Jansen 2009: 70).[20] Insgesamt erfolgt im öffentlichen Dienst somit ein gewisser Ausgleich zwischen den ungleichen Arbeitsmarktchancen der Beschäftigtengruppen.

### 3.2 Regressive Reformen in der Beamtenversorgung seit 1989 ■

Wie eingangs (Kap. 2.2) bereits vermutet, hat die staatliche Austeritätspolitik auch vor der Beamtenversorgung nicht haltgemacht. Im Gegenteil: Vor dem Hintergrund der aus personalpolitischen und demografischen Gründen steigenden Finanzierungslasten setzten hier bereits Ende der 1980er Jahre erste Sparmaßnahmen ein. Im Fokus des anhaltenden Reformprozesses stand und steht hierbei vor allem die Leistungsseite, während die Finanzierungsseite erst gegen Ende der 1990er Jahre und in wesentlich zögerlicherer Weise einbezogen wurde. Des Weiteren fällt auf, dass die Sparpolitik vor allem bei der Höhe der Versorgungsleistungen und weniger bei den Strukturprinzipien oder Berechnungsgrundsätzen der Beamtenversorgung ansetzt. Neben der Absenkung des Versorgungsniveaus zielen die regressiven Reformen insbesondere auch auf die Anhebung des Pensionsalters und die Verringerung der Vorruhestandskosten. Dabei wurden in der Regel die kostensenkenden Maßnahmen aus der gesetzlichen Rentenversicherung „wirkungsgleich" auf die Beamtenversorgung übertragen. Trotz höchstrichterlicher Betonung der strukturellen Unterschiede der Beamtenversorgung und der gesetzlichen Rentenversicherung lässt sich somit eine zunehmende Konvergenz der beiden Alterssicherungssysteme beobachten (Funke/Walther 2010: 31).

Im Folgenden werden die zentralen Reformmaßnahmen kurz in chronologischer Reihenfolge dargestellt. Der Schwerpunkt liegt hierbei auf jenen Maßnahmen, die auf die Absenkung des Versorgungsniveaus zielen. Um einen zusammenfassenden Überblick zu bekommen, wird jedoch auch

---

20  Im Bund gelten seit 2008 einheitliche Entgelt- und Besoldungstabellen. In den ostdeutschen Ländern und Kommunen liegen die Entgelte von Tarifbeschäftigten und BeamtInnen hingegen noch immer unter den westdeutschen. Zudem sind die Regelarbeitszeiten im ostdeutschen Tarifgebiet meist höher.

auf jene Maßnahmen kurz eingegangen, die auf die Anhebung des Pensionsalters und die Verringerung der Vorruhestandskosten abheben. Eine ausführliche Darstellung und Analyse dieser Reformmaßnahmen erfolgt dann in Kapitel 4 (Ruhestand wegen des Erreichens einer Altersgrenze) und in Kapitel 5 (Ruhestand wegen Dienstunfähigkeit).

Erste kostensenkende Maßnahmen wurden mit dem 1989 beschlossenen und 1992 in Kraft getretenen *Beamtenversorgungsänderungsgesetz* (BeamtVGÄndG) beschlossen. Der Kern dieses Gesetzes bestand in der Linearisierung und zeitlichen Streckung der zuvor degressiven Ruhegehaltsskala.[21] Gleichzeitig wurden die erforderlichen Dienstjahre zur Erlangung der Höchstversorgung, die damals noch bei 75% der letzten Dienstbezüge lag, von 35 auf 40 Jahre angehoben. Hierdurch sank der Pensionsanspruch gegenüber früherem Recht nach zehn Dienstjahren um 46%, nach 25 Dienstjahren um 28% und nach 35 Dienstjahren um 12,5% (BMI 2005: 86).[22] Des Weiteren wurde die schrittweise Einführung von Versorgungsabschlägen in Höhe von 3,6% pro Jahr bei Inanspruchnahme der allgemeinen Antragsaltersgrenze ab 62 Jahren, beginnend mit dem Jahr 2001, beschlossen. Zugleich wurden die Hinzuverdienstmöglichkeiten für Frühpensionäre durch die Ausweitung der Anrechnungsvorschriften auf Erwerbseinkommen aus einer privatwirtschaftlichen Tätigkeit reduziert. Anlass und Orientierungshilfe für das BeamtVGÄndG hatte das „Rentenreformgesetz 1992" (RRG) gegeben, welches ebenfalls im Jahr 1989 beschlossen wurde. Hier lassen sich also erste Bestrebungen zu einer „wirkungsgleichen Übertragung" von gesetzlichen Rentenreformen auf die Beamtenversorgung erkennen (Ruland 2002: 948).

Auch das im Jahr 1997 erlassene *Dienstrechtsreformgesetz* (ReformG) kann als Reaktion auf das „Wachstums- und Beschäftigungsförderungsgesetz 1996" (WFG) gewertet werden, das deutliche Leistungseinschnitte in der gesetzlichen Rentenversicherung mit sich brachte. Folglich wurden auch in der Beamtenversorgung diverse Leistungseinschränkungen vorgenommen, die vor allem das Ziel verfolgten, die Möglichkeiten und Anreize für eine Frühpensionierung zu verringern. Die allgemeine Antragsaltersgrenze wurde von 62 auf 63 Jahre angehoben und die Einführung der

---

21  Nach altem Recht betrug der Ruhegehaltssatz vom fünften bis zehnten Dienstjahr 35%, vom elften bis 25. Dienstjahr erfolgte eine jährliche Steigerung um 2% bis auf 65% und vom 26. bis 35. Dienstjahr eine jährliche Steigerung um 1% bis auf die Höchstgrenze von letztlich 75% der Dienstbezüge aus der jeweiligen Besoldungsendstufe.

22  Für BeamtInnen die bereits vor 1992 in einem öffentlich-rechtlichen Dienstverhältnis standen und vor 2002 in den Ruhestand traten, blieb es beim alten Recht. Darüber hinaus gab es eine Reihe weiterer Übergangsbestimmungen.

Versorgungsabschläge auf das Jahr 1998 vorgezogen. Weitere Maßnahmen zielten auf die Reduzierung der Ruhestandsversetzungen wegen Dienstunfähigkeit. Mit der Etablierung des Grundsatzes „Rehabilitation vor Versorgung" wurde der Zugang in den Ruhestand wegen Dienstunfähigkeit erschwert, indem die Möglichkeit der (zustimmungsfreien) Versetzung in ein anderes Amt, eine andere Laufbahn oder eine geringerwertige Tätigkeit geschaffen und die Reaktivierungsmöglichkeiten erweitert wurden. Zugleich wurden die Leistungen bei Dienstunfähigkeit durch die Abschaffung der Anhebung der ruhegehaltsfähigen Dienstbezüge auf eine fiktive Endstufe und die Beschränkung auf die tatsächlich erreichte Dienstaltersstufe sowie durch die Reduzierung der Zurechnungszeit von zwei Dritteln auf ein Drittel der Zeit vom Ruhestandseintritt bis zur Vollendung des 60. Lebensjahres verringert. Auf die Absenkung des allgemeinen Versorgungsniveaus zielte schließlich die Abschaffung des Erhöhungsbetrags und des Anpassungszuschlags für PensionärInnen sowie die Beschränkung der ruhegehaltsfähigen Ausbildungszeiten auf drei Jahre.

Darüber hinaus enthielt das ReformG auch erhebliche Veränderungen bei der Besoldung mit negativen Auswirkungen auf das Versorgungsniveau. Im Bereich der A-Besoldung wurde das Grundgehaltsniveau durch die zeitliche Streckung des Stufenaufstiegs vom üblichen zweijährigen Rhythmus (in 15 Stufen) auf die Abfolge eines zunächst zwei-, dann drei- und schließlich vierjährigen Rhythmus (in zwölf Stufen) gesenkt. Der weitgehend leistungsunabhängige Zeitaufstieg (Bewährung bei durchschnittlicher Leistung) wurde zugunsten eines abgeschwächten Senioritätsprinzips und variabler Leistungskomponenten aufgegeben. Seither ist neben dem Besoldungsdienstalter auch die individuelle Leistung maßgeblich für den Stufenaufstieg. Bei „dauerhaft herausragender" Leistung kann die nächsthöhere Stufe schneller erreicht werden, bei „ungenügender" Leistung hingegen droht der Verbleib in der bisherigen Stufe, bis die Leistung den Aufstieg in die nächsthöhere Stufe rechtfertigt. Zusätzlich wurde analog zum Tarifbereich die Zahlung von Leistungsprämien und -zulagen zur besonderen Honorierung „überdurchschnittlich herausragender" Leistungen eingeführt. Die Leistungselemente wurden, neben der Absenkung der Grundbesoldung, insbesondere durch die Kürzung von Sonderzahlungen und Familienzuschlägen gegenfinanziert und somit insgesamt kostenneutral gestaltet (Mühlenkamp 2008: 637). Die Einführung der Leistungselemente hat somit implizit zu einer Absenkung des Ruhegehaltsniveaus geführt, denn die Absenkung der ruhegehaltsfähigen Grundbesoldung stellt bei gleichzeitiger Nichtberücksichtigung von Leistungsprämien und -zulagen in der Ruhegehaltsberechnung de facto eine Minderung der Versorgungsleistungen dar.[23] Zugleich mindert sich durch die Kürzung der Grundbesoldung auch das für die private Altersvorsorge zur Verfügung stehende Einkommen.

Weitere Einschnitte beim Versorgungsniveau brachten 1998 das *Versorgungsreformgesetz* (VReformG) und das *Versorgungsrücklagengesetz* (VersRücklG) mit sich. Die Wartezeit für die Versorgung aus dem letzten Amt wurde von zwei auf drei Jahre erhöht, die verbliebenen Stellenzulagen aus der Ruhegehaltsberechnung ausgeschlossen und die Hinzuverdienstregelungen weiter verschärft. Zudem wurde die Möglichkeit der Teildienstunfähigkeit geschaffen, die zunächst nur für über 50-Jährige galt. Des Weiteren wurden erneut die Hinzuverdienstmöglichkeiten für Frühpensionäre verschärft, indem für Einkommen aus einer Tätigkeit außerhalb des öffentlichen Dienstes nun dieselben Anrechnungsvorschriften galten wie für Einkommen aus einer Tätigkeit innerhalb des öffentlichen Dienstes.[24] Hauptmaßnahme der beiden Gesetze war jedoch der Aufbau von Versorgungsrücklagen beim Bund und bei den Ländern. Die Versorgungsrücklagen sollten durch die schrittweise Absenkung des Besoldungs- und Versorgungsniveaus um 3% finanziert werden. Konkret war eine Verminderung der Besoldungs- und Versorgungsanpassungen um 15 mal 0,2 Prozentpunkte in den Jahren 1999 bis 2013 und die Zuführung der Differenzbeträge in die Rücklagen vorgesehen. Aufgrund der schrittweisen Senkung des Ruhegehaltssatzes durch das Versorgungsänderungsgesetz 2001 (siehe unten) wurden die Anpassungsminderungen im Jahr 2003 jedoch vorübergehend ausgesetzt. Auf Bundesebene wurde die Anpassungsminderung im Jahr 2011 wieder aufgenommen und soll nun bis 2017 fortgeführt werden. Derzeit ist folglich davon auszugehen, dass die einst beschlossene Gesamtminderung des Besoldungs- und Versorgungsniveaus nicht vollständig umgesetzt, sondern sich vielmehr auf etwa 2% beschränken wird. Das auf diesem Wege angesparte Sondervermögen soll ab 2018 über 15 Jahre zur (Teil-)Finanzierung der Versorgungsaufwendungen eingesetzt werden.

Das im Jahr 2000 verabschiedete *Gesetz zur Neuordnung der Versorgungsabschläge* (VAbschlNOG) wandte sich schließlich wieder der Leistungsseite der Beamtenversorgung zu, indem die Regelungen zum Versor-

---

23  Die Höhe der Ruhegehaltsabsenkung entspricht dabei dem relativen Anteil der Leistungsbesoldung an den gesamten Besoldungsausgaben. Auf Bundesebene wurde dieser Anteil mit dem Dienstrechtsneuordnungsgesetz im Jahr 2009 auf 0,3% der jährlichen Besoldungsausgaben festgeschrieben.

24  Bis dahin galt für privatwirtschaftliche Einkommen eine höhere Hinzuverdienstgrenze in Höhe der ruhegehaltsfähigen Dienstbezüge aus der Endstufe der Besoldungsgruppe, aus der sich das Ruhegehalt berechnet.

gungsabschlag auf weitere Fälle der Frühpensionierung – Dienstunfähigkeit und vorzeitiger Ruhestand ab 60 Jahren wegen Schwerbehinderung – übertragen wurden. Zugleich wurde die Zurechnungszeit bei Dienstunfähigkeit wieder von einem Drittel auf zwei Drittel der Zeit vom Ruhestandseintritt bis zur Vollendung des 60. Lebensjahres verlängert.

Deutlich weitreichender waren die Leistungsänderungen des *Versorgungsänderungsgesetzes* (VersÄndG), welches ein Jahr später, als Antwort auf die Rentenreform 2000/01, erlassen wurde. Das Ruhegehaltsniveau wurde um insgesamt 4,33% abgesenkt (Walther 2013: 90), und zwar sowohl für künftige als auch für die bereits vorhandenen VersorgungsempfängerInnen. Die Absenkung wurde im Rahmen der acht seit 2003 erfolgten Versorgungsanpassungen vollzogen, indem ein Anpassungsfaktor auf die ruhegehaltsfähigen Dienstbezüge zur Anwendung kam, der das Niveau der Bezüge bei jedem Anpassungsschritt um ca. 0,54% minderte. In dieser Übergangsphase wurden das Ruhegehalt also noch nach dem alten Grundsatz (Steigerungssatz von 1,875% pro Jahr) berechnet. Erst seit dem letzten der acht Anpassungsschritte – der im Bund zu Beginn des Jahres 2011, in den Ländern und Kommunen zu Beginn des Jahres 2012 vollzogen wurde – gilt in der Beamtenversorgung der neue jährliche Steigerungssatz von 1,79375%, der mit einem Höchstruhegehaltssatz von 71,75% nach 40 Dienstjahren einhergeht. Im Gegenzug werden die aktiven BeamtInnen seit 2003 in die staatliche Förderung der zusätzlichen privaten Altersvorsorge („Riester-Rente") einbezogen. Die Hälfte der aus der Ruhegehaltsabsenkung resultierenden Einsparungen wurde den Versorgungsrücklagen zugeführt.

Mit dem *Gesetz über die Anpassung von Dienst- und Versorgungsbezügen* (BBVAnpG) der Jahre 2003/04 wurde die bis dahin bestehende bundeseinheitliche Regelung hinsichtlich der jährlichen Sonderzuwendung aufgegeben. Bund und Länder konnten nun eigene Bestimmungen über die Zahlung von Urlaubs- und Weihnachtsgeld treffen. Dies führte zu völlig unterschiedlichen Regelungen – von Sonderzuwendungen in Höhe von 70% eines Monatsgehalts bis zu deren vollständiger Streichung (dbb 2015: 40ff.). Im Bund wurde die Höhe der Sonderzuwendung von 8,33% auf 4,17% der jeweiligen Jahresbezüge halbiert. Zudem wurde die Sonderzuwendung aus den allgemeinen Versorgungsanpassungen ausgeschlossen und somit auf dem Stand von 2004 eingefroren. Mit dem *Haushaltsbegleitgesetz* (HBeglG) 2006 erfolgte eine weitere Halbierung der Sonderzuwendung (ausschließlich) für PensionärInnen auf 2,085% der Jahresbezüge.

Mit dem Ende 2004 in Kraft getretenen *Gesetz zur wirkungsgleichen Übertragung von Regelungen der sozialen Pflegeversicherung sowie der gesetzlichen Krankenversicherung auf dienstrechtliche Vorschriften* wurden die VersorgungsempfängerInnen zum Abschluss einer privaten Pflege-versicherung verpflichtet. Zugleich wurden die Versorgungsbezüge um den halben Beitragssatz zur sozialen Pflegeversicherung (0,85%) gemindert. Das aufgrund der Föderalismusreform erstmals nur für den Bundes-reich geltende *Änderungsgesetz zum Versorgungsrücklagengesetz* (Vers-RücklÄndG) aus dem Jahr 2006 zielte schließlich wieder auf die Finanzie-rungsseite. Seit 2007 stellt der Bund die Finanzierung der Beamtenversor-gung schrittweise auf eine vollständige Kapitaldeckung um. Für alle seit-dem neu eingestellten BeamtInnen werden von den jeweiligen Dienststellen regelmäßig Zuweisungen an den hierzu eingerichteten „Versorgungsfonds des Bundes" getätigt, welche versicherungsmathematisch als Prozentsätze der laufenden Entgeltzahlungen bestimmt werden (Walther 2013: 92). Die Zuweisungssätze liegen je nach Beamten- und Laufbahngruppe zwischen 20,5% und 29,6% der ruhegehaltsfähigen Dienstbezüge. Eine Finanzierung von Beihilfeaufwendungen aus dem Fonds ist bislang nicht vorgesehen.

Das Anfang 2009 in Kraft getretene *Dienstrechtsneuordnungsgesetz* (DNeuG) brachte erhebliche Veränderungen sowohl des Besoldungs- als auch des Versorgungssystems mit sich. Das versorgungsrechtliche Kern-stück dieses Gesetzes stellt die Anhebung der Altersgrenzen für den Ruhe-standseintritt dar. Wie in der gesetzlichen Rentenversicherung wird die Regelaltersgrenze seit 2012 schrittweise auf das 67. Lebensjahr angeho-ben. Lediglich BeamtInnen mit 45 Dienstjahren können weiterhin ab-schlagsfrei mit 65 Jahren in Pension gehen. Die Antragsaltersgrenze bei Schwerbehinderung wird ebenfalls um zwei Jahre, von 60 auf 62 Jahre, angehoben. Die Altersgrenze für den Bezug eines abschlagsfreien Ruhe-gehalts wegen Dienstunfähigkeit wird von 63 auf 65 Jahre angehoben, das Referenzalter für die Berechnung von Abschlägen erhöht sich entsprechend auf 62 Jahre. In beiden Fällen bleibt es bei maximalen Abschlägen von 10,8%. Die besonderen Altersgrenzen werden ebenfalls um zwei Jahre an-gehoben. Die allgemeine Antragsaltersgrenze von 63 Jahren wurde beibe-halten, die maximale Abschlagshöhe steigt jedoch auf 14,4%. Weitere ver-sorgungsrechtliche Maßnahmen stellten die erneute Begrenzung der Be-rücksichtigung von Hochschulzeiten als ruhegehaltsfähige Dienstzeit, die Änderung der Wartefrist für die Versorgung aus dem letzten Amt von drei wieder auf zwei Jahre (nach einer entsprechenden Entscheidung des Bun-desverfassungsgerichts) und die Einführung einer Überprüfungs- und Revi-sionsklausel zur Sicherung des Entwicklungsgleichklangs bei gesetzlichen Renten und Versorgungsleistungen dar. Schließlich wurde mit dem DNeuG erneut der Grundsatz „Rehabilitation vor Versorgung" gestärkt, indem nun die Versetzung in den Ruhestand bei einer möglichen anderweitigen Ver-wendung explizit ausgeschlossen und gleichzeitig die Pflicht zur Teilnahme an einer gegebenenfalls hierzu erforderlichen gesundheitlichen oder beruflichen Rehabilitation geschaffen wurde.

Auch das Besoldungssystem wurde mit dem DNeuG erheblich reformiert. Die Grundgehaltstabellen wurden neu gestaltet, die Gehaltsstufen für alle Besoldungsgruppen einheitlich von zwölf auf acht reduziert. Neben den aktiven BeamtInnen wurden auch die VersorgungsempfängerInnen in die neu gestalteten Grundgehaltstabellen übergeleitet. Der Aufstieg nach Dienstaltersstufen wurde zu Gunsten von (an beruflichen Dienstzeiten orientierten) Erfahrungsstufen aufgegeben, und so eine weitere Abkehr vom Senioritätsprinzip vollzogen. Der Aufstieg in den Erfahrungsstufen wurde nunmehr einheitlich nach dem aktuell gültigen Zwei-/Drei-/Drei-/Drei-/Vier-/Vier-/Vier-Jahresrhythmus vollzogen. Die bestehenden Leistungselemente wurden beibehalten, gleichzeitig sind die Dienststellen nun dazu verpflichtet, das vorhandene Budget für die Leistungsbezahlung von 0,3% der jährlichen Besoldungsausgaben auch tatsächlich vollständig zu nutzen. Ein Teil der Bundesländer hat die neue Gehaltssystematik übernommen, andere haben sich ebenfalls für die Einführung von Erfahrungsstufen entschieden, dabei jedoch überwiegend den alten Stufenzuschnitt beibehalten (vgl. dbb 2013).

Neben den bis hierhin rekonstruierten kostensenkenden Reformen des Versorgungssystems sei abschließend noch auf die implizite Kürzung der realen Versorgungsbezüge hingewiesen, die aus der moderaten nominalen Anhebung der Besoldungsbezüge im Rahmen der einzelnen Besoldungsanpassungsgesetze der letzten beiden Jahrzehnte resultiert. Wie oben in Abbildung 2.2 dargestellt, bewegte sich der Besoldungszuwachs gerade einmal im Rahmen des Inflationsanstiegs. Damit ist die Entwicklung der Beamtenbezüge weit hinter dem nominalen Lohnanstieg von Beschäftigten in personalstrukturell vergleichbaren Branchen der Privatwirtschaft zurückgeblieben (vgl. Färber et al. 2011: 29). Diese Abkopplung von der Reallohnentwicklung macht sich ob des grundsätzlichen Gleichklangs von Besoldung- und Versorgungsanpassung entsprechend auch beim Ruhegehalt bemerkbar. Zudem sind die Besoldungsanpassungen oftmals nur zeitlich verzögert und – wie gesehen – gemindert in das Versorgungsrecht übertragen worden.

Der Überblick über die seit 1989 unter dem Postulat der Personalkosteneinsparung erfolgten Reformmaßnahmen verdeutlicht eindrucksvoll, dass das Versorgungssystem starken Veränderungen unterzogen worden ist, wobei die BeamtInnen erhebliche Leistungseinbußen hinnehmen mussten. Das Versorgungniveau wurde abgesenkt, die Versorgungsanpassungen gemindert, die Altersgrenzen angehoben und der vorzeitige Ruhestandseintritt erschwert. In zunehmendem Maße wurden hierbei kostensenkende Reformmaßnahmen aus der gesetzlichen Rentenversicherung „wirkungs-gleich" auf die Beamtenversorgung übertragen. Diese in der Regel lineare Übertragung hat zur Folge, dass die Leistungseinschränkungen höher aus-fallen als bei den gesetzlich Versicherten, da die Beamtenversorgung bi-funktional nicht nur die gesetzliche, sondern auch die betriebliche Alters-vorsorge abdeckt, die somit in gleicher Weise von den Kürzungen betrof-fen ist. Die Einführung der allgemeinen Überprüfungs- und Revisions-klausel belegt, dass auch für die Zukunft eine lineare Übertragung der kostensenkenden Maßnahmen aus dem Rentenrecht zu erwarten ist. Auf der anderen Seite zeigt der Umgang mit dem „Gesetz über Leistungsver-besserungen in der gesetzlichen Rentenversicherung" (RV-Leistungsver-besserungsgesetz; vgl. Winkel/Nakielski 2014) von Mitte 2014, dass kos-tensteigernde Reformen wie die Mütterrente, die „Rente mit 63" und Leis-tungsverbesserungen bei der Erwerbsminderungsrente entgegen entspre-chender Forderungen der Beamtenverbände nicht ins Beamtenrecht über-tragen werden.

## ■ 3.3 Ausgabenentwicklung und „Finanzierbarkeit" der Beamtenversorgung

Die regressiven Reformen in der Beamtenversorgung werden vor allem mit den steigenden Versorgungslasten gerechtfertigt, die weitgehend aus dem Steueraufkommen zu finanzieren sind. Vor dem Hintergrund der de-mografischen Entwicklung, den strukturellen Besonderheiten im Alters-aufbau und in der Lebenserwartung der BeamtInnen sowie der bestehen-den öffentlichen Verschuldung wird in der medialen Öffentlichkeit die „Finanzierbarkeit" der Beamtenversorgung als solche in Frage gestellt, wobei mitunter wahre Katastrophenszenarien bis hin zur zukünftigen „Pleite" Deutschlands beschworen werden (z.B. Faust/Klöckner 2005; Birnbaum 2012). Aber auch in wissenschaftlichen Beiträgen wird die wirt-schaftliche Notwendigkeit von Versorgungskürzungen und der (weiteren) Anhebung der Altersgrenzen meist unhinterfragt als gegeben vorausge-setzt (z.B. Färber et al. 2011). Sind die Pensionslasten wirklich so drama-tisch und die regressiven Eingriffe in die Beamtenversorgung somit tat-sächlich alternativlos? Dies soll abschließend anhand der Entwicklung der zentralen Finanzierungsparameter – Versorgungsempfängerzahlen, Ver-sorgungsbezüge und Versorgungsausgaben – diskutiert werden.

## Versorgungsempfängerlnnen

Zu Beginn des Jahres 2014 gab es rund 1,56 Mio. Versorgungsempfänge-rInnen (vgl. Abb. 3.1). Dabei handelte es sich um rund 1,17 Mio. PensionärInnen und 0,39 Mio. Hinterbliebene (StBA 2015a: 6).[25] Mehr als die Hälfte (50,9%) der VersorgungsempfängerInnen (bzw. deren Angehörige) war zuvor bei den Ländern beschäftigt. Demgegenüber entfielen auf den Bund lediglich 11,5% der VersorgungsempfängerInnen. Allerdings trägt der Bund zum größten Teil auch die Versorgungsleistungen für die Bahn- und PostbeamtInnen, die insgesamt 28,5% der VersorgungsempfängerInnen stellten.[26] Lediglich 7,4% der VersorgungsempfängerInnen waren zuvor bei den Kommunen tätig, 1,4% bei den Sozialversicherungsträgern und 0,4% in rechtlich selbstständigen Einrichtungen.

**Abb. 3.1: Versorgungsempfängerlnnen nach Ebenen im Januar 2014 (absolut und in %)**

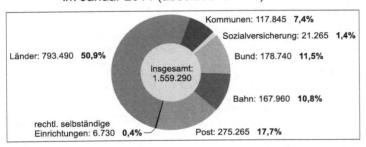

Quelle: Statisches Bundesamt, Versorgungsempfänger des öffentlichen Dienstes, Fachserie 14, Reihe 6.1; eigene Berechnungen

Seit den 1990er Jahren steigt die Zahl der VersorgungsempfängerInnen kontinuierlich an (vgl. Abb. 3.2). Im Zeitraum von 1991 bis 2014 betrug der Zuwachs rund 41% (StBA 2015a: 66). Ursächlich für den Anstieg ist in erster Linie der Ausbau des öffentlichen Sektors und die hiermit verbundene Personalexpansion in den 1960er/70er Jahren (Altis/Koufen 2014: 182). Ebenfalls zu dieser Entwicklung beigetragen hat die gestiegene Lebenserwartung. Während 1991/93 die weitere Lebenserwartung eines 65-jährigen Mannes bei 14,5 Jahren und einer 65-jährigen Frau bei 18,2 Jah-

---

25  Ohne Berücksichtigung der VersorgungsempfängerInnen nach dem Gesetz zu Art. 131 des Grundgesetzes und nach beamtenrechtlichen Grundsätzen.

26  Wie oben dargestellt, werden die nicht durch eigene Einnahmen gedeckten Aufwendungen des Bundeseisenbahnvermögens und der Postbeamtenversorgungskasse aus dem Bundeshaushalt finanziert.

ren lag, beträgt diese nach der Sterbetafel 2010/12 bei den Männern inzwischen 17,5 Jahre (+ drei Jahre) und bei den Frauen 20,7 Jahre (+ 2,5 Jahre) (StBA 2015d).[27] Allerdings ist im gleichen Zeitraum auch das durchschnittliche Pensionsalter um mehr als vier Jahre angestiegen (StBA 2015a: 141), was vor allem auf die zahlreichen Einschränkungen beim Ruhestandseintritt und beim Versorgungsniveau zurückzuführen ist. Hierdurch hat sich die Lebensphase, in der Versorgungsleistungen bezogen werden, also insgesamt sogar leicht verringert. In ähnlicher Weise wird nach heutigem Stand auch zukünftig die schrittweise Erhöhung der Altersgrenzen den erwarteten Effekt einer weiter steigenden Lebenserwartung zumindest bis Ende der 2020er Jahre (über-)kompensieren.

≡ Abb. 3.2: Entwicklung der Anzahl der VersorgungsempfängerInnen von 1991 bis 2014 nach Ebenen (in Tausend)

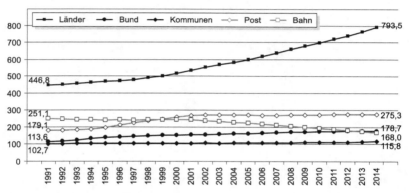

Quelle:  Statisches Bundesamt, Versorgungsempfänger des öffentlichen Dienstes, Fachserie 14, Reihe 6.1

Die Entwicklung der Versorgungsempfängerzahlen differiert stark nach Ebenen. Mit Abstand am stärksten (+78%) fällt der Anstieg im Landesbereich aus. Dieser Zuwachs, der sich seit Ende der 1990er Jahre deutlich beschleunigt hat, ist in erster Linie auf die Personalexpansion der 1960er/ 70er Jahre zurückzuführen, die in den Ländern mit Abstand am stärksten ausfiel. Aufgrund der Bildungsexpansion und der veränderten innenpolitischen Sicherheitslage waren damals insbesondere (Hochschul-) LehrerIn-

---

27  Die Lebenserwartung von BeamtInnen liegt zwar rund zwei Jahre über dem Durchschnitt, ist aber nicht in überdurchschnittlichem Maße angestiegen (BMI 2013: 116).

nen und PolizistInnen vermehrt eingestellt worden. Diese rücken seit Ende der 1990er Jahre verstärkt ins ruhestandsfähige Alter vor. Auch im Bundesbereich ist ein deutlicher Anstieg (+57%) zu verzeichnen. Vergleichsweise moderat (+13%) fällt der Zuwachs hingegen im kommunalen Bereich aus. Bei den PostbeamtInnen (+54%) gab es in den 1990er Jahren zunächst einen starken Anstieg der Versorgungsempfängerzahlen, der auf den Einsatz umfangreicher Vorruhestandsprogramme infolge der Privatisierung der Bundespost zurückzuführen war. Obwohl solche Programme bis in die Gegenwart immer wieder zum gezielten Personalabbau eingesetzt wurden, erreichten sie doch insgesamt längst nicht mehr den Umfang früherer Jahre (siehe Kap. 6.1), weshalb hier seit Beginn der 2000er Jahre eine Stagnation der Versorgungsempfängerzahlen festzustellen ist. Bei der privatisierten Bundesbahn gab es in den 1990er Jahren ebenfalls umfangreiche Vorruhestandsprogramme, gleichwohl zeigt sich hier aufgrund der anderen Altersstruktur eine gegenläufige Entwicklung (-33%). Hier ist die Zahl der aktiven BeamtInnen schon seit den 1960er Jahren rückläufig gewesen. Diese Entwicklung wurde in den 1990er Jahren zwar vorübergehend abgebremst, seitdem gehen die Versorgungsempfängerzahlen jedoch wieder deutlich zurück.

## Versorgungsbezüge

Aufgrund der zahlreichen regressiven Versorgungsreformen ist das Ruhegehaltsniveau deutlich abgesunken (vgl. Abb. 3.3). Lag der durchschnittliche Ruhegehaltssatz (ruhegehaltsfähige Dienstjahre x Steigerungssatz) 1994 noch bei 72,8%, so ist dieser bis Anfang 2014 auf 67% zurückgegangen (StBA 2015a: 105). Von besonders einschneidender Wirkung war hierbei die Absenkung des Steigerungssatzes von 1,875% auf 1,79375%, der im Zuständigkeitsbereich des Bundes Anfang 2011 und im Zuständigkeitsbereich der Länder Anfang 2012 wirksam wurde. Ebenfalls zum Rückgang der Ruhegehaltssätze beigetragen hat die Zunahme der Teilzeitbeschäftigung und der (familienbedingten) Beurlaubungen, was beides wiederum mit dem gestiegenen Frauenanteil unter den PensionärInnen zusammenhängt. Schließlich dürfte auch das mit den Qualifikationsanforderungen gestiegene Einstiegsalter in den öffentlichen Dienst einen Beitrag geleistet haben (vgl. BMI 2005: 138). In entgegengesetzte Richtung wirkt hingegen der allgemeine Anstieg des Pensionsalters, der zu durchschnittlich längeren Dienstzeiten und zu entsprechenden Steigerungen der Ruhegehaltssätze geführt hat. Wie in Abbildung 3.3 unschwer zu erkennen ist, konnte die Verlängerung der Lebensarbeitszeit die Absenkung des Ruhegehaltsniveaus jedoch nicht ansatzweise kompensieren.

Entwicklung der durchschnittlichen Ruhegehaltssätze nach Ebenen von 1994 bis 2014 (in %)

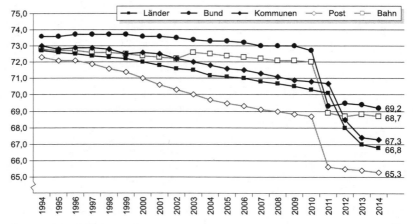

Quelle:    Statisches Bundesamt, Versorgungsempfänger des öffentlichen Dienstes, Fachserie 14, Reihe 6.1

Die Ruhegehaltssätze differieren nach Ebenen und nach Laufbahnen. Während im Bundesbereich zuletzt noch ein durchschnittlicher Ruhegehaltssatz von 69,2% erzielt wurde, lag dieser im Landesbereich mit 66,8% deutlich darunter. Das Schlusslicht bilden hier die PostbeamtInnen, die 2014 nur auf einen durchschnittlichen Ruhegehaltssatz von 65,3% kamen. Auch hinsichtlich der Laufbahnen zeigen sich deutliche Unterschiede: Im höheren Dienst lag der durchschnittliche Ruhegehaltssatz bei 69,5%, im gehobenen Dienst bei nur noch 66,7% und im einfachen und mittleren Dienst schließlich bei lediglich 65,9% (StBA 2015a: 62).

Die bis hierhin genannten Zahlen umfassen stets den gesamten Bestand an PensionärInnen. Da nicht alle Maßnahmen zur Absenkung des Versorgungsniveaus immer in gleicher Weise auch die bereits pensionierten BeamtInnen trafen, liegen die Ruhegehaltssätze der neu hinzugekommenen PensionärInnen seit längerem (deutlich) unter den Gesamtbestandszahlen. Während der durchschnittliche Ruhegehaltssatz des Bestandes Anfang 2012 bei 67,8% lag, erhielten die Neupensionierten dieses Jahres lediglich 65,9% ihrer letzten Bruttodienstbezüge (StBA 2015a: 95; Altis/Koufen 2014: 185).

Das durchschnittliche Ruhegehalt lag Anfang des Jahres 2014 bei 2.670 € (StBA 2015a: 61). Dabei zeigen sich deutliche Unterschiede zwischen den Geschlechtern: Während die Beamten über ein durchschnittli-

Abb. 3.4: Durchschnittliche Ruhegehaltsbezüge im Januar 2014 ≡
nach Ebenen und Geschlecht (in Euro)

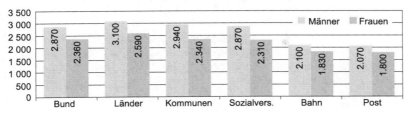

Quelle:   Statisches Bundesamt, Versorgungsempfänger des öffentlichen Dienstes,
          Fachserie 14, Reihe 6.1

ches Ruhegehalt von 2.760 € verfügten, mussten sich die Beamtinnen im Durchschnitt mit 2.400 € begnügen. Die Geschlechterdifferenzen bestehen über alle Ebenen hinweg (vgl. Abb. 3.4), fallen jedoch bei den Bahn- und den PostbeamtInnen (jeweils -13%) geringer aus als bei den BeamtInnen im Landesbereich (−16%), im Bundesbereich (−18%), bei den Sozialversicherungsträgern und in den Kommunen (jeweils -20%). Von diesen Geschlechterunterschieden abgesehen, liegen die durchschnittlichen Ruhegehälter über die verschiedenen Ebenen hinweg insgesamt jedoch recht nahe beieinander. Lediglich die Bahn- und PostbeamtInnen, unter denen der einfache und mittlere Dienst dominiert, weisen ein deutlich niedrigeres Ruhegehaltsniveau auf.

Im Vergleich mit den Durchschnittswerten der gesetzlichen Rentenversicherung fallen die durchweg höheren Ruhegehälter der BeamtInnen ins Auge. Der durchschnittliche Zahlbetrag einer gesetzlichen Altersrente lag im Jahr 2014 bei 771 € (DRV 2015b: 35) und betrug somit noch nicht einmal ein Drittel der durchschnittlichen Beamtenpension. Diese Differenzen tragen zum massenmedial verbreiteten Bild des „überversorgten Beamten" bei.[28] Allerdings ist ein Vergleich von Versorgungs- und Rentenbezügen aufgrund der Unterschiedlichkeit der Systeme grundsätzlich nur schwer möglich. So werden Versorgungsbezüge z.B. deutlich höher besteuert als Renten. Zudem gehen von den versteuerten Versorgungsbezügen noch die wesentlich höheren Kosten für die private Kranken- und Pflegeversicherung ab. Des Weiteren beziehen BeamtInnen keine zusätzliche betriebliche Rente. Schließlich ist zu berücksichtigen, dass PensionärInnen in der Regel über einen vollständigen – allenfalls von Familienzeiten unterbrochenen – Erwerbslebenslauf ohne Zeiten von Arbeitslosig-

---

28   Zum Beispiel „Pensions-Irrsinn! Darum pampert die Politik unsere Beamten so"
     in der Bild vom 17.7.2013.

keit, geringfügiger und prekärer Beschäftigung verfügen, während in die Durchschnittswerte der gesetzlichen Rentenversicherung selbst Personen mit einfließen, die nie eigene Beiträge in die Rentenkassen eingezahlt haben. Schließlich ist auch das durchschnittlich deutlich höhere Qualifikationsniveau der PensionärInnen zu berücksichtigen. Berechnungen zeigen, dass bei weitgehender Beseitigung dieser Unterschiede die Ruhegehälter oftmals sogar leicht unter den Renten vergleichbarer sozialversicherungspflichtig Beschäftigter liegen (vgl. Schilling 2011).

## Versorgungsausgaben

Trotz des abgesenkten Versorgungsniveaus sind mit der Zahl der VersorgungsempfängerInnen über die Jahre hinweg auch die Versorgungsausgaben stetig angestiegen. Im Jahr 2013 beliefen sich die gesamten Versorgungsausgaben des öffentlichen Dienstes (ohne Beihilfeaufwendungen) auf 43,9 Mrd. Euro (StBA 2015a: 104). Damit sind die Versorgungsausgaben in den letzten 20 Jahren um nahezu 80% gestiegen und stellen inzwischen fast ein Viertel der Gesamtpersonalausgaben dar. Dieser dramatisch wirkende Anstieg relativiert sich allerdings bei Berücksichtigung der Wirtschaftsentwicklung. Ein sinnvollerer Maßstab für die Beurteilung der Ausgabenentwicklung als die reinen Bruttobezüge ist die Versorgungsquote, die den Anteil der Versorgungsausgaben am Bruttoinlandsprodukt widergibt und auch der offiziellen Ausgabenrechnung der Bundesregierung zugrunde liegt (vgl. BMI 2013).

Seit Mitte der 1990er Jahre ist die Versorgungsquote des öffentlichen Dienstes von rund 1,4% auf rund 1,6% im Jahr 2003 gestiegen (vgl. Abb. 3.5). In den folgenden fünf Jahren bis 2008 ist sie dann, trotz der weiter steigenden Versorgungsempfängerzahlen, wieder unter 1,5% gesunken. Ursächlich hierfür dürften neben der Absenkung des Versorgungsniveaus insbesondere die zurückhaltenden Versorgungsanpassungen in diesem Zeitraum sein (unter anderem die drei Nullrunden in den Jahren 2005 bis 2007). Erst 2009 stieg die Versorgungsquote dann wieder auf über 1,6%, was vor allem auf den starken Rückgang des Bruttoinlandsprodukts infolge der Finanzkrise zurückzuführen ist. Insgesamt ist somit im Betrachtungszeitraum von 1991 bis 2012 die Versorgungsquote mit einem Zuwachs von 13% insgesamt deutlich schwächer gestiegen als die Zahl der VersorgungsempfängerInnen (+25%) (Altis/Koufen 2014: 183).

Ähnlich wie die Entwicklung der Versorgungsempfängerzahlen differiert auch jene der Versorgungsausgaben zwischen den Ebenen. Bis zum Jahr 2000 lagen Bundes- und Landesbereich mit einem Anstieg der Versorgungsquote von rund 0,6% auf rund 0,7% nahezu gleichauf. Seitdem

Abb. 3.5: Entwicklung der Versorgungsquote[a] des öffentlichen ≡
Dienstes von 1991 bis 2012 (in %)

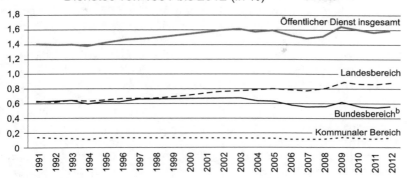

a – Anteil der Versorgungsausgaben am Bruttoinlandsprodukt; b – einschließlich
Post, Bahn und Art. 131 GG; ohne rechtl. selbst. Einrichtungen

Quelle: Finanzstatistik des Statistisches Bundesamtes (Altis/Koufen 2014: 182)

ist die Quote im Bundesbereich auf unter 0,6% gesunken, während sie im
Landesbereich aufgrund der Zunahme der Versorgungsempfängerzahlen
auf fast 0,9% weiter angestiegen ist. Die Versorgungsquote des kommunalen Bereichs hat sich hingegen im gesamten Betrachtungszeitraum kaum
verändert. Das Auseinanderdriften von Bund und Ländern begann mit dem
Auslaufen der umfangreichen Vorruhestandsprogramme für die Post- und
BahnbeamtInnen, die größtenteils vom Bund finanziert wurden. Zudem
sind die Versorgungsfälle nach Artikel 131 GG, für die ebenfalls der Bund
zuständig ist, kontinuierlich rückläufig (StBA 2015a: 77). Vergleichbare
Bereiche mit kostensenkender Wirkung existieren bei den Ländern hingegen nicht. Im Gegenteil: Wie bereits dargelegt, steigen die Versorgungsempfängerzahlen aufgrund der anhaltenden Pensionierungswelle der in
den 1960er/70er Jahren in hoher Zahl neu eingestellten LandesbeamtInnen
stark an.

Angesichts der Altersstruktur der aktiven Beamtenschaft ist abzuse-
hen, dass sich die beschriebenen Entwicklungen in den nächsten Jahren
zunächst weiter fortsetzen werden (vgl. Altis/Koufen 2014: 187ff.). Es ist
also insgesamt von einem weiteren Anstieg der Versorgungsempfängerzahlen und -ausgaben auszugehen. Hiervon werden die Gebietskörperschaften jedoch sehr unterschiedlich betroffen sein. Deutliche Anstiege
sind insbesondere in den westdeutschen Bundesländern zu erwarten. Hier
wird sich die Pensionierungswelle in den Schulen und Polizeidienststellen
bis etwa zum Jahr 2025 hin fortsetzen. Zusätzlich wird ab 2020 die allge-

meine demografische Entwicklung zum Tragen kommen, in deren Folge auch in anderen Dienstbereichen die geburtenstarken Jahrgänge der „Babyboomer" das Ruhestandsalter erreichen werden. Die ostdeutschen Bundesländer sind von diesen Entwicklungen nicht betroffen, da dort das Berufsbeamtentum erst in den 1990er Jahren eingeführt wurde. Auch in den Kommunen wird die allgemeine demografische Entwicklung zu einem Anstieg der Versorgungsempfängerzahlen führen, der jedoch deutlich geringer ausfallen wird. Auf der anderen Seite wird der Ausgabenanstieg in den Ländern und Kommunen aber durch die weitere Anhebung des Ruhestandsalters, die Absenkung der Ruhegehaltsniveaus und die aufgebauten Versorgungsrücklagen zumindest zum Teil ausgeglichen. Im Finanzierungsbereich des Bundes ist sogar mit rückläufigen Ausgaben zu rechnen, da hier die demografische Entwicklung mit der sinkenden Anzahl der Bahn- und PostbeamtInnen sowie der Versorgungsfälle nach Artikel 131 GG überkompensiert wird.[29] Darüber hinaus wurde seit Beginn der 1990er Jahre die Zahl der BerufssoldatInnen erheblich reduziert. Schließlich greifen auch hier die beschriebenen Sparmaßnahmen.

Entscheidend für die Bewertung der vor allem auf die westdeutschen Länder zukommenden Finanzierungslasten ist die zukünftige Wirtschafts- und Steuerentwicklung, die sich, weil von vielen gesellschaftlichen, ökonomischen und politischen Parametern bestimmt, naturgemäß nur schwer voraussehen lässt. Seit dem krisenbedingten Einschnitt der Jahre 2009/10 verzeichnet Deutschland ein deutliches Wirtschaftswachstum, das von einem erheblichen Beschäftigungszuwachs und Anstieg des Steueraufkommens begleitet wird. Auch die Staatsschuldenquote ist seit 2010 wieder rückläufig. Nach Prognose des Internationalen Währungsfonds wird Deutschland bereits im Jahr 2020 wieder das Maastricht-Kriterium einer maximalen öffentlichen Verschuldung in Höhe von 60% des nominalen Bruttoinlandsprodukts erreichen (IWF 2015). Schon heute (Ende 2014) liegt die deutsche Staatsschuldenquote mit 75% deutlich unterhalb des Durchschnitts sowohl der Eurozone (92%) als auch der EU (87%) (Eurostat 2015).

Für eine seriöse Gesamtbetrachtung muss zudem die Entwicklung der gesamten Personalausgaben – einschließlich der aktiven BeamtInnen und der Tarifbeschäftigten – herangezogen werden, die in den letzten beiden

---

29  Nach den Vorausberechnungen der Bundesregierung nimmt die Zahl der zu versorgenden BahnbeamtInnen im Zeitraum von 2011 bis 2050 kontinuierlich um 81% ab; bei den PostbeamtInnen beträgt der Rückgang rund 57%. VersorgungsempfängerInnen nach Art. 131 GG wird es 2050 gar nicht mehr geben (BMI 2013: 73).

Dekaden deutlich rückläufig war. In der Summe aller kostensenkenden Maßnahmen ist der Anteil der öffentlichen Personalausgaben (inkl. Versorgungs- und Rentenleistungen) am Bruttoinlandsprodukt zwischen 1992 und 2013 von 9% auf 7,6% gesunken (Europäische Kommission 2014). Im EU-Vergleich liegt Deutschland damit inzwischen an drittletzter Stelle; lediglich Tschechien und die Slowakei geben anteilig noch etwas weniger Geld für ihr öffentliches Personal aus.[30] Die Mehrausgaben bei der Versorgung wurden also durch Einsparungen bei den Beschäftigten mehr als kompensiert. Somit hat die Entwicklung der Personalausgaben seit den 1990er Jahren nicht zum Anstieg der Staatsschulden beigetragen, sondern im Gegenteil zu einer Entlastung der öffentlichen Haushalte geführt.

Vor diesem Hintergrund lässt sich die Frage nach der „Finanzierbarkeit" der Beamtenversorgung also durchaus positiv beantworten. Ohnehin sind sowohl die Höhe der Staatseinnahmen als auch Höhe und Verteilung der Staatsausgaben nicht so sehr Ergebnis vermeintlicher ökonomischer oder demografischer „Sachzwänge", sondern in erster Linie Resultat politischer Entscheidungen. Gleiches gilt für die Frage, wieviel Geld der Staat für sein Personal ausgibt und wie er mit diesem Personal umgeht. Dabei spielen bekanntermaßen widerstreitende ökonomische Theoreme und deren politische Rezeption eine entscheidende Rolle. Realistisch betrachtet, lassen der Europäische Fiskalpakt und die im Grundgesetz festgeschriebene Schuldenregel für Bund und Länder („Schuldenbremse") jedoch nichts anderes als eine Fortsetzung der vorherrschenden Angebots- und Austeritätspolitik erwarten – mit entsprechenden Auswirkungen auf die Beschäftigungs- und Versorgungsbedingungen der BeamtInnen.

---

30  EU-Spitzenreiter ist Dänemark mit einem Anteil der staatlichen Personalausgaben am BIP von mehr als 18%.

# 4 Ruhestand wegen des Erreichens einer Altersgrenze

BeamtInnen treten grundsätzlich mit Ende des Monats in den altersbedingten Ruhestand, in dem sie die in ihrem Tätigkeitsbereich geltende Regelaltersgrenze erreichen.[1] Bei Vorliegen eines dienstlichen Interesses kann der Ruhestandseintritt jedoch um bis zu drei Jahre hinausgeschoben werden. Dies kann entweder auf Weisung der obersten Dienstbehörde (und mit Zustimmung des Beamten/der Beamtin) geschehen, falls die Verlängerung für die Fortführung der Dienstgeschäfte erforderlich ist. BeamtInnen können aber auch selbst einen entsprechenden Antrag stellen. Wenn wegen familienbedingter Abwesenheitszeiten vor oder nach Eintritt in das Dienstverhältnis die Höchstversorgungsgrenze nicht erreicht worden ist, besteht sogar ein Anspruch auf Bewilligung. Voraussetzung hierfür ist allerdings, dass dienstliche Belange dem nicht entgegenstehen.[2] Der Eintritt in den Ruhestand kann zudem höchstens um die Dauer der familienbedingten Teilzeitbeschäftigung, Beurlaubung oder Familienpflegezeit hinausgeschoben werden. Sobald die Höchstversorgung erreicht ist, wird während der verlängerten Dienstzeit ein nicht ruhegehaltsfähiger Besoldungszuschlag in Höhe von 10% des Grundgehalts gewährt.[3]

Die Altersgrenzen für den Eintritt in den altersbedingten Ruhestand ähneln jenen in der gesetzlichen Rentenversicherung, weisen jedoch auch einige Besonderheiten auf. So existiert im Beamtenrecht seit jeher eine allgemeine vorgezogene Altersgrenze, zu der auf einen entsprechenden Antrag hin prinzipiell alle BeamtInnen in den Ruhestand treten können. Neben dem Bestehen eines aktiven Beamtenverhältnisses ist hierzu lediglich die Erfüllung der allgemeinen versorgungsrechtlichen Wartezeit von fünf Jahren notwendig. Die vergleichbare gesetzliche Altersrente für langjährig Versicherte setzt hingehen eine Mindestversicherungszeit von 35 Jahren voraus. Gesonderte Regelungen für Frauen, Erwerbslose oder Altersteilzeitbeschäftigte existieren im Beamtenrecht hingegen nicht. Wie in der gesetzlichen Rentenversicherung gibt es jedoch eine gesonderte Alters-

---

1     Abweichend hiervon treten LehrerInnen erst am Ende des Schulhalbjahres in den Ruhestand, in dem sie die Altersgrenze erreichen.

2     Diese dienstlichen Belange sind sehr weit gefasst. Sie reichen vom Wegfall der bisher wahrgenommenen Aufgaben über die Erwartung, dass der Beamte/die Beamtin den Anforderungen des Dienstes nicht mehr gewachsen ist, bis hin zu nicht näher definierten „personalwirtschaftlichen Gründen".

3     In den Ländern existieren zum Teil leicht abweichende Regelungen zum Hinausschieben des Ruhestands (vgl. dbb 2014a).

grenze für Schwerbehinderte mit einem anerkannten Behinderungsgrad von mindestens 50.[4] Darüber hinaus sind für bestimmte Berufsgruppen mit hohen gesundheitlichen Belastungen bzw. Anforderungen besondere Altersgrenzen festgelegt, die je nach Dienstbereich und Beschäftigungsgruppe variieren können.

## ■ 4.1 Regelaltersgrenze und Antragsaltersgrenzen

Einheitliche Altersgrenzen für den Ruhestandseintritt wurden erstmals mit dem Preußischen Gesetz vom 15. Dezember 1920 eingeführt. Sie lagen damals für BeamtInnen bei 65 Jahren und für RichterInnen bei 68 Jahren. Die Regelaltersgrenze wurde in der Folgezeit für alle Beamtengruppen auf 65 Jahre vereinheitlicht. Diese Altersgrenze hatte bis zum Jahr 2012 Bestand. Seitdem wird nach den Bestimmungen des Dienstrechtneuordnungsgesetzes 2009 die Regelaltersgrenze im Bundesbereich schrittweise auf 67 Jahre angehoben. Von der Anhebung betroffen sind die Jahrgänge 1947 und jünger. Die Anhebung erfolgt zunächst in Schritten von einem Monat pro Jahr, ab Jahrgang 1959 dann im Zwei-Monatsrhythmus, bis im Jahr 2031 schließlich die neue Altersgrenze von 67 Jahren erreicht ist (vgl. Tab. 4.1).

Auch die meisten Bundesländer haben sich für eine Anhebung der Regelaltersgrenze entschieden (vgl. dbb 2014a). Lediglich in Berlin blieb es bislang bei der Altersgrenze von 65 Jahren. In Brandenburg (2014), Saarland (2015), Rheinland-Pfalz und Sachsen-Anhalt (2016) setzt(e) die Anhebung später ein, aber nur in Sachsen-Anhalt wird sie auch später (2033) enden. In den meisten Ländern existieren zudem Übergangsregelungen für BeamtInnen in Altersteilzeit, Teilzeitbeschäftigung, einem Sabbatjahr oder einem anderen Arbeitszeitmodell sowie in einer familien- oder arbeitsmarktbedingten Beurlaubung, wenn diese vor dem Beginn der Altersgrenzenanhebung vereinbart wurde und vereinbarungsgemäß bis zum Ruhestandsbeginn fortdauert. In diesen und ähnlichen Fällen der (Teil-)Freistellung bleibt es bei der alten Regelaltersgrenze von 65 Jahren.

Die allgemeine Altersgrenze für den vorzeitigen Ruhestand auf Antrag lag bis 1997 bei 62 Jahren. Mit dem Dienstrechtsreformgesetz desselben Jahres wurde sie dann der gesetzlichen Altersgrenze für langjährig

---

4  Diese Altersgrenze gilt auch für BeamtInnen mit einem Behinderungsgrad von mindestens 30, wenn diese aufgrund der Behinderung ihren Arbeitsplatz verlieren und keinen anderen geeigneten finden.

## Tab. 4.1: Zentrale Reformen bei den Altersgrenzen für den altersbedingten Ruhestand seit 1989  ≡

| Gesetz (Inkrafttreten) | Reformmaßnahme |
| --- | --- |
| Beamtenversorgungs-änderungsgesetz (BeamtVGÄndG) 1989 (1.1.1992) | • schrittweise Einführung eines Versorgungsabschlags ab dem Jahr 2001 in Höhe von 3,6% für jedes Jahr vor Vollendung des 65. Lebensjahres bei Inanspruchnahme der allgemeinen Antragsaltersgrenze von 62 Jahren |
| Dienstrechtsreformgesetz (Reformgesetz) 1997 (1.7.1997) | • Anhebung der allgemeinen Antragsaltersgrenze für den vorzeitigen Ruhestand von 62 auf 63 Jahre<br>• Vorziehen der schrittweisen Einführung des Versorgungsabschlags (beginnend mit 0,6% pro Jahr in 1998, ansteigend bis auf 3,6% pro Jahr in 2003) |
| Gesetz zur Neuordnung der Versorgungsabschläge (VAbschlNOG) 2000 (1.1.2001) | • schrittweise Anhebung der abschlagsfreien Antragsaltersgrenze für Schwerbehinderte von 60 auf 63 Jahre (Jahrgang 1940 und älter: 60 Jahre, Jahrgang 1941: 61 Jahre, Jahrgang 1942: 62 Jahre, Jahrgang 1943 und jünger: 63 Jahre)<br>• Einführung eines Versorgungsabschlags in Höhe von 3,6% für jedes Jahr der Inanspruchnahme vor Vollendung des 63. Lebensjahres (max. 3,6% in 2001, 7,2% in 2002 und 10,8% ab 2003) |
| Dienstrechtsneuordnungs-gesetz (DNeuG) 2009 (11.2.2009) (nur Bund) | • schrittweise Anhebung der Regelaltersgrenze auf 67 Jahre (2012 bis 2029)<br>• Beibehaltung der Altersgrenze von 65 Jahren für BeamtInnen mit mind. 45 ruhegehaltsfähigen Dienstjahren<br>• Beibehaltung der allgemeinen Antragsaltersgrenze von 63 Jahren bei schrittweiser Erhöhung des abschlagsfreien Versorgungszugangs auf 67 Jahre (Anhebung des max. Versorgungsabschlags auf 14,4%)<br>• Anhebung der Antragsaltersgrenze bei Schwerbehinderung auf 62 Jahre und der abschlagsfreien Altersgrenze auf 65 Jahre (2012 bis 2026); es bleibt bei max. Abschlägen von 10,8%<br>• Anhebung der besonderen Altersgrenzen um zwei Jahre (2012 bis 2024) |

Eigene Zusammenstellung

Versicherte angepasst und auf 63 Jahre angehoben.[5] Gleichzeitig wurden Versorgungsabschläge bei vorzeitigem Ruhestand vor dem 65. Lebensjahr in Höhe von 3,6% pro Jahr (0,3% pro Monat) eingeführt. Die Abschläge mindern das Ruhegehalt für die Gesamtdauer der Zahlungen aus dem Versorgungsfall. Dies gilt auch für den Fall, dass bei Versorgungszugang die für die Höchstversorgung notwendige ruhegehaltsfähige Dienstzeit (deutlich) überschritten ist. Hingegen ist die Mindestversorgung von der Abschlagsregelung ausgenommen. Die Versorgungsabschläge waren bereits

---

5  Für BeamtInnen, denen vor dem 1. Juli 1997 Teilzeitbeschäftigung oder Urlaub bis zum Ruhestand bewilligt worden war, galt weiterhin die Antragsaltersgrenze von 62 Jahren.

mit dem Beamtenversorgungsänderungsgesetz 1989 beschlossen worden, sollten ursprünglich aber erst ab dem Jahr 2001 wirksam werden, um ausreichend Zeit zur Umstellung zu gewähren. Wie in der gesetzlichen Rentenversicherung (vgl. Fröhler et al. 2013: 38) wurde die Einführung der Versorgungsabschläge dann aber vorgezogen. Sie erfolgte in sechs Schritten, beginnend mit 0,6% pro Jahr (1998) bis hin zu 3,6% pro Jahr (2003). Nach der vollständigen Umsetzung wurden somit Abschläge auf das Ruhegehalt in Höhe von bis zu 7,2% bei Inanspruchnahme der allgemeinen Antragsaltersgrenze fällig. Für vor 1992 im Dienst stehende BeamtInnen der Geburtsjahrgänge 1941 bis 1945 galt eine Übergangsregelung, die den maximalen Abschlag auf 3,6% begrenzte. Das Dienstrechtsneuordnungsgesetz 2009 hielt an der Antragsaltersgrenze von 63 Jahren fest. Parallel zur schrittweisen Anhebung der Regelaltersgrenze erhöhen sich jedoch auch die Versorgungsabschläge für den allgemeinen Antragsruhestand beginnend mit dem Geburtsjahrgang 1947 schrittweise auf bis zu 14,6% (vgl. Tab. 4.2).

In den Ländern sind zum Teil abweichende Regelungen in Kraft (vgl. dbb 2014a). So gilt in Niedersachsen und in Sachsen-Anhalt (hier allerdings befristet bis Ende 2016) eine allgemeine Antragsaltersgrenze von 60 Jahren. Auch in Berlin und Schleswig-Holstein können BeamtInnen schon mit 60 Jahren in den Ruhestand gehen, vorausgesetzt ihre Stelle befindet sich in einem Verwaltungsbereich mit Personalüberhang.[6] In Hessen und Thüringen liegt die Altersgrenze weiterhin bei 62 Jahren. In Bayern gilt hingegen nach wie vor eine erhöhte Altersgrenze von 64 Jahren.

Bis 2001 konnten schwerbehinderte BeamtInnen mit Vollendung des 60. Lebensjahres auf Antrag abschlagsfrei in den Ruhestand gehen. Mit dem Versorgungsabschlagsneuordnungsgesetz 2000 wurde diese Altersgrenze auf 63 Jahre angehoben. Ein vorzeitiger Ruhestand war weiter mit 60 Jahren möglich, zog jetzt jedoch dauerhafte Versorgungsabschläge von 0,3% pro vorgezogenen Monat nach sich. Diese Maßnahmen hatte bereits das Versorgungsreformgesetz 1998 vorgesehen. Sie wurden jedoch noch vor ihrem Inkrafttreten von der im Herbst 1998 neu gewählten rot-grünen Bundesregierung mit dem Versorgungsreformänderungsgesetz aufgehoben, besser gesagt: aufgeschoben. Denn nur zwei Jahre später wurden die Versorgungsabschläge dann doch eingeführt, nun allerdings nicht auf einmal, sondern abgestuft: Der Jahrgang 1941 konnte mit 61 Jahren abschlagsfrei (bzw. vorzeitig mit maximalen Abschlägen von 3,6%) in den Ruhestand gehen, der Jahrgang 1942 mit 62 Jahren (bzw. vorzeitig mit maximalen Abschlägen von 7,2%). Erst für die Jahrgänge 1943 und jünger

---

6    In Sachsen war bis Ende 2013 eine ähnliche Regelung in Kraft.

Tab. 4.2: Anhebung der Altersgrenzen im Bundesbereich nach den Bestimmungen des Dienstrecht-neuordnungsgesetzes 2009

| Geburts-jahr | Regelalters-grenze Jahr + Monat | Allgemeine Antragsaltersgrenze | | | Geburtsjahr | Antragsaltersgrenze für Schwerbehinderte | | | Besondere Altersgrenzen Polizei, Justizvollzug, Feuerwehr Jahr + Monat |
|---|---|---|---|---|---|---|---|---|---|
| | | Jahr + Monat | vorge-zogen | max. Abschlag | | Jahr + Monat | vorgezogen | max. Abschlag | |
| bis 1946 | 65 | 65 | 63 | 7,2% | bis 1951 | 63 | 60 | 10,8% | 60 |
| 1947 | 65+1 | 65 | 63 | 7,2% | 1/1952 | 63+1 | 60+1 | 10,8% | 60+1 |
| 1948 | 65+2 | 65 | 63 | 7, % | 2/1952 | 63+2 | 60+2 | 10,8% | 60+2 |
| 1949 | 65+3 | 65+1-3 | 63 | 7,5–8,1% | 3/1952 | 63+3 | 60+3 | 10,8% | 60+3 |
| 1950 | 65+4 | 65+4 | 63 | 8,4% | 4/1952 | 63+4 | 60+4 | 10,8% | 60+4 |
| 1951 | 65+5 | 65+5 | 63 | 8,7% | 5/1952 | 63+5 | 60+5 | 10,8% | 60+5 |
| 1952 | 65+6 | 65+6 | 63 | 9% | 6-12/1952 | 63+6 | 60+6 | 10,8% | 60+6 |
| 1953 | 65+7 | 65+7 | 63 | 9,3% | 1953 | 63+7 | 60+7 | 10,8% | 60+7 |
| 1954 | 65+8 | 65+8 | 63 | 9,6% | 1954 | 63+8 | 60+8 | 10,8% | 60+8 |
| 1955 | 65+9 | 65+9 | 63 | 9,9% | 1955 | 63+9 | 60+9 | 10,8% | 60+9 |
| 1956 | 65+10 | 65+10 | 63 | 19,2% | 1956 | 63+10 | 60+10 | 10,8% | 60+10 |
| 1957 | 65+11 | 65+11 | 63 | 10,5% | 1957 | 63+11 | 60+11 | 10,8% | 60+11 |
| 1958 | 66 | 66 | 63 | 10,8% | 1958 | 64 | 61 | 10,8% | 61 |
| 1959 | 66+2 | 66+2 | 63 | 11,4% | 1959 | 64+2 | 61+2 | 10,8% | 61+2 |
| 1960 | 66+4 | 66+4 | 63 | 12% | 1960 | 64+4 | 61+4 | 10,8% | 61+4 |
| 1961 | 66+6 | 66+6 | 63 | 12,6% | 1961 | 64+6 | 61+6 | 10,8% | 61+6 |
| 1962 | 66+8 | 66+8 | 63 | 13,2% | 1962 | 64+8 | 61+8 | 10,8% | 61+8 |
| 1963 | 66+10 | 66+10 | 63 | 13,8% | 1963 | 64+10 | 61+10 | 10,8% | 61+10 |
| ab 1964 | 67 | 67 | 63 | 14,6% | ab 1964 | 65 | 62 | 10,8% | 62 |

Eigene Zusammenstellung

galten die neuen Altersgrenzen und Abschlagsregelungen (maximal 10,8%) vollständig. Allerdings gab es auch hier Ausnahmeregelungen. So konnten BeamtInnen, die zum Zeitpunkt des Inkrafttretens des Gesetzes (16.11. 2000) bereits anerkannt schwerbehindert und vor dem 16.11.1950 geboren worden waren, weiterhin abschlagsfrei mit 60 Jahren in den Ruhestand gehen.

Mit dem Dienstrechtsneuordnungsgesetz wurde die schrittweise Anhebung der Antragsaltersgrenze für Schwerbehinderte auf 62 Jahre ab 2012 beschlossen. Gleichzeitig wird die Altersgrenze für eine abschlagsfreie Inanspruchnahme auf das vollendete 65. Lebensjahr angehoben. Somit bleibt es bei maximalen Abschlägen in Höhe von 10,8%. Von der schrittweisen Anhebung betroffen sind die Jahrgänge 1952 und jünger. Für den Jahrgang 1952 werden die Altersgrenzen (je nach Geburtsmonat) um bis zu sechs Monate angehoben, für die Jahrgänge 1953 bis 1958 erfolgt die Anhebung dann in Monatsschritten und ab Jahrgang 1959 schließlich im zweimonatlichen Rhythmus (vgl. Tab. 4.2).

Auch hier existieren in den Ländern zum Teil abweichende Regelungen (vgl. dbb 2014a). Bislang haben lediglich Baden-Württemberg, Hamburg, Mecklenburg-Vorpommern, Saarland, Schleswig-Holstein und Thüringen die Anhebung der Antragsaltersgrenzen für Schwerbehinderte übernommen.[7] In den anderen Ländern gelten weiterhin die alten Grenzen von 60 Jahren für den abschlagsbehafteten bzw. von 63 (in Bayern 64) Jahren für den abschlagsfreien Versorgungszugang.

In Übertragung der Regelungen zur gesetzlichen Altersrente für besonders langjährig Versicherte wurde mit dem Dienstrechtsneuordnungsgesetz für BeamtInnen mit mindestens 45 Jahren berücksichtigungsfähiger Dienstzeiten eine abschlagsfreie Antragsaltersgrenze von 65 Jahren eingeführt, die seit 2012 wirksam ist. Berücksichtigungsfähig sind hierbei grundsätzlich Dienstzeiten im Beamtenverhältnis, Wehr- und Zivildienstzeiten, Zeiten in einem privatrechtlichen Arbeitsverhältnis im öffentlichen Dienst, Pflegezeiten und Kindererziehungszeiten bis zum vollendeten zehnten Lebensjahr. Zeiten einer Teilzeitbeschäftigung werden in vollem Umfang berücksichtigt. Sofern sich Zeiten überschneiden, werden sie nur einmal berücksichtigt. Diese Regelung wurde bislang nur in den Ländern Baden-Württemberg, Hessen und Bayern übernommen, wobei die abschlagsfreie Altersgrenze in Bayern sogar schon mit Vollendung des 64. Lebensjahres erreicht ist.

---

7    Im Saarland setzt die Anhebung der Altersgrenzen erst mit dem Jahrgang 1955 ein. In Schleswig-Holstein gelten für Schwerbehinderte, die vor 2011 eine bis zum Ruhestandsbeginn bewilligte Teilzeitbeschäftigung, Altersteilzeit oder Beurlaubung angetreten haben, weiterhin die alten Altersgrenzen.

Mitte 2014 wurde mit Inkrafttreten des „RV-Leistungsverbesserungs-gesetzes" in der gesetzlichen Rentenversicherung die abschlagsfreie Altersgrenze für besonders langjährig Versicherte vorübergehend auf 63 Jahre abgesenkt (vgl. Winkel/Nakielski 2014). In vollem Umfang profitieren können von dieser Regelung jedoch lediglich die Jahrgänge 1951/52. Für alle nach 1952 Geborenen wird das Eintrittsalter wieder schrittweise um zwei Monate pro Jahr erhöht, bis schließlich Ende 2028 für die Jahrgänge 1964 und jünger wieder die alte Altersgrenze von 65 Jahren erreicht ist. Aus der Berechnung der Mindestversicherungszeit von 45 Jahren ausgeschlossen sind unter anderem Zeiten des Bezugs von Arbeitslosenhilfe, Arbeitslosengeld II, und von Arbeitslosengeld in den letzten beiden Jahren vor dem Rentenzugang. Trotz entsprechender Forderungen der Beamtenverbände ist die „Rente mit 63" bislang weder im Bund noch in den Ländern ins Beamtenrecht übertragen worden. Aufgrund des geschlossenen Widerstandes der öffentlichen Arbeitgeber ist damit auch in Zukunft kaum zu rechnen.

## 4.2   Besondere Altersgrenzen                                        ■

Für einige Berufsgruppen mit hohen körperlichen oder psychischen Anforderungen bzw. Belastungen gelten traditionell besondere – bisweilen nach Besoldungsgruppen gestaffelte – Altersgrenzen, die zum Teil deutlich unter der allgemeinen Regelaltersgrenze liegen. Dies gilt z.B. für BerufssoldatInnen, den Flugverkehrskontrolldienst, den Polizeivollzugs-, Verfassungsschutz-, Justizvollzugs- und Feuerwehrdienst. Auch für LehrerInnen gelten vereinzelt abweichende Altersgrenzen. Den besonderen Altersgrenzen kommt im Regelfall die Funktion einer Regelaltersgrenze für die jeweilige Beamtengruppe zu. Wenn nichts anderes bestimmt ist, treten sie also zu diesem Zeitpunkt automatisch in den Ruhestand bzw. können ohne ihre Zustimmung in den Ruhestand versetzt werden.

### BerufssoldatInnen

Die niedrigsten Altersgrenzen weisen die BerufssoldatInnen auf. Abweichend von den Beamtengesetzen ist im Soldatengesetz eine Regelaltersgrenze von 62 Jahren festgelegt. Für Generale und Oberste sowie für Offiziere im Sanitäts-, Militärmusik- oder Geoinformationsdienst wird die Regelaltersgrenze seit 2012 schrittweise auf 65 Jahre angehoben. Die Anhebung erfolgt in Schritten von drei Monaten pro Jahr und wird 2024 abgeschlossen sein (vgl. Hucul 2009).[8] Des Weiteren sind besondere Alters-

---

8   Auf Antrag kann der Ruhestandseintritt um ein Jahr hinausgeschoben werden, wenn dies im dienstlichen Interesse liegt. Der Dienstherr kann den Ruhestands-

grenzen festgelegt, zu denen BerufssoldatInnen in den Ruhestand versetzt werden können. Diese sind nach Dienstgraden gestaffelt. Offiziere in Kampfjetverwendung können bereits mit 40 Jahren in den Ruhestand gehen, Unteroffiziere mit 54 Jahren, Hauptleute und (Ober-)Leutnante mit 55 Jahren, Stabshauptleute und Majore mit 57 Jahren, Oberstleutnante mit 59 Jahren, Oberste mit 61 Jahren sowie Generale und Offiziere im Sanitäts-, Militärmusik- oder Geoinformationsdienst mit 62 Jahren. Diese besonderen Altersgrenzen werden seit 2012 bis 2014 schrittweise um – je nach Dienstgrad – ein bis zwei Jahre angehoben.[9] Auf Antrag kann der Ruhestand um bis zu zwei Jahre (höchstens jedoch bis zur Regelaltersgrenze) hinausgeschoben werden, wenn dies im dienstlichen Interesse liegt. Laut Gesetz muss das durchschnittliche Ruhestandseintrittsalter aller BerufssoldatInnen ab dem Jahr 2024 um mindestens zwei Jahre über dem Stand von Anfang 2007 liegen.

BerufssoldatInnen, die mit Erreichen der besonderen Altersgrenze in den Ruhestand versetzt werden, erhalten für das vorzeitige Ausscheiden aus dem Dienst einen „besonderen Altersgrenzenzuschlag", der de facto bewirkt, dass die ruhegehaltsfähige Dienstzeit bis zum Ende des Monats der Vollendung des 60. Lebensjahres (maximal bis zur Höchstversorgung) verlängert wird. Darüber hinaus wird als partieller Ausgleich für die Einkommenseinbußen ein einmaliger steuerfreier Betrag in Höhe des Fünffachen der Dienstbezüge des letzten Monats (begrenzt auf maximal 20.455 €) gewährt. Der Ausgleichsbetrag verringert sich um jeweils ein Fünftel für jedes Jahr des Dienstverbleibs, das über die besondere Altersgrenze hinausgeht. Er wird nur gewährt, wenn die Versetzung in den Ruhestand wegen des Erreichens der besonderen Altersgrenze erfolgt, entfällt also z.B. bei einer Ruhestandsversetzung wegen Dienstunfähigkeit.

## Flugverkehrskontrolldienst

Für BeamtInnen des gehobenen Flugverkehrskontrolldienstes und solche in Aufsichtsfunktionen, die nach der im Jahr 1992 erfolgten Privatisierung der Bundesanstalt für Flugsicherung weiter für die Deutsche Flugsicherung (DFS) tätig geblieben sind, existiert eine besondere Altersgrenze von 55 Jahren.[10] Bei Vorliegen eines dringenden dienstlichen Erfordernisses

---

eintritt im Einzelfall aus dringenden dienstlichen Gründen um bis zu drei Jahre hinausschieben.

9    Nur für Generale, Offiziere im Sanitäts-, Militärmusik- und Geoinformationsdienst sowie Offiziere in Kampfjetverwendung bleibt es bei den alten Altersgrenzen.

10   Bis 1995 hatte die besondere Altersgrenze noch bei 53 Jahren gelegen.

bzw. Interesses kann der Ruhestand mit Zustimmung bzw. auf Antrag des Beamten/der Beamtin um bis zu zwei Jahre hinausgeschoben werden. Zum Ausgleich des früheren Ruhestandseintritts wird das Ruhegehalt um 9,375% der ruhegehaltsfähigen Dienstbezüge erhöht, maximal jedoch bis zum Erreichen des Höchstruhegehaltssatzes von 75%. Bei Ruhestandseintritt nach Vollendung des 55. Lebensjahres vermindert sich die Erhöhung um 1,875 Prozentpunkte pro Jahr.

## Polizei-, Verfassungsschutz-, Justizvollzugs- und Feuerwehrdienst

Für BeamtInnen des Polizeivollzugsdienstes, des Verfassungsschutzdienstes (außer Verwaltungsdienst), des Justizvollzugsdienstes (allgemeiner Vollzugs-, Werk- und Krankenpflegedienst) und des Einsatzdienstes der Feuerwehr galt bis zum Inkrafttreten des Dienstrechtsneuordnungsgesetzes in der Regel eine besondere Altersgrenze von 60 Jahren. Diese wird seit 2012 schrittweise auf das 62. Lebensjahr angehoben. Die Anhebung erfolgt in der gleichen Weise wie jene der Antragsaltersgrenze bei Schwerbehinderung: Für den Jahrgang 1952 werden die Altersgrenzen (je nach Geburtsmonat) um bis zu sechs Monate angehoben, für die Jahrgänge 1953 bis 1958 erfolgt die Anhebung dann in Monatsschritten und ab Jahrgang 1959 schließlich im Rhythmus von zwei Monaten (vgl. Tab. 4.2). Bei Vorliegen eines dienstlichen Erfordernisses bzw. Interesses kann der Ruhestand mit Zustimmung bzw. auf Antrag des Beamten bzw. der Beamtin um bis zu drei Jahre hinausgeschoben werden.

Bei den Regelungen zu den besonderen Altersgrenzen im Polizei-, Verfassungsschutz-, Justizvollzugs- und Feuerwehrdienst zeigen sich bislang die stärksten Abweichungen zwischen der Bundesebene und den Ländern. Auch zwischen den Ländern variieren die Regelungen zum Teil erheblich (vgl. dbb 2014a). In einigen Bundesländern wurde die Anhebung der besonderen Altersgrenzen bislang nicht bzw. nur teilweise nachvollzogen. So ist es in Hamburg allgemein bei der alten Altersgrenze von 60 Jahren geblieben. In anderen Bundesländern gilt diese Altersgrenze zumindest für bestimmte Beamtengruppen fort: in Bremen, Nordrhein-Westfalen, Sachsen, Schleswig-Holstein und Thüringen für den Einsatzdienst der Feuerwehr, in Niedersachsen und Rheinland-Pfalz (hier begrenzt bis 2016) darüber hinaus auch noch für den Justizvollzugsdienst, in Sachsen-Anhalt zusätzlich auch für den Polizei- und Justizvollzugsdienst und in Sachsen für PolizeibeamtInnen mit mindestens 20-jähriger Tätigkeit in bestimmten Einsatzbereichen mit besonderen Belastungen bzw. Anforderungen. Auch in Bayern und dem Saarland bleibt es für BeamtInnen mit mindestens 20 Jahren Schichtdienst oder vergleichbar belastenden Dienstzeiten bei der besonderen Altersgrenze von 60 Jahren.

In manchen Bundesländern existieren gestaffelte Altersgrenzen, die sich nach dem Umfang des individuell erbrachten Dienstes in gesundheitlich besonders belastenden Tätigkeiten richten. So können in Hessen Polizei-, Justizvollzugs- und FeuerwehrbeamtInnen, die mindestens 20 Jahre im Schichtdienst tätig waren, weiterhin bereits mit 60 Jahren abschlagsfrei in den Ruhestand treten. Bei mindestens 15-jährigem Schichtdienst ist ein Versorgungszugang mit 60,5 Jahren möglich. Bei mindestens zehnjährigem Schichtdienst gilt eine Altersgrenze von 61 Jahren. In Mecklenburg-Vorpommern verringert sich die besondere Altersgrenze für zwei Jahre Wechselschichtdienst um jeweils einen Monat, maximal jedoch bis auf das 60. Lebensjahr. Eine ganz ähnliche Regelung existiert auch in Brandenburg. In Rheinland-Pfalz können PolizeibeamtInnen mit mindestens 25 Jahren Wechselschichtdienst oder vergleichbar belastenden Arbeitsbedingungen weiterhin mit 60 Jahren in den Ruhestand treten. Für PolizeibeamtInnen mit 20 bis 24 Jahren Wechselschichtdienst gelten gestaffelte Altersgrenzen zwischen 61 Jahren und acht Monaten und 60 Jahren und vier Monaten. In Niedersachsen und Nordrhein-Westfalen können PolizeibeamtInnen mit mindestens 25 Jahren Wechselschichtdienst mit Vollendung des 61. Lebensjahres in den Ruhestand gehen.

Ebenfalls weit verbreitet sind nach Dienstgraden gestaffelte Altersgrenzen. So gilt in Berlin für Feuerwehr-, Polizei- und JustizvollzugsbeamtInnen des mittleren Dienstes eine besondere Altersgrenze von 61 Jahren (Feuerwehr: 60 Jahre). Im gehobenen Dienst liegt die Altersgrenze hingegen bei 62 Jahren (Feuerwehr: 61 Jahre) und im höheren Dienst bei 63 Jahren. In Brandenburg, Mecklenburg-Vorpommern und Thüringen wird die Altersgrenze für den höheren Dienst schrittweise auf bis zu 64 Jahre angehoben. Dasselbe gilt für die Polizei- und JustizvollzugsbeamtInnen des höheren Dienstes in Sachsen und für die PolizeibeamtInnen des höheren Dienstes in Rheinland-Pfalz.

Schließlich wurde in manchen Bundesländern die Möglichkeit eines abschlagsbehafteten früheren Ruhestandseintritts geschaffen. So können in Baden-Württemberg, Bayern, Brandenburg (nur Polizei- und Justizvollzugsdienst), Hessen, Mecklenburg-Vorpommern, Nordrhein-Westfalen und Thüringen BeamtInnen, die die Voraussetzungen für die besondere Altersgrenze erfüllen, auf Antrag weiterhin bereits mit 60 Jahren in den Ruhestand gehen, wobei nun allerdings Versorgungsabschläge von zukünftig bis zu 7,2% fällig werden. In Rheinland-Pfalz gibt es für PolizeibeamtInnen zukünftig eine Antragsaltersgrenze von 61 Jahren bzw. 63 Jahren (höherer Dienst).

Die meisten der genannten Regelungen zur Anhebung der besonderen Altersgrenzen treten schrittweise in Kraft. Somit ist aktuell eine Vielzahl an Übergangsregelungen wirksam. Gesonderte Übergangsregelungen existieren zudem verbreitet für BeamtInnen mit einer (Teil-)Freistellung wegen Altersteilzeit, Teilzeitbeschäftigung und ähnlichen Arbeitszeitmodellen oder bestimmten Formen der Beurlaubung, wenn diese vor dem Beginn der Altersgrenzenanhebung vereinbart wurde und bis zum Ruhestandsbeginn fortdauert. In diesen Fällen bleibt es bei der alten Altersgrenze von 60 Jahren.

Wie die BerufssoldatInnen erhalten auch die Polizei-, Verfassungsschutz-, Justizvollzugs- und FeuerwehrbeamtInnen, die bei Erreichen der besonderen Altersgrenze in den Ruhestand versetzt werden, einen einmaligen steuerfreien Ausgleichsbetrag in Höhe des Fünffachen der Dienstbezüge des letzten Monats (begrenzt auf maximal 20.455 €). Dieser Betrag soll die Einkommensverluste im Vergleich zu einer Weiterbeschäftigung zumindest partiell kompensieren. Ein Ausgleich für eventuelle Versorgungseinbußen ist hingegen nicht vorgesehen. Seit der Anhebung der zur Erlangung der Höchstversorgung erforderlichen Dienstjahre von 35 auf 40 Jahre, die nach dem Auslaufen diverser Übergangsregelungen spätestens ab dem Jahr 2002 wirksam geworden ist, können BeamtInnen, für die die besondere Altersgrenze gilt, die Höchstversorgung nur noch dann erreichen, wenn sie um das 20. Lebensjahr herum ins Beamtenverhältnis eingetreten sind und zwischenzeitlich auch keine nichtruhegehaltsfähigen Zeiten zurückgelegt haben.

## LehrerInnen

In Baden-Württemberg galt für LehrerInnen an öffentlichen Schulen bis Ende 2011 eine besondere Altersgrenze von 64 Jahren. Diese Altersgrenze wird seit 2012 für die Jahrgänge 1948 und jünger schrittweise (in 18 Jahresschritten: zwölfmal ein Monat, dann sechsmal zwei Monate) auf das 66. Lebensjahr angehoben (vgl. dbb 2014a).

In Rheinland-Pfalz gehen LehrerInnen aktuell nach der Formel „64 + x" in den Ruhestand, nämlich am Ende des Schuljahres, das dem Schuljahr vorangeht, in dem sie das 65. Lebensjahr vollenden. Für alle nach dem März 1952 Geborenen wird die besondere Altersgrenze um ein Jahr angehoben. Künftig gilt somit die Formel „65 + x", die Regelpensionierung erfolgt also zum Ende des Schuljahres, in dem das 65. Lebensjahr vollendet wird. Die Anhebung erfolgt im Jahr 2016 in drei kurz aufeinander folgenden Schritten.

# ■ 4.3 Entwicklung des Versorgungszugangs

Die Anhebung der Altersgrenzen und die Einführung von Versorgungsabschlägen bei vorzeitigem Ruhestand haben in Zusammenspiel mit der Anhebung der für die Höchstversorgung notwendigen Dienstzeit und der Absenkung des Versorgungsniveaus ihre Wirkung nicht verfehlt. Dies zeigt
die Entwicklung des Ruhestandseintritts der BeamtInnen seit Anfang der
1990er Jahre, die im Folgenden empirisch nachvollzogen wird. Dabei geht
es zunächst vor allem um den Ruhestandseintritt wegen des Erreichens
einer Altersgrenze. Da die aufbereiteten Datensätze der Versorgungsempfängerstatistik stets auch die Ruhestandszugänge wegen Dienstunfähigkeit
und der Inanspruchnahme einer Vorruhestandsregelung enthalten, werden
jedoch auch diese beiden Zugangsarten bereits hier in die Analyse mit einbezogen. Weiter unten findet dann eine gesonderte und vertiefte Analyse
der Entwicklung der gesetzlichen Vorgaben und der Inanspruchnahme von
Dienstunfähigkeit (Kap. 5) und Vorruhestandsregelungen (Kap. 6.1) statt.

Die aggregierten Daten der Versorgungsempfängerstatistik sind insgesamt mit Vorsicht zu interpretieren, da aufgrund unterschiedlicher per-
sonalpolitischer und demografischer Entwicklungen sowohl die jährliche
Gesamtzahl der Neupensionierungen als auch ihre Verteilung auf die verschiedenen Ebenen und Beschäftigungsbereiche mitunter stark schwankt
(vgl. StBA 2015a: 106ff.). So war im Jahr 1993 der Bundesbereich mit
einem Anteil von ca. 56% die Ebene mit den meisten Versorgungszugängen und die PostbeamtInnen stellten mit einem Anteil von 21% die größte
Beamtengruppe. Bis zum Jahr 2013 hat sich die Situation komplett verändert: Nun entfallen mehr als zwei Drittel aller Versorgungszugänge auf
den Landesbereich und die LehrerInnen bilden mit einem Anteil von 44%
mit großem Abstand die größte Beamtengruppe. Da sich die Möglichkeiten und Bedingungen des Versorgungszugangs zum Teil stark zwischen
den Beschäftigungsbereichen unterscheiden, verändert sich mit deren ab-
solutem und relativem Gewicht auch das Verhältnis der verschieden Zugangsarten. Überdies erschweren zahlreiche Übergangsregelungen die Interpretation.

## 4.3.1 Grund für den Eintritt des Versorgungsfalls

Die Reformen des Beamtenrechts hatten erhebliche Auswirkungen auf die
Nutzung der verschiedenen Wege in den Ruhestand (vgl. Abb. 4.1). In den
1990er Jahren war das Zugangsgeschehen maßgeblich vom Ruhestand
wegen Dienstunfähigkeit geprägt. Regelmäßig entfiel rund die Hälfte der
jährlichen Versorgungszugänge auf diesen Grund, im Jahr 2000 waren es

sogar fast zwei Drittel. Auch Vorruhestandsregelungen waren in den 1990er Jahren von zentraler Bedeutung. Vereinzelt entfiel jeder vierte Ruhestandseintritt auf diese Zugangsart. Insgesamt gingen die BeamtInnen nahezu flächendeckend vorzeitig in den Ruhestand. Die Regelaltersgrenze wurde regelmäßig von weniger als 10% von ihnen erreicht.

## Abb. 4.1: Entwicklung des Versorgungszugangs nach Eintrittsgrund von 1993 bis 2013 (Anteile an allen Zugängen pro Jahr)[a]

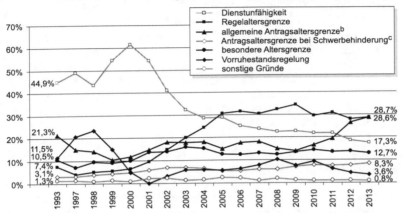

a – Die Daten der Jahre 1994 bis 1996 werden wegen starker Bereinigungen nicht veröffentlicht;  b – ab 2012 inkl. Antragsaltersgrenze von 65 Jahren nach 45 Jahren berücksichtigungsfähiger Dienstzeiten;  c – ab 2013 inkl. Antragsaltersgrenze bei besonderer Altersgrenze

Quelle:  Statisches Bundesamt, Versorgungsempfänger des öffentlichen Dienstes, Fachserie 14, Reihe 6.1; eigene Berechnungen

Mit Beginn der 2000er Jahre hat sich die Situation jedoch erheblich verändert. Die Zugänge in den Ruhestand wegen Dienstunfähigkeit und wegen Nutzung einer Vorruhestandsregelung gingen zurück, im Gegenzug gewannen die anderen Zugangsarten an Gewicht. Dies gilt in besonderem Maße für das Erreichen der Regelaltersgrenze, das mit einem Anteil von rund 29% zusammen mit dem allgemeinen Antragsruhestand inzwischen den häufigsten Grund für den Ruhestandseintritt darstellt. Allerdings ist der Anteil in den letzten Jahren wieder leicht gesunken. Hingegen hat der allgemeine Antragsruhestand (ebenfalls 29%) am aktuellen Rand erheblich an Bedeutung gewonnen und das Erreichen der Regelaltersgrenze sogar leicht überholt. Auch das Erreichen einer besonderen Altersgrenze (13%) und der Antragsruhestand wegen Schwerbehinderung (8%) sind inzwischen häufiger der Grund für den Versorgungszugang als in den 1990er Jahren. In beiden Fällen blieb der Anstieg aber insgesamt moderat. Auf den Ruhestand wegen Dienstunfähigkeit entfielen im Jahr 2013 noch 17% der Versorgungszugänge, auf eine Vorruhestandsregelung 4%.

In diesem Entwicklungsverlauf spiegelt sich im Großen und Ganzen die Abfolge der gesetzlichen Maßnahmen wider. So ist zu erkennen, dass die Mitte 1997 wirksam gewordenen Anhebung der Altersgrenze für den allgemeinen Antragsruhestand von 62 auf 63 Jahre und die gleichzeitige Einführung von Versorgungsabschlägen vor dem 65. Lebensjahr einen deutlichen Rückgang der Inanspruchnahme dieser Zugangsart zur Folge hatten. Erst als ab 2001 auch beim vorzeitigen Zugang in den Ruhestand wegen Dienstunfähigkeit Versorgungsabschläge fällig wurden, nahm die Inanspruchnahme der allgemeinen Antragsaltersgrenze wieder zu. Gleiches gilt auch für die Antragsaltersgrenze wegen Schwerbehinderung: Obwohl auch hier ab 2001 Abschläge bei einer vorzeitigen Inanspruchnahme zwischen dem 60. und 63. Lebensjahr fällig wurden, wurde diese Zugangsart nun häufiger gewählt.

Dass der Anstieg des Zugangs in den vorgezogenen Antragsruhestand dann ab 2002 in eine Stagnation überging, dürfte zum einen auf das Auslaufen der Übergangsregelungen des Beamtenversorgungsänderungsgesetzes 1998 und die nun für alle geltende Voraussetzung von mindestens 40 Dienstjahren zum Erreichen der Höchstversorgung zurückzuführen sein. Zum anderen macht sich hierin die zunehmende Inanspruchnahme der Ende 1998 eingeführten Altersteilzeit bemerkbar, die im nahezu ausschließlich gewählten Blockmodell einen Vorruhestand ohne Versorgungsabschläge ermöglichte (siehe Kap. 6.2). Diese beiden Aspekte dürften auch der Hauptgrund für die starke Zunahme des Versorgungszugangs mit Erreichen der Regelaltersgrenze in der ersten Hälfte der 2000er Jahre sein. Nach Schätzungen des Statistischen Bundesamtes trat im Jahr 2005 rund jeder dritte Versorgungszugang, der die Regelaltersgrenze erreichte, aus der Freistellungsphase im Blockmodell der Altersteilzeit heraus in den Ruhestand (BMI 2009: 36).

Am aktuellen Rand lassen sich schließlich die ersten Auswirkungen des Dienstrechtsneuordnungsgesetzes erkennen: Die erneute Anhebung der Zugangshürden zum Ruhestand wegen Dienstunfähigkeit, die im Vergleich zum Antragsruhestand wegen Schwerbehinderung früher einsetzende Anhebung der Altersgrenzen und die Absenkung der Versorgungsniveaus durch die ausbleibende Anhebung des Zurechnungszeitraums haben einen weiteren Bedeutungsverlust dieser Zugangsart zur Folge (siehe Kap. 5.2). Hingegen gewinnt der allgemeine Antragsruhestand erheblich an Bedeutung. Dies dürfte vor allem darauf zurückzuführen sein, dass die

Anhebung der allgemeinen Antragsaltersgrenze später einsetzte (ab Jahrgang 1949) als die Anhebung der Regelaltersgrenze (bereits ab Jahrgang 1947). Erst ab dem Jahrgang 1950 verläuft die Anhebung der beiden Altersgrenzen synchron (vgl. Tab. 4.2). Dann können nur noch BeamtInnen mit mindestens 45 Dienstjahren abschlagsfrei mit 65 Jahren in den Ruhestand gehen. Wie der anteilige Rückgang des Versorgungszugangs mit Erreichen der Regelaltersgrenze zeigt, sind wohl viele BeamtInnen, die in den Jahren 2012/13 das 65. Lebensjahr erreicht haben, auf den allgemeinen Antragsruhestand ausgewichen. Des Weiteren ist anzunehmen, dass auch der aus der Verschärfung der Zugangs- und Nutzungsbedingungen resultierende Rückgang der Altersteilzeitfälle zum Anstieg dieser Zugangsart beigetragen hat (siehe Kap. 6.2). Aufgrund des Wegfalls des auf die asynchrone Altersgrenzenanhebung zurückzuführenden „Sondereffekts" der Jahrgänge 1947 bis 1949 dürften die Zugänge in den allgemeinen Antragsruhestand ab 2014/15 wieder zurückgehen. Doch auch dann dürfte diese Zugangsart weiterhin eine größere Rolle spielen, da die Altersteilzeitfälle weiter abnehmen werden und der abschlagsfreie Versorgungszugang für besonders langjährig Bedienstete erhalten bleibt.

In der Nutzung der Zugangsmöglichkeiten zeigen sich deutlich geschlechtsspezifische Unterschiede (vgl. Abb. 4.2). Bei den Männern, die im Jahr 2013 etwa zwei Drittel der Zugänge stellten, ist das Erreichen der Regelaltersgrenze (30%) der häufigste Grund für den Ruhestandseintritt, gefolgt von der allgemeinen Antragsaltersgrenze (24%), der besonderen Altersgrenze (19%), der Dienstunfähigkeit (14%), der Antragsaltersgrenze bei Schwerbehinderung (8%) und der Nutzung einer Vorruhestandsregelung (5%). Da Frauen in der Bundeswehr sowie im Polizei-, Verfassungsschutz-, Justizvollzugs- und Feuerwehrdienst nur wenig vertreten sind, spielt bei ihnen die besondere Altersgrenze (1%) hingegen kaum eine Rolle. Dafür machen sie wesentlich häufiger vom allgemeinen Antragsruhestand (37%) und vom Ruhestand wegen Dienstunfähigkeit (24%) Gebrauch. Bei den übrigen Zugangsarten sind die Geschlechterunterschiede hingegen vergleichsweise gering.

Noch deutlicher als nach Geschlecht differiert das Zugangsverhalten nach Laufbahngruppen (vgl. Abb. 4.3). Während im einfachen und mittleren Dienst nur 12% der BeamtInnen die Regelaltersgrenze erreichen, trifft dies im höheren Dienst fast auf die Hälfte zu. Auch dies liegt zunächst einmal an den unterschiedlichen Zugangsmöglichkeiten. So finden die besonderen Altersgrenzen vor allem in jenen Tätigkeitsfeldern Anwendung, in denen Laufbahnen des einfachen und mittleren Dienstes dominieren oder zumindest weit verbreitet sind. Entsprechend entfallen 19% der Ver-

≡ Abb. 4.2: Grund für den Ruhestandseintritt im Jahr 2013 nach Geschlecht (Anteile an allen Zugängen)

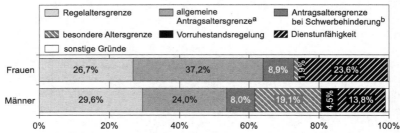

a – ab 2012 inkl. Antragsaltersgrenze von 65 Jahren nach 45 Jahren berücksichtigungsfähiger Dienstzeiten; b – ab 2013 inkl. Antragsaltersgrenze bei besonderer Altersgrenze

Quelle: Statisches Bundesamt, Versorgungsempfänger des öffentlichen Dienstes, Fachserie 14, Reihe 6.1; eigene Berechnungen

sorgungszugänge aus dem einfachen und mittleren Dienst auf diese Zugangsart; im gehobenen Dienst sind es hingegen lediglich 14% und im höheren Dienst sogar nur 5%. Ähnlich sieht es bei den Vorruhestandsregelungen aus (siehe Kap. 6.1). Ein weiterer Grund für die erheblichen Differenzen dürften die unterschiedlichen Berufskarrieren sein. Da ihre Tätigkeiten keine akademische Ausbildung voraussetzen, treten die BeamtInnen der unteren Laufbahngruppen meist früher ins Erwerbsleben ein und erreichen mithin auch früher den Laufbahnhöhepunkt sowie die für die Höchstversorgung notwendigen Dienstjahre. Entsprechend machen sie auch häufiger von den Möglichkeiten des vorgezogenen Ruhestands Gebrauch. Anders sieht es hingegen bei den BeamtInnen des gehoben und insbesondere des höheren Dienstes aus, die oft erst gegen Ende ihres Berufslebens den Karrierehöhepunkt und (wenn überhaupt) die Höchstversorgung erreichen.[11] Von erheblichem Einfluss dürften schließlich auch die unterschiedlichen Arbeitsanforderungen und -belastungen sein. Die unteren Laufbahnen sind im Durchschnitt in stärkerem Maße vor allem körperlichen und arbeitszeitbedingten Belastungen sowie ungünstigen Umgebungseinflüssen ausgesetzt, die im Erwerbsverlauf zu entsprechenden gesundheitlichen und leistungsbezogenen Einschränkungen kumulieren. Schließlich sind in ihren Tätigkeitsbereichen oft jene Fähigkeiten besonders gefragt, die im

---

11 Wie andere Untersuchungen zeigen, weisen Höherqualifizierte generell eine wesentlich geringere Neigung zum vorzeitigen Erwerbsausstieg auf als die mittleren und unteren Qualifikationsgruppen (vgl. z.B. Himmelreicher et al. 2009; Brussig 2010).

Alter am ehesten und meisten nachlassen (vgl. Kruse 2000; Trischler 2014). Dies spiegelt sich auch unmittelbar im Zugangsverhalten wider: Mehr als ein Drittel der BeamtInnen des einfachen und mittleren Dienstes beendet die Laufbahn in Dienstunfähigkeit. Im gehobenen Dienst trifft dies hingegen nur auf 15% und im höheren Dienst sogar nur auf 6% der BeamtInnen zu.

Abb. 4.3: Grund für den Ruhestandseintritt im Jahr 2013 nach Laufbahngruppe (Anteile an allen Zugängen) ≡

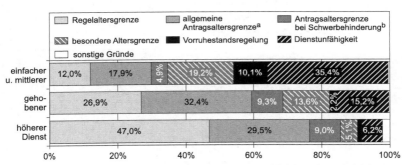

a – ab 2012 inkl. Antragsaltersgrenze von 65 Jahren nach 45 Jahren berücksichtigungsfähiger Dienstzeiten;  b – ab 2013 inkl. Antragsaltersgrenze bei besonderer Altersgrenze

Quelle: Statisches Bundesamt, Versorgungsempfänger des öffentlichen Dienstes, Fachserie 14, Reihe 6.1; eigene Berechnungen

Wie kaum anders zu erwarten, variiert das Zugangsgeschehen aufgrund der unterschiedlichen Verteilung der genannten Einflussgrößen zum Teil erheblich nach Ebenen und Dienstbereichen. Entsprechend zeigen sich hier im Hinblick auf die Entwicklung des Zugangsverhaltens seit den 1990er Jahren mitunter enorme Differenzen, wenngleich die Grundtendenzen – Rückgang des Ruhestands wegen Dienstunfähigkeit, Anstieg des Ruhestands mit Erreichen der Regelaltersgrenze und Zunahme des allgemeinen Antragsruhestands am aktuellen Rand – nahezu übergreifend zu beobachten sind. Im Folgenden wird die Entwicklung des Zugangsgeschehens für den Beamtenbereich des Bundes, der Länder und der Kommunen gesondert und detailliert dargestellt und analysiert.

## Bundesbereich

Das Zugangsverhalten im Beamtenbereich des Bundes (inkl. Bundeseisenbahnvermögen und Postnachfolgeunternehmen), auf den im Jahr 2013 rund 19% der gesamten Versorgungszugänge entfielen, war schon immer in überdurchschnittlichem Maße vom Ruhestand wegen Dienstunfähigkeit geprägt (vgl. Abb. 4.4). Anfang der 2000er Jahre waren drei Viertel der Ruhestandseintritte auf diesen Grund zurückzuführen. Zwar hat die Dienstunfähigkeit auch hier in der Folgezeit stark an Gewicht verloren, dennoch ist sie nach wie vor die häufigste Zugangsart. Eine weit überdurchschnittliche Rolle spielt im Bundesbereich traditionell auch die Inanspruchnahme einer Vorruhestandsregelung („sonstige Gründe"). In der zweiten Hälfte der 1990er Jahre entfielen regelmäßig mehr als ein Drittel aller Versor-

≡ Abb. 4.4: Bundesbereich: Entwicklung des Versorgungszugangs nach Eintrittsgrund von 1993 bis 2013 (Anteile an allen Zugängen pro Jahr)[a]

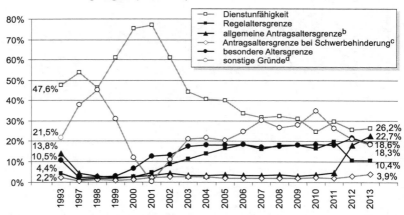

a – Inkl. Bundeseisenbahnvermögen und Postnachfolgeunternehmen, ohne rechtlich selbstständige Einrichtungen. Die Daten der Jahre 1994 bis 1996 werden wegen starker Bereinigungen nicht veröffentlicht; b – ab 2012 inkl. Antragsaltersgrenze von 65 Jahren nach 45 Jahren berücksichtigungsfähiger Dienstzeiten; c – ab 2013 inkl. Antragsaltersgrenze bei besonderer Altersgrenze; d – inkl. Vorruhestandsregelung

Quelle: Statisches Bundesamt, Versorgungsempfänger des öffentlichen Dienstes, Fachserie 14, Reihe 6.1; eigene Berechnungen

gungszugänge auf diese Zugangsart. Auch in den letzten Jahren war stets noch mindestens jeder fünfte Ruhestandseintritte auf die Nutzung einer Vorruhestandsregelung zurückzuführen. Vergleicht man die Entwicklung von Dienstunfähigkeit und „sonstigen Gründen", so zeigt sich eine nahezu spiegelbildliche Bewegung: Steigt der Anteil der Nutzung einer Vorruhestandsregelung, so fällt der Anteil der Dienstunfähigkeit an den Versorgungszugängen – und umgekehrt. Erst in den letzten beiden Jahren des

Betrachtungszeitraums ist es diesbezüglich zu einer Entkopplung gekommen. Neben Dienstunfähigkeit und Vorruhestandsregelungen sind im Bundesbereich auch die besonderen Altersgrenzen von weit größerer Bedeutung für das Zugangsgeschehen als im Gesamtdurchschnitt. Mit einem Anteil von 19% war das Erreichen einer besonderen Altersgrenze im Jahr 2013 der dritthäufigste Eintrittsgrund. Insgesamt entfallen fast zwei Drittel aller Versorgungszugänge im Bundesbereich auf die drei genannten, in der Regel besonders frühen Zugangsarten. Hingegen spielt die Regelaltersgrenze hier traditionell nur eine untergeordnete Rolle. Gleiches galt in noch stärkerem Maße lange Zeit auch für die Inanspruchnahme der allgemeinen Antragsaltersgrenze, die jedoch am aktuellen Rand aus den oben genannten Gründen eine schlagartige Zunahme erfahren hat.

Hinter diesen Gesamtwerten verbergen sich höchst unterschiedliche Zugangsmuster in den verschiedenen Dienstbereichen des Bundes (BeamtInnen und RichterInnen, BerufssoldatInnen, BahnbeamtInnen, PostbeamtInnen). So spielt bei den BundesbeamtInnen und -richterInnen, die zuletzt 26% der Versorgungszugänge im Bundesbereich stellten, die Dienstunfähigkeit traditionell eine geringere und Vorruhestandsregelungen seit Ende der 1990er Jahre so gut wie gar keine Rolle mehr (vgl. Abb. 4.5). Im Gegenzug ist hier der Antragsruhestand stärker verbreitet. Insbesondere aber fällt die hervorgehobene Rolle des Ruhstands mit Erreichen der Regelaltersgrenze ins Auge. In den 2000er Jahren entfielen zeitweise bis zu zwei Drittel der Versorgungszugänge auf diese Zugangsart. Seit 2009 hat sich der Anteil der BundesbeamtInnen und -richterInnen, die bis zur Regelaltersgrenze im Dienst bleiben, jedoch mehr als halbiert. Diese Entwicklung lässt sich nur unzureichend mit den Bestimmungen des Dienstrechtneuordnungsgesetzes erklären. Zwar dürfte der steile Abfall in den Jahren 2012/13 auch hier vor allem auf die asynchrone Anhebung der Regelaltersgrenze und der allgemeinen Antragsaltersgrenze zurückzuführen sein, wie der starke Anstieg der Inanspruchnahme des allgemeinen Antragsruhestands belegt. Dies erklärt aber nicht den ebenfalls starken Rückgang in den beiden Vorjahren, der mit einem Anteilsgewinn aller anderen Zugangsarten einherging. Auch die Verschärfungen bei den Zugangs- und Nutzungsbedingungen der Altersteilzeit ab Mitte der 2000er Jahre (siehe Kap. 6.2) bietet hierfür keine hinreichende Erklärung, wenngleich dies sicherlich Zugänge in den vorgezogenen Ruhestand befördert hat. Zu vermuten ist daher, dass hier auch strukturelle Effekte bei insgesamt begrenzten Fallzahlen eine gewisse Rolle spielen.

Abb. 4.5: BeamtInnen und RichterInnen des Bundes: Entwicklung des Versorgungszugangs nach Eintrittsgrund von 1993 bis 2013 (Anteile an allen Zugängen pro Jahr)[a]

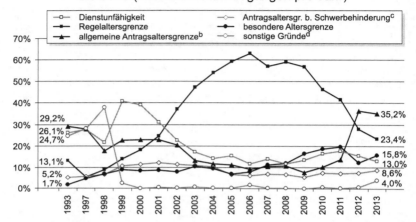

a – Die Daten der Jahre 1994 bis 1996 werden wegen starker Bereinigungen nicht veröffentlicht; b – ab 2012 inkl. Antragsaltersgrenze von 65 Jahren nach 45 Jahren berücksichtigungsfähiger Dienstzeiten; c – ab 2013 inkl. Antragsaltersgrenze bei besonderer Altersgrenze; d – inkl. Vorruhestandsregelung

Quelle: Statisches Bundesamt, Versorgungsempfänger des öffentlichen Dienstes, Fachserie 14, Reihe 6.1; eigene Berechnungen

Ein gänzlich anderes Bild des Versorgungszugangs zeigt sich hingegen bei den BerufssoldatInnen, auf die 2013 rund 17% der Versorgungszugänge im Bundesbereich entfielen (vgl. Abb. 4.6). Hier beschränkt sich das Zugangsgeschehen im Grunde genommen auf zwei Zugangsarten: die besonderen Altersgrenzen und Vorruhestandsregelungen. In den 1990er Jahren, als aufgrund der „Wiedervereinigung" und der veränderten geopolitischen Sicherheitslage (Ende des „Kalten Krieges") großflächig Personal abgebaut wurde, stellten Vorruhestandsregelungen den vorherrschenden Weg in den Ruhestand dar (siehe Kap. 6.1). Als die Vorruhestandsprogramme gegen Ende der 1990er Jahre deutlich zurückgefahren wurden, entwickelten sich die besonderen Altersgrenzen zur dominanten Zugangsart. Neben diesen beiden Zugangsarten spielt nur noch der Ruhestand wegen Dienstunfähigkeit eine geringfügige Rolle.

Wiederum ganz anders sieht das Zugangsverhalten der BahnbeamtInnen aus, auf die zuletzt 13% der Versorgungszugänge im Bundesbereich entfielen (vgl. Abb. 4.7). Dieses ist geprägt von dem nach der „Wiedervereinigung" einsetzenden und mit der Privatisierung von Bundes- und Reichsbahn sich beschleunigenden Personalabbau, der die gezielte Frühpensionierung von BeamtInnen umfasste. Zwischen 1990 und 2014 ist die Anzahl der aktiven BahnbeamtInnen von 142.100 auf 37.000 gesunken (BMI 2013: 153; StBA 2015b: 50). Bis 2005 erfolgten nahezu alle Zurruhesetzungen entweder über Dienstunfähigkeit oder über eine Vorruhestandsregelung. Erst mit Beendigung der Vorruhestandsprogramme haben auch andere Zugangsarten an Gewicht gewonnen. Dies gilt insbesondere für den Ruhestand mit Erreichen der Regelaltersgrenze, dessen Anstieg in erheblichem Maße auf die verstärkte Nutzung der Altersteilzeit zurückzuführen sein dürfte, die nach dem Auslaufen der Vorruhestandsprogramme gezielt zum weiteren Personalabbau eingesetzt wurde (siehe Kap. 6.1). Die schlagartige Zunahme des allgemeinen Antragsruhestands am aktuellen Rand dürfte auch hier vor allem dem „Sondereffekt" der im Vergleich zur Regelaltersgrenze niedrigeren abschlagsfreien Antragsaltersgrenze für den Geburtsjahrgang 1947 zuzuschreiben sein.

Das Zugangsverhalten der PostbeamtInnen, mit einem Anteil von 42% der Versorgungszugänge des Jahres 2013 mit Abstand die größte Neupensionärsgruppe im Bundesbereich, ähnelt jenem der BahnbeamtInnen (vgl. Abb. 4.8). Auch hier ist ein Wechselspiel zwischen Dienstunfä-

**Abb. 4.6:** BerufssoldatInnen: Entwicklung des Versorgungszugangs nach Eintrittsgrund von 1993 bis 2013 (Anteile an allen Zugängen pro Jahr)*  ≡

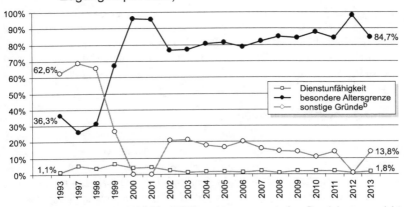

a – Die Daten der Jahre 1994 bis 1996 werden wegen starker Bereinigungen nicht veröffentlicht;   b – inkl. Vorruhestandsregelung

Quelle:   Statisches Bundesamt, Versorgungsempfänger des öffentlichen Dienstes, Fachserie 14, Reihe 6.1; eigene Berechnungen

Bahnbeamtlnnen: Entwicklung des Versorgungszugangs nach Eintrittsgrund von 1993 bis 2013
(Anteile an allen Zugängen pro Jahr)[a]

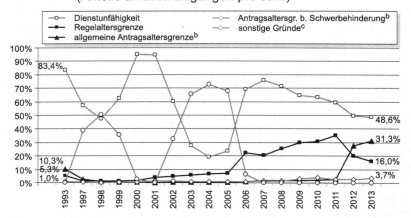

a – Die Daten der Jahre 1994 bis 1996 werden wegen starker Bereinigungen nicht
veröffentlicht; b – ab 2012 inkl. Antragsaltersgrenze von 65 Jahren nach 45 Jahren
berücksichtigungsfähiger Dienstzeiten; c – inkl. Vorruhestandsregelung

Quelle: Statisches Bundesamt, Versorgungsempfänger des öffentlichen Dienstes,
Fachserie 14, Reihe 6.1; eigene Berechnungen

higkeit und Vorruhestandsregelungen erkennbar, das sich in diesem Fall
jedoch bis in die Gegenwart hinein fortsetzt. Dieses Ruhestandsmuster ist
ebenfalls ursächlich auf die gezielte Frühpensionierung von Postbeamtlnnen infolge der Privatisierung der Bundespost zurückzuführen. Von den
306.600 Postbeamtlnnen des Jahres 1990 sind bis 2014 nur noch 70.700
übrig geblieben (BMI 2013: 153; StBA 2015b: 15).

## Landes- und Kommunalbereich

Der Versorgungszugang im Landesbereich, der mit einem Anteil von 71%
an allen Versorgungszugängen des Jahres 2013 mit Abstand die gewich-
tigste Ebene darstellt, unterscheidet sich deutlich von jenem im Bundesbereich (vgl. Abb. 4.9). Dienstunfähigkeit und besondere Altersgrenzen spielen hier traditionell eine geringere Rolle, Vorruhestandsregelungen kommen nur in Einzelfällen zur Anwendung. Dafür sind der Antragsruhestand
und vor allem der Regelruhestand weiter verbreitet. Insgesamt entfallen
fast zwei Drittel der Ruhestandseintritte auf diese beiden Zugangsarten.

## Abb. 4.8: PostbeamtInnen: Entwicklung des Versorgungszugangs nach Eintrittsgrund von 1993 bis 2013 (Anteile an allen Zugängen pro Jahr)[a] ≡

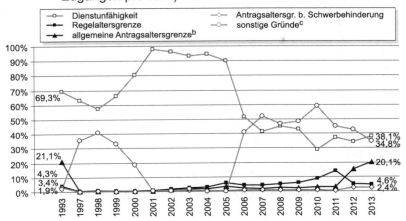

## Abb. 4.9: Landesbereich: Entwicklung des Versorgungszugangs nach Eintrittsgrund von 1993 bis 2013 (Anteile an allen Zugängen pro Jahr)[a] ≡

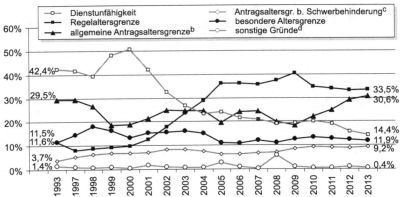

*Legende zu den Tabellen 4.8 und 4.9:*

a – Die Daten der Jahre 1994 bis 1996 werden wegen starker Bereinigungen nicht veröffentlicht;  b – ab 2012 inkl. Antragsaltersgrenze von 65 Jahren nach 45 Jahren berücksichtigungsfähiger Dienstzeiten;  c – inkl. Vorruhestandsregelung

Quelle:   Statisches Bundesamt, Versorgungsempfänger des öffentlichen Dienstes, Fachserie 14, Reihe 6.1; eigene Berechnungen

81

Der Blick auf die Entwicklung des Zugangsgeschehens zeigt, dass dies nicht immer so war. In den 1990er Jahren dominierte auch in den Ländern der Ruhestand wegen Dienstunfähigkeit, auf den zeitweise die Hälfte der Ruhestandseintritte entfiel. Dies änderte sich mit der Einführung von Versorgungsabschlägen bei Dienstunfähigkeit vor dem 63. Lebensjahr im Jahr 2001. Seitdem hat der Ruhestand wegen Dienstunfähigkeit erheblich an Gewicht verloren, gleichzeitig ist der Anteil der LandesbeamtInnen, die bis zur Regelaltersgrenze im Dienst bleiben, in vergleichbarem Maße gestiegen. Bei den anderen Zugangsarten zeigt sich hingegen – von kleineren Schwankungen abgesehen – ein relativ konstantes Niveau der Inanspruchnahme.

Auch auf Landesebene verbergen sich hinter den Gesamtwerten höchst unterschiedliche Zugangsmuster in den verschiedenen Dienstbereichen. So ähnelt die Verteilung der Zugangsarten bei den VollzugsbeamtInnen, auf die zuletzt 15% der Versorgungszugänge im Landesbereich entfielen, jener der BerufssoldatInnen, was auf der Existenz besonderer Altersgrenzen in beiden Dienstbereichen zurückzuführen ist (vgl. Abb. 4.10). Mehr als 80% der VollzugsbeamtInnen gehen mit Erreichen der jeweils für sie geltenden besonderen Altersgrenze in den Ruhestand, rund 17% scheiden bereits vorher wegen Dienstunfähigkeit aus dem aktiven Dienst aus. In den 1990er Jahren lag der Anteil des Ruhestands wegen Dienstunfähigkeit

≡   Abb. 4.10: Vollzugsdienst der Länder: Entwicklung des Versorgungszugangs nach Eintrittsgrund von 1993 bis 2013 (Anteile an allen Zugängen pro Jahr)[a]

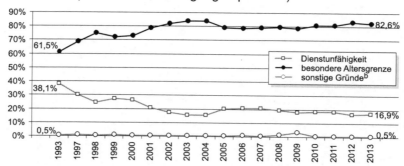

a – Die Daten der Jahre 1994 bis 1996 werden wegen starker Bereinigungen nicht veröffentlicht;   b – inkl. Vorruhestandsregelung

Quelle:   Statisches Bundesamt, Versorgungsempfänger des öffentlichen Dienstes, Fachserie 14, Reihe 6.1; eigene Berechnungen

noch mehr als doppelt so hoch, gleichwohl war auch da das Erreichen der besonderen Altersgrenze schon die dominante Zugangsart.

Ein gänzlich anderes Bild zeigt sich hingegen im Schuldienst, der mit einem Anteil von zuletzt 62% unter den Versorgungszugängen mit Abstand die größte Beamtengruppe im Landesbereich bildet (vgl. Abb. 4.11). Entsprechend gleichen die Werte jenen des Gesamtbereichs der Länder.

## Abb. 4.11: Schuldienst der Länder: Entwicklung des Versorgungs- ≡ zugangs nach Eintrittsgrund von 1993 bis 2013 (Anteile an allen Zugängen pro Jahr)[a]

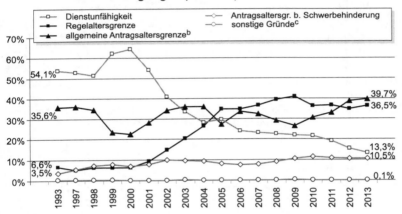

a – Die Daten der Jahre 1994 bis 1996 werden wegen starker Bereinigungen nicht veröffentlicht;  b – ab 2012 inkl. Antragsaltersgrenze von 65 Jahren nach 45 Jahren berücksichtigungsfähiger Dienstzeiten; c – inkl. Vorruhestandsregelung

Quelle:   Statisches Bundesamt, Versorgungsempfänger des öffentlichen Dienstes, Fachserie 14, Reihe 6.1; eigene Berechnungen

Die meistgewählte Zugangsart ist inzwischen die allgemeine Antragsaltersgrenze (40%), gefolgt von der Regelaltersgrenze (37%). Dienstunfähigkeit – in den 1990er Jahren mit großem Abstand die bedeutendste Zugangsart – ist nur noch in 13% der Fälle der Grund für den Ruhestandseintritt. In jenem Maße, in dem der Ruhestand wegen Dienstunfähigkeit seit der Jahrtausendwende an Bedeutung verloren hat, gewann der Ruhestand mit Erreichen der Regelaltersgrenze umgekehrt an Bedeutung. Allerdings blieben in den letzten Jahren ab 2009 wieder deutlich weniger LehrerInnen bis zur Regelaltersgrenze im Dienst, gleichzeitig stieg die Inanspruchnahme der allgemeinen Antragsaltersgrenze deutlich an. Diese Entwicklung lässt sich wiederum mit den verschärften Zugangs- und Nutzungsbedingungen der Altersteilzeit und mit den Auswirkungen des Dienstrechtsneuordnungsgesetzes erklären. Abschließend sei noch angemerkt, dass der Schuldienst von allen untersuchten Dienstbereichen jener mit den höchsten Anteilen (11%) der Zugänge in den Antragsruhestand wegen Schwerbehinderung ist.

Das Zugangsgeschehen der kommunalen BeamtInnen, die im Jahr 2013 rund 8% der Versorgungszugänge stellten, ähnelt jenem der LandesbeamtInnen (vgl. Abb. 4.12). Auch in den Kommunen ist das Erreichen der Regelaltersgrenze mittlerweile der häufigste Grund für den Ruhestandseintritt (31%). Allerdings ist der Ruhestand wegen Dienstunfähigkeit (20%) hier noch etwas stärker vertreten als im Landesbereich. Hingegen spielt der allgemeine Antragsruhestand eine geringere Rolle, hat aber auch hier in den letzten Jahren erheblich an Bedeutung gewonnen (23%). Der Antragsruhestand wegen Schwerbehinderung (11%) wird etwas häufiger gewählt als im Landesbereich, dafür spielen die besonderen Altersgrenzen (9%) eine etwas geringere Rolle. Ein deutlicher Unterschied gegenüber dem Landesbereich besteht in der Bedeutung „sonstiger Gründe"

≡ Abb. 4.12: Kommunalbereich: Entwicklung des Versorgungszugangs nach Eintrittsgrund von 1993 bis 2013 (Anteile an allen Zugängen pro Jahr) [a]

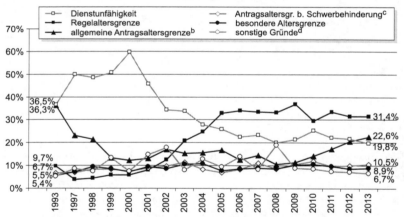

a – Die Daten der Jahre 1994 bis 1996 werden wegen starker Bereinigungen nicht veröffentlicht; b – ab 2012 inkl. Antragsaltersgrenze von 65 Jahren nach 45 Jahren berücksichtigungsfähiger Dienstzeiten; c – ab 2013 inkl. Antragsaltersgrenze bei besonderer Altersgrenze; d – inkl. Vorruhestandsregelung

Quelle: Statisches Bundesamt, Versorgungsempfänger des öffentlichen Dienstes, Fachserie 14, Reihe 6.1; eigene Berechnungen

(7%), bei denen es sich jedoch nur in den wenigsten Fällen um die Nutzung einer Vorruhestandsregelung handelt (siehe Kap. 6.1).

Der Blick auf die Entwicklung des Zugangsgeschehens zeigt das bekannte Muster: In den 1990er Jahren dominierte der Ruhestand wegen Dienstunfähigkeit, ehe mit Beginn der 2000er Jahre dann rasch das Erreichen der Regelaltersgrenze zur häufigsten Zugangsart wurde. Auch die anderen Zugangsarten haben im Zeitverlauf leicht an Gewicht gewonnen. Das gilt jedoch nicht für den allgemeinen Antragsruhestand. Dieser war zu Beginn der 1990er Jahre zusammen mit dem Ruhestand wegen Dienstunfähigkeit noch die häufigste Zugangsart, verlor dann allerdings stark an Gewicht und hat erst am aktuellen Rand wieder an Bedeutung gewonnen.

### 4.3.2 Durchschnittsalter bei Ruhestandseintritt

Das veränderte Zugangsverhalten hat zu einem deutlichen Anstieg des Ruhestandsalters geführt. Neben den dargestellten Verschiebungen bei den Eintrittsgründen sind hierfür auch Veränderungen beim Zeitpunkt der Inanspruchnahme der verschiedenen Zugangsarten ausschlaggebend. Wie Abbildung 4.13 zeigt, werden alle Zugangsmöglichkeiten inzwischen später in Anspruch genommen. Einzige Ausnahme sind die Vorruhestandsregelungen, bei denen das durchschnittliche Zugangsalter in den letzten zehn Jahren leicht gesunken ist. Den höchsten Anstieg verzeichnete der Ruhestand wegen Dienstunfähigkeit, der im Vergleich zu 2003 inzwischen im Durchschnitt 2,9 Jahre später in Anspruch genommen wird. Das Durchschnittsalter bei Zugang in den Antragsruhestand wegen Schwerbehinderung ist im selben Zeitraum um 1,5 Jahre gestiegen, jenes bei Erreichen einer besonderen Altersgrenze ebenfalls um 1,5 Jahre und jenes bei Eintritt in den allgemeinen Antragsruhestand um 0,8 Jahre.[12]

Darüber hinaus zeigen die Werte, dass der allgemeine Antragsruhestand meist zu einem frühen Zeitpunkt beantragt wird, die BeamtInnen also erhebliche Abschläge in Kauf nehmen (müssen). Hingegen erfolgt der Zugang in den Antragsruhestand wegen Schwerbehinderung in der Regel zu einem späten Zeitpunkt, meist sogar erst mit Erreichen der abschlagsfreien Altersgrenze von 63 Jahren. Schließlich lässt sich erkennen, dass die BeamtInnen nur sehr selten über das Erreichen der Regelaltersgrenze hinaus im aktiven Dienst verbleiben.

---

12   Aufgrund der Anhebung der allgemeinen Antragsaltersgrenze vom 62. auf das 63. Lebensjahr ist das durchschnittliche Eintrittsalter bei Nutzung dieser Ruhestandsmöglichkeit bereits vor 2003 um ein Jahr angestiegen.

≡ Abb. 4.13: Entwicklung des Durchschnittsalters beim Versorgungszugang nach Eintrittsgrund von 2003 bis 2013
(in Jahren)[a]

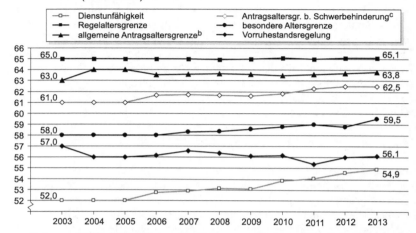

a – Daten vor 2003 nicht verfügbar; bis 2010 nur unmittelbarer öffentlicher Dienst; von
2003 bis 2005 Daten gerundet; b – ab 2012 inkl. Antragsaltersgrenze von 65 Jahren
nach 45 Jahren berücksichtigungsfähiger Dienstzeiten; c – ab 2013 inkl. Antragsaltersgrenze bei besonderer Altersgrenze

Quelle:   Statisches Bundesamt, Versorgungsempfänger des öffentlichen Dienstes,
          Fachserie 14, Reihe 6.1

Das durchschnittliche Alter zum Zeitpunkt des Versorgungszugangs lag
2013 bei 61,7 Jahren (vgl. Abb. 4.14). Damit gehen die BeamtInnen ca.
ein Jahr später in den Ruhestand als die Tarifbeschäftigten des öffentlichen Dienstes (BMI 2013: 95).[13] Auch im Vergleich zum Gesamtkreis der
gesetzlich Versicherten (61,3 Jahre) ist das Ruhestandsalter der BeamtInnen leicht höher (DRVa 2015: 137). Das war nicht immer so. Im Jahr 2002
lag das Ruhestandsalter der BeamtInnen (58 Jahre) noch mehr als zwei
Jahre unter dem der Tarifbeschäftigten (60,1 Jahre) und der Gesamtheit
der gesetzlich Versicherten (60,4 Jahre). Aufgrund der direkteren Zugriffs-
möglichkeiten des Gesetzgebers auf das Beamtenverhältnis fiel die Wirkung der weitgehend gleichgerichteten Reformmaßnahmen hier offensichtlich wesentlich stärker aus.

---

13   Der Vergleich bezieht sich auf die Daten des Jahres 2010, da neuere Daten zum
     Rentenzugang der Tarifbeschäftigten nicht zur Verfügung stehen. Zu diesem
     Zeitpunkt lag das durchschnittliche Eintrittsalter der BeamtInnen bei 60,3 Jahren,
     das der Tarifbeschäftigten bei 59,5 Jahren.

Seit 1993 ist das Ruhestandsalter der BeamtInnen um mehr als vier Jahre angestiegen. Mit Blick auf den Entwicklungsverlauf zeigt sich, dass das Zugangsalter während der 1990er Jahre zunächst gesunken ist. Mit der 1998 vollzogenen Anhebung der allgemeinen Antragsaltersgrenze auf 63 Jahre begann sich dann das Blatt zu wenden. Doch erst seit den Jahren 2001/02, in denen Versorgungsabschläge bei vorzeitigem Ruhestandseintritt wegen Schwerbehinderung und Dienstunfähigkeit eingeführt wurden, letztmalig mit 35 Dienstjahren die Höchstversorgung erreicht werden konnte und die Altersteilzeit an Einfluss auf den Versorgungsübergang gewann, ist ein deutlicher und kontinuierlicher Anstieg des Ruhestandsalters zu verzeichnen. Dieser fiel besonders deutlich aus in den Jahren bis 2006 (um mehr als drei Jahre) und am aktuellen Rand ab dem Jahr 2010 (um fast 1,5 Jahre).

Das Ruhestandsalter differiert erheblich nach Gebietskörperschaften. Das niedrigste Zugangsalter weisen die BundesbeamtInnen auf, die im Jahr 2013 im Durchschnitt (ohne Bahn- und PostbeamtInnen) bereits mit 59 Jahren in den Ruhestand gingen. Die LandesbeamtInnen treten hingegen erst 3,6 Jahre später in den Ruhestand ein. Die KommunalbeamtInnen liegen mit einem Zugangsalter von 61,4 Jahren nahe beim Gesamtdurchschnitt. Während die Verlaufskurven der Landes- und der Kommunalbe-

Abb. 4.14: Entwicklung des Durchschnittsalters beim Versorgungs- ≡
zugang von 1993 bis 2013 nach Ebenen (in Jahren)

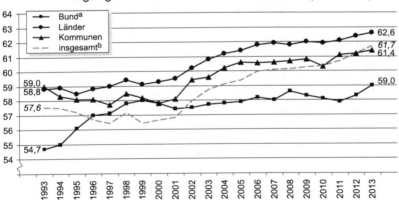

a – ohne Bundeseisenbahnvermögen und Postnachfolgeunternehmen; b – einschließlich Bundeseisenbahnvermögen, Postnachfolgeunternehmen, rechtlich selbstständige Einrichtungen und Sozialversicherung

Quelle:    Statisches Bundesamt, Versorgungsempfänger des öffentlichen Dienstes,
           Fachserie 14, Reihe 6.1

amtInnen weitgehend der Gesamtentwicklung folgen, weist die Verlaufs-kurve der BundesbeamtInnen signifikante Abweichungen auf: Im Bund ist das Ruhestandsalter vor allem in den 1990er Jahren stark angestiegen, da-nach stagniert es lange Zeit in etwa auf diesem Niveau. Ursächlich hierfür ist das stark divergierende Eintrittsalter der BeamtInnen und RichterInnen einerseits und der BerufssoldatInnen andererseits sowie quantitative Ge-wichtsverschiebungen aufgrund der beiderseits mitunter stark schwanken-den Zugangszahlen (vgl. Abb. 4.15).

Die Analyse des Versorgungszugangs im Bundesbereich (inkl. Bahn und Post) weist erwartungsgemäß die BerufssoldatInnen als die Beamten-gruppe mit dem niedrigsten Ruhestandsalter aus. Aufgrund der besonders niedrigen Altersgrenzen lag hier das durchschnittliche Eintrittsalter im Jahr 2013 bei lediglich 54,4 Jahren. Etwas später (mit 56,7 Jahren) treten die PostbeamtInnen in den Ruhestand ein. Auch die BahnbeamtInnen wei-sen mit 61,1 Jahren noch ein Zugangsalter unterhalb des Gesamtdurch-schnitts auf. Ausschlaggebend hierfür sind in beiden Bereichen die hohen Anteile der Zurruhesetzungen wegen Dienstunfähigkeit und wegen der In-anspruchnahme einer Vorruhestandsregelung. Die BundesbeamtInnen und -richterInnen gehen hingegen erst mit 62,1 Jahren in den Ruhestand, und somit später als der Gesamtdurchschnitt.

≡ Abb. 4.15: Bundesbereich: Entwicklung des Durchschnittsalters beim Versorgungszugang von 1993 bis 2013 nach Dienstbereichen (in Jahren)

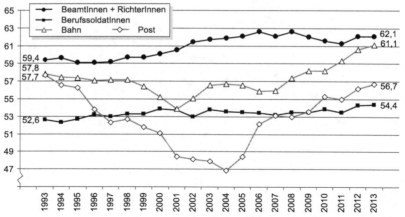

Quelle:  Statisches Bundesamt, Versorgungsempfänger des öffentlichen Dienstes, Fachserie 14, Reihe 6.1

Im Hinblick auf die Entwicklung des Ruhestandsalters seit 1993 fallen vor allem die stark abweichenden Verlaufskurven der Post- und der BahnbeamtInnen ins Auge. In beiden Bereichen ist das durchschnittliche Eintrittsalter zunächst erheblich gesunken. Dies gilt in besonderer Weise für die PostbeamtInnen, die 2004 ein durchschnittliches Zugangsalter von nur noch 46,9 Jahren aufwiesen. Zwar ist seitdem ein starker Anstieg um nahezu zehn Jahre zu verzeichnen, noch immer aber liegt der Wert des Jahres 2013 unter jenem des Jahres 1993. Einen ähnlichen Verlauf, mit allerdings weniger starken Ausschlägen, hat das Ruhestandsalter der BahnbeamtInnen genommen. Hier war der niedrigste Wert (53,9 Jahre) im Jahr 2001 erreicht. Seit 2007 steigen die Werte stark an. Wie gesehen, werden die Verläufe in beiden Bereichen wesentlich vom Wechselspiel zwischen Dienstunfähigkeit und Vorruhestandsregelungen geprägt. Bei den BundesbeamtInnen und -richterInnen zeigt sich hingegen ein kontinuierlicher Anstieg des durchschnittlichen Ruhestandsalters zwischen 1996 und 2006 um insgesamt 3,5 Jahre. Seitdem ist das Zugangsalter sogar leicht gesunken. Erst mit dem ersten Wirksamwerden der schrittweisen Anhebung der Altersgrenzen infolge des Dienstrechtsneuordnungsgesetzes zeigt sich ab 2012 ein erneuter Anstieg. Ähnliches gilt für die BerufssoldatInnen, bei denen sich der Anstieg wesentlich in den 1990er Jahren sowie erneut seit 2011 vollzogen hat.

Im Beamtenbereich der Länder zeigen sich erwartungsgemäß erhebliche Differenzen beim Ruhestandsalter zwischen dem Schuldienst und dem Polizei- und Justizvollzugsdienst (vgl. Abb. 4.16). Aufgrund der besonderen Altersgrenzen gehen die VollzugsbeamtInnen im Durchschnitt bereits mit 59 Jahren in den Ruhestand. Das Zugangsalter der LehrerInnen liegt hingegen bei weit überdurchschnittlichen 63,3 Jahren. Auch das Zugangsalter in den übrigen Dienstbereichen liegt mit 62,9 Jahren deutlich über dem bereichsübergreifenden Gesamtdurchschnitt von 61,7 Jahren.

Bei Betrachtung des Entwicklungsverlaufs fällt auf, dass im Schuldienst ein besonders starker Anstieg des Ruhestandsalters stattgefunden hat. Seit 1993 ist hier das Zugangsalter um fast fünf Jahre angestiegen. Auch im Vollzugsdienst ist ein nahezu kontinuierlicher Anstieg zu verzeichnen, der mit nahezu drei Jahren aber moderater ausfiel. In den übrigen Dienstbereichen der Länder ist das Zugangsalter während der 1990er Jahre aufgrund der verstärkten Inanspruchnahme von Dienstunfähigkeit zunächst sogar gesunken. Erst mit Beginn der 2000er Jahre kam es hier zu einem Anstieg. Seit 2007 zeigt sich ein schwankender Verlauf mit einem am aktuellen Rand wieder steigenden Zugangsalter.

≡ Abb. 4.16: Landesbereich: Entwicklung des Durchschnittsalters beim Versorgungszugang von 1993 bis 2013 nach Dienstbereichen (in Jahren)

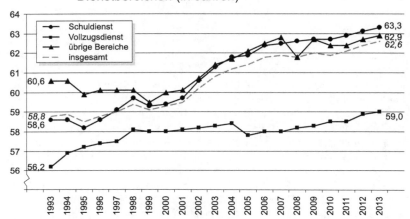

Quelle: Statisches Bundesamt, Versorgungsempfänger des öffentlichen Dienstes, Fachserie 14, Reihe 6.1

Über alle Ebenen und Dienstbereiche hinweg differiert das Ruhestandsalter in gleicher Weise nach Laufbahngruppen: Stets weisen die BeamtInnen des einfachen und mittleren Dienstes das niedrigste durchschnittliche Zugangsalter auf, während die BeamtInnen des höheren Dienstes umgekehrt stets das höchste Eintrittsalter haben (vgl. BMI 2009: 179; BMI 2013: 59). Exemplarisch ist in Tabelle 4.3 die Entwicklung des durchschnittlichen Ruhestandseintrittsalters der Laufbahngruppen der BundesbeamtInnen abgebildet. Mit 60,1 Jahren traten die BundesbeamtInnen des einfachen und mittleren Dienstes im Jahr 2010 im Durchschnitt mehr als zwei Jahre früher in den Ruhestand ein als die des gehobenen Dienstes (62,2 Jahre) und fast vier Jahre früher als die des höheren Dienstes (64 Jahre). Dies liegt vor allem daran, dass im einfachen und mittleren Dienst jene Tätigkeiten überproportional vertreten sind, für die eine besondere Altersgrenze gilt, und dass diese Altersgrenze oftmals niedriger liegt als jene für den gehobenen und höheren Dienst. Zudem nehmen BeamtInnen des einfachen und mittleren Dienstes wegen der höheren gesundheitlichen Belastungen und Anforderungen deutlich häufiger und zu einem früheren Zeitpunkt den Ruhestand wegen Dienstunfähigkeit in Anspruch (vgl. BMI 2013: 149). Die unterschiedlichen Arbeitsbelastungen spiegeln sich übrigens auch in der Lebenserwartung wider: 65-jährige BeamtInnen des höheren Dienstes haben eine um fast vier Jahre höhere Lebenserwartung als gleichaltrige BeamtInnen des einfachen Dienstes; die Differenz zwischen höherem und mittlerem Dienst beträgt fast drei Jahre, die zwischen höherem und gehobenem Dienst immerhin noch gut ein Jahr (Himmelreicher et al. 2008: 277).

**Tab. 4.3:** BeamtInnen und RichterInnen des Bundes: Entwicklung des Durchschnittsalters beim Versorgungszugang von 1993 bis 2010 nach Laufbahngruppen (in Jahren)

|  | 1993 | 1999 | 2002 | 2006 | 2010 |
|---|---|---|---|---|---|
| mittlerer/einfacher Dienst | 58,3 | 57,9 | 59,5 | 60,6 | 60,1 |
| gehobener Dienst | 59,0 | 59,9 | 62,1 | 63,3 | 62,2 |
| höherer Dienst | 62,8 | 62,1 | 63,4 | 64,2 | 64,0 |
| *Insgesamt* | *59,4* | *59,7* | *61,4* | *62,6* | *61,6* |

Quelle:  BMI (2009: 179), BMI (2013: 149); Ursprungsdaten: Versorgungsempfänger-statistik des StBA

Unterschiede zeigen sich schließlich auch zwischen den Geschlechtern. Traditionell treten die Beamtinnen früher in den Ruhestand als die Beamten. Im Jahr 2013 lag das durchschnittlich Zugangsalter der Beamten bei 61,9 Jahren, das der Beamtinnen hingegen lediglich bei 61,4 Jahren (StBA 2015a: 47). In den letzten Jahren hat jedoch eine rasche Angleichung zwischen den Geschlechtern stattgefunden: Im Jahr 2003 hatte das durchschnittliche Zugangsalter der Beamtinnen noch rund vier Jahre unter jenem der Beamten gelegen (StBA 2004: 40). Der frühere Zugang der Beamtinnen ist vor allem auf die stärkere und frühere Inanspruchnahme des Ruhestands wegen Dienstunfähigkeit zurückzuführen. Aber auch von den vorgezogenen Altersgrenzen machen die Beamtinnen im Durchschnitt früher Gebrauch als die Beamten (StBA 2015a: 47). Hierfür dürften nicht zuletzt geschlechtsspezifische arbeits- und haushaltsbezogene Faktoren wie die subjektive Bedeutung von Erwerbsarbeit, die familiale Arbeitsteilung sowie gängige Partnerschaftskonzepte von Einfluss sein. So weist der hohe und steigende Teilzeitanteil darauf hin, dass auch bei den Beamtinnen Haushalts- und Partnerschaftsarrangements weit verbreitet sein, in denen die Frau den geringeren Beitrag zum Haushaltseinkommen erzielt, dafür aber in weit höherem Maße Reproduktionsarbeit leistet. Dies hat oft eine geringere Erwerbsorientierung im Versorgungsübergang und einen früheren Ruhestandseintritt zur Folge (vgl. Clemens 1997; Brussig/Nordhause-Janz 2006). Zudem stimmen Haushaltsangehörige den Übergang in den Ruhestand in der Regel miteinander ab und bevorzugen einen gemeinsamen Ruhestandseintritt. Dabei orientieren sich Frauen stärker an der Erwerbsorientierung ihrer – im Durchschnitt älteren – männlichen Partner als umgekehrt (vgl. Drobnič/Schneider 2000).

# 5    Ruhestand wegen Dienstunfähigkeit

## 5.1    Voraussetzungen und Leistungen    ∎

Die beamtenrechtlichen Regelungen zur Dienstunfähigkeit weisen deutliche Unterschiede zur gesetzlichen Erwerbsminderungsrente auf.[1] So ist vollständige Dienstunfähigkeit bereits erreicht, wenn die Fähigkeit zur Erfüllung der Dienstpflichten dauerhaft nur noch weniger als 50% der regelmäßigen Arbeitszeit – im Regelfall also unter 20 Wochenstunden bzw. vier Stunden pro Arbeitstag – umfasst. In der gesetzlichen Rentenversicherung liegt diese Schwelle hingegen bei einer Arbeitsfähigkeit von weniger als drei Stunden pro Arbeitstag. Des Weiteren ist die geforderte Dauerhaftigkeit bereits dann gegeben, wenn in einem Zeitraum von sechs Monaten infolge einer Erkrankung mehr als drei Monate kein Dienst getan wurde und auch keine Aussicht darauf besteht, dass innerhalb weiterer sechs Monate die Dienstfähigkeit wieder voll hergestellt ist. Verbleibt ein mindestens hälftiges Restleistungsvermögen innerhalb des übertragenen Amtes, so liegt eine begrenzte Dienstfähigkeit vor. In diesem Fall sieht das Gesetz vor, dass von der Versetzung in den Ruhestand abgesehen und die regelmäßige Arbeitszeit auf den Prozentsatz der verbliebenen Arbeitsfähigkeit verringert wird.

Zur Vermeidung der Dienstunfähigkeit oder der begrenzten Dienstfähigkeit können BeamtInnen auch in ein anderes Amt derselben oder einer anderen Laufbahn versetzt werden, wenn sie die gesundheitlichen Anforderungen hierfür erfüllen. Die Versetzung kann ohne Zustimmung erfolgen, wenn das neue Amt zum Bereich desselben Dienstherrn gehört und das Endgrundgehalt mindestens dem des bisherigen Amtes entspricht. Auch die Versetzung in eine geringerwertige Tätigkeit unter Beibehaltung des bisherigen Amtes ist möglich. Dies kann ohne Zustimmung geschehen, wenn eine anderweitige Verwendung nicht möglich ist und die neue Tätigkeit (unter Berücksichtigung der bisherigen) als zumutbar erscheint. Sind für die Ausübung des neuen Amtes bzw. der neuen Tätigkeit Qualifizierungsmaßnahmen notwendig, so besteht hierfür eine Teilnahmeverpflichtung. Gleiches gilt für die Teilnahme an gesundheitlichen und beruflichen Rehabilitationsmaßnahmen zur Wiederherstellung der (vollen) Dienstfähigkeit.

---

1    Die folgenden Ausführungen beziehen sich auf das Bundesrecht. Im Landesrecht gelten im Einzelnen mitunter abweichende Regelungen.

Das Dienstunfähigkeitsverfahren wird grundsätzlich vom Dienstherrn betrieben. Eine Ruhestandsversetzung auf Antrag im engeren Sinne ist somit nicht möglich, der Beamte/die Beamtin kann aber einen formlosen Antrag auf Überprüfung der Dienstfähigkeit stellen. Grundlage des Verfahrens ist eine entsprechende amtsärztliche Begutachtung. Ein Informationsaustausch ist nur zwischen dem Arzt/der Ärztin und der für die Versetzung in den Ruhestand zuständigen Dienstherrn zulässig. Der Dienstherr hat dem Arzt/der Ärztin die Anforderungen sowohl der aktuellen Tätigkeit als auch der in Frage kommenden anderweitigen Verwendungen darzustellen. Das Gutachten muss Aussagen zum Umfang der Dienstunfähigkeit, zu geeigneten Rehabilitationsmaßnahmen und zu einer möglichen anderweitigen Verwendung enthalten. Die konkreten medizinischen Befunde dürfen hingegen nur im Einzelfall und auf explizite Anforderung hin mitgeteilt werden, soweit deren Kenntnis unter Beachtung des Grundsatzes der Verhältnismäßigkeit für den Dienstherrn erforderlich ist.

Vor der Versetzung in den Ruhestand wegen Dienstunfähigkeit muss der Dienstherr die Zustimmung der obersten Dienstbehörde einholen und dabei begründen, warum eine Weiterverwendung nicht möglich ist. Des Weiteren ist der Dienstherr verpflichtet, das Vorliegen der Voraussetzungen für die (Teil-)Dienstunfähigkeit regelmäßig zu überprüfen bzw. überprüfen zu lassen. Sind die Voraussetzungen nicht mehr gegeben, kann der Beamte/die Beamtin reaktiviert werden. Die Reaktivierung kann auch auf Antrag des Beamten/der Beamtin erfolgen. Ist die (begrenzte) Dienstfähigkeit nachweislich wiederhergestellt, erfolgt die erneute Berufung in das Beamtenverhältnis, falls dem nicht zwingende dienstliche Gründe entgegenstehen. Umgekehrt sind die BeamtInnen bei Wiederherstellung ihrer (Teil-)Dienstfähigkeit verpflichtet, einer erneuten Berufung in das Beamtenverhältnis Folge zu leisten, wenn ihnen im Dienstbereich ihres früheren Dienstherrn ein Amt ihrer früheren oder einer anderen Laufbahn mit mindestens demselben Endgrundgehalt übertragen werden soll. Auch die Übertragung einer geringerwertigen Tätigkeit unter Beibehaltung eines Amtes ihrer früheren Laufbahn ist möglich. Von der Reaktivierung ausgeschlossen sind BeamtInnen, die das 63. Lebensjahr bereits vollendet haben.

Hinsichtlich der Leistungen unterscheidet das Beamtenrecht grundsätzlich danach, ob die Dienstunfähigkeit auf einem Dienstunfall oder einer anderweitig begründeten gesundheitlichen Einschränkung beruht. Liegt der Dienstunfähigkeit ein Dienstunfall zugrunde, besteht Anspruch auf Unfallfürsorge. Tritt die Dienstunfähigkeit infolge des Dienstunfalls vor Vollendung des 60. Lebensjahres ein, wird die Zeit vom Ruhestandseintritt bis zum 60. Lebensjahr der ruhegehaltsfähigen Dienstzeit zur Hälfte hinzugerechnet. Unabhängig vom Zeitpunkt des Ruhestandseintritts wird der Ruhegehaltssatz automatisch um 20% angehoben. Zudem existiert für das Unfallruhegehalt eine gesonderte Mindestversorgung in Höhe von zwei Dritteln der ruhegehaltsfähigen Dienstbezüge. Die Höchstversorgung liegt bei 75% der jeweils ruhegehaltsfähigen Dienstbezüge. In einigen Bundesländern wird die Höchstversorgung schrittweise auf 71,75% abgesenkt. Das Unfallruhegehalt beträgt jedoch weiterhin mindestens 75% der ruhegehaltsfähigen Dienstbezüge aus der Endstufe der Besoldungsgruppe A 4.

Für den Fall, dass die Dienstunfähigkeit nicht auf einen Dienstunfall zurückzuführen ist, beträgt die Zurechnungszeit hingegen zwei Drittel der Zeit zwischen dem Ruhestandseintritt und der Vollendung des 60. Lebensjahres. Eine automatische Anhebung des Ruhegehaltssatzes und eine gesonderte Mindest- bzw. Höchstversorgung existiert in diesem Fall jedoch nicht. Vielmehr gelten die allgemeinen Mindest- und Höchstversorgungsbestimmungen. Im Gegensatz zur Unfallfürsorge wird bei einem Ruhestandseintritt vor dem 63. Lebensjahr (bzw. vor der besonderen Altersgrenze) das Ruhegehalt um einen Abschlag von 0,3% pro Monat bis zu maximal 10,8% gekürzt. Die Altersgrenze für den Bezug eines abschlagsfreien Ruhegehalts wird seit 2012 parallel zur Regelaltersgrenze bis 2024 schrittweise auf 65 Jahre angehoben (vgl. Tab. 5.1). In gleicher Weise erhöht sich auch das Referenzalter für die Berechnung von Abschlägen auf 62 Jahre. Dadurch bleiben die Abschläge nach wie vor auf maximal 10,8% beschränkt. Da der Zurechnungszeitraum nicht gleichermaßen verlängert wurde, müssen Versicherte, die vor dem 62. Lebensjahr dienstunfähig werden und die Höchstversorgung noch nicht erreicht haben, dennoch zusätzliche Versorgungseinbußen hinnehmen.[2] Für BeamtInnen mit mindestens 35 Jahren berücksichtigungsfähiger Dienstzeiten vor Eintreten der Dienstunfähigkeit bleibt der abschlagsfreie Versorgungszugang mit 63 Jahren bestehen.[3] Ab 2024 erhöht sich der Mindestumfang der berücksichtigungsfähigen Dienstzeiten für den abschlagsfreien Versorgungszugang auf 40 Jahre.

Bei Dienstunfähigkeit gelten dieselben Hinzuverdienstregelungen wie bei einem vorzeitigen Antragsruhestand (siehe Kap. 3.1). Im Fall einer

---

2  Die in der gesetzlichen Rentenversicherung mit dem „RV-Leistungsverbesserungsgesetz" Mitte 2014 in Kraft getretene Anhebung des Zurechnungszeitraums auf das 62. Lebensjahr wurde bislang lediglich in Bayern ins Beamtenrecht übertragen.

3  Berücksichtigungsfähig sind hierbei grundsätzlich Dienstzeiten im Beamtenverhältnis, Wehr- und Zivil-dienstzeiten, förderliche Zeiten in einem privatrechtlichen Arbeitsverhältnis im öffentlichen Dienst, Pflegezeiten und Kindererziehungszeiten bis zum vollendetem zehnten Lebensjahr. Zeiten einer Teilzeitbeschäftigung werden in vollem Umfang berücksichtigt. Sofern sich Zeiten überschneiden, werden sie nur einmal berücksichtigt.

begrenzten Dienstfähigkeit erfolgt die Besoldung grundsätzlich wie bei einer normalen Teilzeitbeschäftigung. Die Vergütung muss jedoch mindestens so hoch sein, wie die Versorgungsbezüge bei einer vorzeitigen Pensionierung wegen Dienstunfähigkeit gewesen wären. Beträgt die Einschränkung der Dienstfähigkeit mindestens 20%, so wird zusätzlich ein Zuschlag in Höhe eines Festbetrags von 150 € plus 10% des Unterschiedsbetrags zwischen den vorherigen und den entsprechend der Arbeitszeit gekürzten Dienstbezügen gewährt. Bei einer Einschränkung der Dienstfähigkeit von weniger als 20% verringert sich der Festbetrag um jeweils

≡ **Tab. 5.1:** Anhebung der abschlagsfreien Altersgrenze bei Dienstunfähigkeit nach den Bestimmungen des Dienstrechtsneuordnungsgesetzes 2009

| Geburtsjahr | abschlagsfreie Altersgrenze | | Referenzalter für Abschlagsberechnung | | |
| | allgemein | bei 35 Dienstjahren | allgemein | bei 35 Dienstjahren | |
| | Jahr + Monat | Jahr | Jahr + Monat | Jahr | max. Abschlag |
|---|---|---|---|---|---|
| bis 1948 | 63 | 63 | 60 | 60 | 10,8% |
| 1/1949 | 63+1 | 63 | 60+1 | 60 | 10,8% |
| 2/1948 | 63+2 | 63 | 60+2 | 60 | 10,8% |
| 3/1949 | 63+3 | 63 | 60+3 | 60 | 10,8% |
| 4/1949 | 63+4 | 63 | 60+4 | 60 | 10,8% |
| 5/1949 | 63+5 | 63 | 60+5 | 60 | 10,8% |
| 6–12/1949 | 63+6 | 63 | 60+6 | 60 | 10,8% |
| 1950 | 63+7 | 63 | 60+7 | 60 | 10,8% |
| 1951 | 63+8 | 63 | 60+8 | 60 | 10,8% |
| 1952 | 63+9 | 63 | 60+9 | 60 | 10,8% |
| 1953 | 63+10 | 63 | 60+10 | 60 | 10,8% |
| 1954 | 63+11 | 63 | 60+11 | 60 | 10,8% |
| 1955 | 64 | 63 | 61 | 60 | 10,8% |
| 1956 | 64+2 | 63 | 61+2 | 60 | 10,8% |
| 1957 | 64+4 | 63 | 61+4 | 60 | 10,8% |
| 1958 | 64+6 | 63 | 61+6 | 60 | 10,8% |
| 1959 | 64+8 | 63 | 61+8 | 60 | 10,8% |
| 1960 | 64+10 | 63 | 61+10 | 60 | 10,8% |
| ab 1961 | 65 | 63 (bei 40 Dienstjahren) | 62 | 60 (bei 40 Dienstjahren) | 10,8% |

Eigene Zusammenstellung

15 Euro für jeden Prozentpunkt. Der Zuschlag ist nicht ruhegehaltsfähig, die Pensionsansprüche erhöhen sich also während der Teildienstfähigkeit nur entsprechend der tatsächlich geleisteten Arbeit. Um eine Schlechterstellung gegenüber vollständig Dienstunfähigen zu vermeiden, ist die Zeit einer begrenzten Dienstfähigkeit jedoch mindestens im Umfang der bei Dienstunfähigkeit zu berücksichtigenden Zurechnungszeit ruhegehaltsfähig. Neben der Teilzeitbeschäftigung ist eine Nebentätigkeit im Umfang von 20% der reduzierten wöchentlichen Arbeitszeit erlaubt.

## 5.2   Entwicklung des Versorgungszugangs ■

Aufgrund des leichteren Zugangs und der höheren Versorgungsleistungen spielte der Ruhestand wegen Dienstunfähigkeit im Beamtenbereich schon immer eine größere Rolle als die Berufs- und Erwerbsunfähigkeitsrente im Tarifbereich des öffentlichen Dienstes. Dies gilt in besonderer Weise für die 1990er Jahre, in denen rund die Hälfte aller Ruhestandseintritte auf Dienstunfähigkeit zurückzuführen waren (StBA 2015a: 106). Inzwischen sind die Unterschiede geringer geworden, aber auch im Jahr 2010 – dem letzten Jahr, für das vergleichbare Daten vorliegen – war der Anteil der Dienstunfähigkeit an den Versorgungszugängen mit 22% noch deutlich höher als der vergleichbare Anteil der Erwerbsminderungsrente an den Rentenzugängen der Tarifbeschäftigten, der bei 13% lag (BMI 2013: 97).

Dass die Dienstunfähigkeit für BeamtInnen wesentlich stärker eine tatsächliche „Option" für den Erwerbsausstieg darstellt, lässt sich auch daran erkennen, dass das durchschnittliche Zugangsalter deutlich höher liegt als im Tarifbereich. Im Jahr 2010 betrug die Differenz immerhin drei Jahre: Während die Tarifbeschäftigten im Durchschnitt mit 50,9 Jahre erwerbsunfähig wurden (BMI 2013: 97), lag das durchschnittliche Zugangsalter der BeamtInnen bei 53,9 Jahren (StBA 2011: 38). Allerdings haben die zahlreichen Zugangsbeschränkungen und Leistungskürzungen der vergangenen Jahrzehnte diesen Ausstiegspfad auch im Beamtenbereich zunehmend verbaut bzw. unattraktiver gemacht (vgl. Tab. 5.2).
Dies spiegelt sich auch in der Entwicklung des Versorgungszugangs wider (vgl. Tab. 5.3). Dabei hatte das Mitte 1997 in Kraft getretene Dienstrechtsreformgesetz, mit denen nicht nur der Grundsatz „Rehabilitation vor Versorgung" verschärft, sondern auch die Anhebung der ruhegehaltsfähigen Dienstbezüge auf eine fiktive Endstufe abgeschafft und die Zurechnungszeit auf ein Drittel halbiert wurde, nur vorübergehend einen dämpfenden Effekt auf die Inanspruchnahme. Zwar sank die Anzahl der Ver-

≡  Tab. 5.2:   Zentrale Reformen beim Ruhestand wegen
             Dienstunfähigkeit seit 1997

| Gesetz (Inkrafttreten) | Maßnahmen |
|---|---|
| Beamtenversorgungs-änderungsgesetz (BeamtVGÄndG) 1989 (1.1.1992) | • Einführung des Grundsatzes „Rehabilitation vor Versorgung": <br> – Möglichkeit der Versetzung in ein anderes Amt derselben oder einer gleichwertigen Laufbahn mit mind. demselben Endgrundgehalt bei Zustimmung des Beamten/der Beamtin <br> – Möglichkeit der zustimmungspflichtigen Versetzung in eine geringerwertige Tätigkeit innerhalb der Laufbahngruppe unter Beibehaltung des Amtes, wenn eine anderweitige Verwendung nicht möglich und die neue Tätigkeit unter Berücksichtigung der bisherigen zumutbar ist |
| Dienstrechtsreformgesetz (Reformgesetz) 1997 (1.7.1997) | • Beschränkung der ruhegehaltsfähigen Dienstbezüge bei Dienstunfähigkeit auf die tatsächlich erreichte Dienstaltersstufe (Anhebung auf eine fiktive Endstufe nur noch bei Dienstunfall) <br> • Reduzierung der Zurechnungszeit von zwei Drittel auf ein Drittel der Zeit vom Ruhestandseintritt bis zur Vollendung des 60. Lebensjahres <br> • Verschärfung des Grundsatzes „Rehabilitation vor Versorgung": <br> – Möglichkeit der zustimmungsfreien Versetzung, wenn sich das neue Amt im Bereich des bisherigen Dienstherrn befindet <br> – ggf. Verpflichtung zum Erwerb einer anderen Laufbahnbefähigung <br> – Erweiterung der Reaktivierungsmöglichkeit von BeamtInnen, die wegen Dienstunfähigkeit in den Ruhestand versetzt wurden: Pflicht zur Folgeleistung einer erneuten Berufung bis zur Vollendung des 63. Lebensjahres, wenn zu erwarten ist, das der Beamte/die Beamtin den gesundheitlichen Anforderungen des neuen Amtes genügt (nach Vollendung des 55. Lebensjahres und wenn Zurruhesetzung länger als fünf Jahre zurückliegt Zustimmung erforderlich) |
| Versorgungsreformgesetz (VReformG) 1998 (1.1.1999) | • Einführung des Rechtsinstituts der begrenzten Dienstfähigkeit (Teildienstfähigkeit) für über 50-Jährige |
| Gesetz zur Neuordnung der Versorgungsabschläge (VAbschlNOG) 2000 (1.1.2001) | • schrittweise Einführung eines Versorgungsabschlags bei vorzeitigem Ruhestand wegen Dienstunfähigkeit in Höhe von 3,6% für jedes Jahr vor Vollendung des 63. Lebensjahres, begrenzt auf max. 3 Jahre (10,8%): 1,8%/3,6% in 2001, 2,4%/7,2% in 2002, 3,0%/10,8% in 2003 und 3,6%/10,8% ab 2004 <br> • Erhöhung der Zurechnungszeit bei Dienstunfähigkeit auf zwei Drittel der Zeit vom Eintritt in den Ruhestand bis zur Vollendung des 60. Lebensjahres |
| Versorgungsänderungs-gesetz (VersÄndG) 2001 (1.1.2003) | • Abschaffung der Altersgrenze von 50 Jahren für die begrenzte Dienstfähigkeit; Ausweitung der Reaktivierungsmöglichkeit auf Teildienstfähige |

→

Tab. 5.2: (Fortsetzung)

| Gesetz (Inkrafttreten) | Maßnahmen |
|---|---|
| Dienstrechtsneuordnungs-gesetz (DNeuG) 2009 (11.2.2009) | • schrittweise Anhebung der Altersgrenze für den Bezug eines abschlagsfreien Ruhegehalts wegen Dienstunfähigkeit von 63 auf 65 Jahre (2012-2024); Erhöhung des Referenzalters für die Berechnung von Abschlägen auf 62 Jahre (es bleibt bei max. Abschlägen von 10,8%)<br>• Einführung einer abschlagsfreien Altersgrenze von 63 Jahren für Dienstunfähige mit mindestens 35 (ab 2024: 40) ruhegehaltsfähigen Dienstjahren vor Eintreten der Dienstunfähigkeit (ohne Zeiten der Arbeitslosigkeit)<br>• Grundsatz „Rehabilitation vor Versorgung" wird rechtlich verbindlich: Ausschluss der Ruhestandsversetzung bei möglicher anderweitiger Verwendung<br>• Verpflichtung zur Teilnahme an geeigneten und zumutbaren gesundheitlichen und beruflichen Rehabilitationsmaßnahmen zum Erhalt oder zur Wiederherstellung der Dienstfähigkeit<br>• Wegfall der gesonderten Altersgrenzen für die Reaktivierung |

Eigene Zusammenstellung

sorgungszugänge in Dienstunfähigkeit im Jahr 1998 – in dem zudem noch die Möglichkeit der Teildienstfähigkeit eingeführt worden war – im Vergleich zum Vorjahr um 22%. In den Folgejahren war jedoch ein starker Anstieg zu verzeichnen, bis im Jahr 2000 die Rekordzahl von rund 40.000 Neuzugängen in Dienstunfähigkeit erreicht war. Dies bedeutete im Vergleich zum Jahr 1998 beinahe eine Verdopplung der Dienstunfähigkeitsfälle. Ausschlaggebend hierfür dürfte die absehbare Einführung der Versorgungsabschläge sowie die vollumfänglich in Kraft tretende Anhebung der zur Erlangung der Höchstversorgung notwendigen Dienstjahre im Jahr 2001 gewesen sein.

Die Einführung von dauerhaften Versorgungsabschlägen bei einer Dienstunfähigkeit vor Vollendung des 63. Lebensjahres war bereits mit dem Versorgungsreformgesetz 1998 vorgesehen. Die entsprechenden Regelungen wurden jedoch noch vor ihrem Inkrafttreten von der neu gewählten rot-grünen Bundesregierung Ende des Jahres 1999 aufgehoben. Nur zwei Jahre später wurden die Versorgungsabschläge dann doch eingeführt, nun jedoch nicht auf einmal, sondern zeitlich gestaffelt: Im Jahr 2001 wurden Abschläge in Höhe von 1,8% pro Jahr der Dienstunfähigkeit vor dem 63. Lebensjahr (begrenzt auf maximal 3,6%) erhoben, im Jahr 2002 Abschläge in Höhe von 2,4% pro Jahr (maximal 7,2%), im Jahr 2003 Abschläge in Höhe von 3,0% pro Jahr (maximal 10,8%) und ab 2004 Ab-

≡ Tab. 5.3: Entwicklung der Anzahl der Versorgungszugänge wegen Dienstunfähigkeit von 1993 bis 2013 nach Ebenen[a]

| | Insgesamt | Bund[b] | Bahn | Post | Länder | Kommunen |
|---|---|---|---|---|---|---|
| 1993 | 18.970 | 841 | 4.185 | 6.277 | 6.671 | 996 |
| 1997 | 29.217 | 1.216 | 5.304 | 11.655 | 9.274 | 1.768 |
| 1998 | 22.760 | 861 | 4.216 | 7.520 | 8.552 | 1.611 |
| 1999 | 32.462 | 1.145 | 4.876 | 11.937 | 12.624 | 1.880 |
| 2000 | 40.287 | 1.170 | 6.640 | 13.078 | 16.760 | 2.639 |
| 2001 | 27.949 | 854 | 3.588 | 9.136 | 12.546 | 1.825 |
| 2002 | 17.419 | 547 | 1.681 | 5.372 | 8.610 | 1.209 |
| 2003 | 13.496 | 426 | 809 | 4.080 | 7.232 | 949 |
| 2004 | 12.500 | 392 | 578 | 3.974 | 6.661 | 895 |
| 2005 | 12.691 | 449 | 727 | 3.774 | 6.953 | 788 |
| 2006 | 11.710 | 366 | 756 | 3.078 | 6.705 | 805 |
| 2007 | 11.858 | 431 | 855 | 2.844 | 6.909 | 819 |
| 2008 | 11.856 | 374 | 803 | 3.147 | 6.719 | 813 |
| 2009 | 11.339 | 450 | 696 | 3.011 | 6.378 | 804 |
| 2010 | 11.064 | 499 | 687 | 2.238 | 6.677 | 963 |
| 2011 | 11.045 | 485 | 716 | 2.358 | 6.601 | 885 |
| 2012 | 10.277 | 396 | 686 | 1.985 | 6.245 | 965 |
| 2013 | 10.375 | 425 | 715 | 1.875 | 6.170 | 900 |

a – Die Daten der Jahre 1994 bis 1996 werden wegen starker Bereinigungen nicht veröffentlicht; b – ohne Bundeseisenbahnvermögen, Postnachfolgeunternehmen und rechtlich selbstständige Einrichtungen.

Quelle: Statisches Bundesamt, Versorgungsempfänger des öffentlichen Dienstes, Fachserie 14, Reihe 6.1

schläge in Höhe von 3,6% pro Jahr (maximal 10,8%). Im Gegenzug wurde die Zurechnungszeit wieder auf zwei Drittel der Zeit vom Ruhestandseintritt bis zur Vollendung des 60. Lebensjahres erhöht. Nach Berechnungen des Statistischen Bundesamtes konnten sich die aus den Abschlägen und der Absenkung des Versorgungsniveaus resultierenden Versorgungseinbußen nach vollständiger Umsetzung der Abschlagsregelung – je nach Besoldungsgruppe und individueller Fallkonstellation – auf bis zu 32% summieren (BMI 2005: 95). Von den Abschlägen verschont blieben BeamtInnen, die vor 1942 geboren waren und bei Ruhestandeseintritt eine ruhegehaltsfähige Dienstzeit von mindestens 40 Jahren vorweisen konnten.

Die Maßnahmen haben ihr Ziel nicht verfehlt: Von 2000 auf 2001 reduzierten sich die Versorgungszugänge wegen Dienstunfähigkeit um beinahe ein Drittel; bis 2003 hatte sich die Anzahl noch einmal halbiert. Auch in der Folgezeit gingen die auf eine Dienstunfähigkeit zurückzuführenden Ruhestandseintritte weiter zurück. Im Jahr 2012 waren schließlich nur noch rund 10.000 neue Fälle zu verzeichnen, was einen historischen Tiefstand bedeutete. Neben den mit der Absenkung des Versorgungsniveaus und der Einführung von Abschlägen verbundenen Leistungseinschränkungen dürfte auch die Einführung der Altersteilzeit und neuer Vorruhestandsprogramme in Stellenabbaubereichen wie den Bahn- und Postnachfolgeunternehmen mitverantwortlich für die sinkenden Zugangszahlen sein.

Hingegen haben die unter dem Motto „Rehabilitation vor Versorgung" stehenden Maßnahmen nur einen geringen Beitrag geleistet. Nach Angaben der Bundesregierung konnten in den Jahren 2001 bis 2003 insgesamt ca. 1.370 Zurruhesetzungen wegen Dienstunfähigkeit durch Versetzung verhindert werden (BMI 2005: 389). Dies entsprach lediglich einem Anteil von rund 2% an den Dienstunfähigkeitsfällen im genannten Zeitraum. Reaktivierungen erfolgten sogar lediglich in 185 Fällen (ebd.: 393). Auch von der Möglichkeit der Teildienstfähigkeit wurde nur in begrenztem Umfang Gebrauch gemacht: Hier summierten sich die Fälle bis zum Jahr 2003 auf ca. 1.300 (ebd.: 391).[4] Als Gründe für die zurückhaltende Umsetzung des Mottos „Rehabilitation vor Rente" gaben die Dienststellen und Betriebe vor allem Einsparverpflichtungen und den geforderten Personalabbau an, die sowohl die finanziellen Spielräume als auch die für eine Versetzung oder Reaktivierung infrage kommenden Stellen stark reduzieren hätten. Ohnehin seien gesonderte Stellen für eingeschränkt Dienstfähige nur in begrenzter Anzahl vorhanden und zumeist schon besetzt. Des Weiteren habe der Einsatz von leistungseingeschränkten BeamtInnen bei einer ohnehin angespannten Personalsituation zusätzliche Belastungen für die anderen ArbeitskollegInnen zur Folge, weil die Stelle nicht mit einem/einer voll leistungsfähigen Beamten/Beamtin nachbesetzt werden könne. Auch stünden die Bezüge häufig nicht mehr in einem angemessenen Verhältnis zur Wertigkeit der Leistung. In Bezug auf die Möglichkeit der Reaktivierung wurde zudem berichtet, dass in den routinegemäßen Nachuntersuchungen der in den Ruhestand versetzten BeamtInnen nur selten eine Wiederherstellung der (Teil-)Dienstfähigkeit festgestellt würde (ebd.: 393). Da neuere Zahlen nicht vorliegen, lässt sich nicht abschätzen, ob mit dem Abklingen des Personalabbaus und der erneuten Stärkung des Reha-

---

4  Dabei handelte es sich zumeist um LehrerInnen, die ihre Arbeitszeit wegen psychischer Belastungssymptome reduzierten (ebd.: 392).

bilitationsansatzes durch das Dienstrechtsneuordnungsgesetz die Anzahl der versetzten, teildienstfähigen und reaktivierten BeamtInnen eventuell gestiegen ist.

Die Betrachtung des Anteils der Dienstunfähigkeit an den gesamten Versorgungszugängen zeigt weitgehend das gleiche Bild wie die Entwicklung der absoluten Zahlen (vgl. Abb. 5.1). Einem leichten Anstieg von 45% im Jahr 1993 bis auf 49% im Jahr 1997 folgt zunächst ein Absinken auf 44% (1998), ehe die Zugangsquote dann im Vorfeld der Einführung der Versorgungsabschläge bis zum Jahr 2000 auf den Rekordwert von 62% steigt. Danach zeigen sich dann ein rasches Absinken auf 28% im Jahr 2004 und ein weiterer, jedoch zunehmend gebremster Rückgang bis ins Jahr 2011 (22%). Am aktuellen Rand ist infolge der Maßnahmen des Dienstrechtsneuordnungsgesetzes jedoch wieder eine beschleunigte Abwärtsbewegung erkennbar: Im Jahr 2013 waren nur noch 17% der Ruhestandszugänge auf eine Dienstunfähigkeit zurückzuführen. Zum Vergleich: In der gesetzlichen Rentenversicherung lag der Anteil der Erwerbsminderungsrenten am Rentenzugang 2013 mit rund 21% deutlich höher (DRV 2015a: 65).

≡ Abb. 5.1: Entwicklung des Anteils der Zugänge in Dienstunfähigkeit an allen Versorgungszugängen von 1993 bis 2013 nach Ebenen[a]

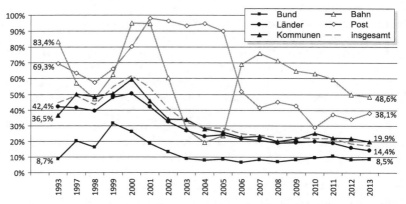

a – Ohne Sozialversicherung und rechtlich selbstständige Einrichtungen. Die Daten der Jahre 1994 bis 1996 werden wegen starker Bereinigungen nicht veröffentlicht.

Quelle: Statisches Bundesamt, Versorgungsempfänger des öffentlichen Dienstes, Fachserie 14, Reihe 6.1; eigene Berechnungen

Die Inanspruchnahme von Dienstunfähigkeit unterscheidet sich deutlich nach Ebenen. Die mit Abstand höchsten Zugangsquoten weisen das Bundeseisenbahnvermögen und die Postnachfolgeunternehmen auf. Im Jahr 2001 waren hier nahezu alle Versorgungszugänge auf Dienstunfähigkeit zurückzuführen. Trotz insgesamt rückläufiger Inanspruchnahme gehen die verbliebenen Bahn- und PostbeamtInnen noch immer in weit überdurchschnittlichem Maße wegen Dienstunfähigkeit in den Ruhestand: Im Bahnbereich entfielen im Jahr 2013 rund die Hälfte der Versorgungszugänge auf diesen Grund, im Postbereich waren es immerhin noch 38%. Der stark schwankende Entwicklungsverlauf ist vor allem auf die zeitlich begrenzte Existenz von Vorruhestandsprogrammen zurückzuführen. In Zeiten, in denen ein solches Vorruhestandsprogramm wirksam ist (so wie im Bahnbereich von 1997 bis 1999 und 2002 bis 2005 und im Postbereich von 1997 bis 2000 und seit 2006), sinken die Versorgungszugänge wegen Dienstunfähigkeit deutlich ab. Die Entwicklungskurven bei Bund, Ländern und Kommunen folgen hingegen weitgehend der allgemeinen Entwicklung. Dabei liegt die Zugangsquote in den Kommunen (20% in 2013) etwas über jener in den Ländern (14%). Die mit Abstand geringste Rolle spielt die Dienstunfähigkeit im Bundesbereich, wo selbst in den Hochzeiten Ende der 1990er Jahre nie mehr als ein Drittel der Versorgungszugänge hierauf entfielen. Inzwischen liegt die Zugangsquote nur noch bei 9%.

Differenziert man Bundes- und Landesebene nach den wichtigsten Dienstbereichen (BeamtInnen/RichterInnen und BerufssoldatInnen einerseits und Schuldienst und Vollzugsdienst andererseits), so zeigen sich auch hier signifikante Unterschiede (vgl. Abb. 5.2). Während Dienstunfähigkeit bei den BerufssoldatInnen aufgrund der Existenz besonders früher Altersgrenzen für den Ruhestand traditionell so gut wie keine Rolle spielt, zeigt sich in den anderen drei Dienstbereichen in jüngster Zeit eine starke Angleichung der Zugangsquoten bei insgesamt sinkendem Niveau. In den 1990er Jahren und auch noch in der ersten Hälfte der 2000er Jahre war der Schuldienst mit Abstand der Dienstbereich mit den höchsten Zugangsquoten. Im Jahr 2000 entfielen hier rund zwei Drittel der Versorgungszugänge auf den Ruhestand wegen Dienstunfähigkeit. Seitdem hat jedoch ein starker Rückgang bis auf rund 14% stattgefunden. Eine ähnliche Entwicklung auf allerdings niedrigerem Niveau lässt sich auch bei den BundesbeamtInnen und -richterInnen feststellen. Hier sind die Zugangsquoten gegen Ende der 2000er Jahre sogar wieder leicht angestiegen. Im Vollzugsdienst schließlich zeigt sich eine leicht abweichende Entwicklung. Hier fiel die Zugangsquote zwischen 1993 und 1998 deutlich stärker ab (von 38% auf 24%) als in den anderen Dienstbereichen und stieg auch im Vorfeld der Reform des Jahres 2001 nur geringfügig an. In den 2000er Jahren kam es dann jedoch nur noch zu einem vergleichsweise geringen Rückgang und ab dem Jahr 2004 sogar zu einem vorübergehenden Anstieg der Zugangsquoten.

Neben den differierenden gesetzlichen Möglichkeiten und Regelungen des Versorgungszugangs sind die Nutzungsunterschiede zwischen den Ebenen und Dienstbereichen auch auf unterschiedliche gesundheitliche Belastungen und Anforderungen in den jeweiligen Tätigkeitsfeldern zurückzuführen. Bekanntermaßen sinken die über den Lebensverlauf kumulierten gesundheitlichen Belastungen und Anforderungen grundsätzlich mit ansteigender Qualifikation (vgl. Trischler 2014). Dies spiegelt sich in entsprechenden Ungleichheiten zwischen den Laufbahngruppen beim Zugang in Dienstunfähigkeit wider: Je höher die Laufbahn, desto geringer ist das Risiko, dienstunfähig zu werden (vgl. Abb. 5.3). Im Jahr 2013 entfiel mehr als jeder dritte Versorgungszugang im einfachen und mittleren Dienst auf eine Dienstunfähigkeit. Im gehobenen Dienst traf dies hingegen lediglich auf 15% und im höheren Dienst sogar nur auf 6% der Versorgungszugänge zu. Diese Laufbahndifferenzen zeigen sich über den gesamten Betrachtungszeitraum von 2003 bis 2013 hinweg und haben sich in den letzten Jahren – trotz der allgemein sinkenden Zugangsquoten – im Verhältnis sogar noch verstärkt.

≡ Abb. 5.2: Entwicklung des Anteils der Zugänge in Dienstunfähigkei an allen Versorgungszugängen von 1993 bis 2013 in ausgewählten Dienstbereichen[a]

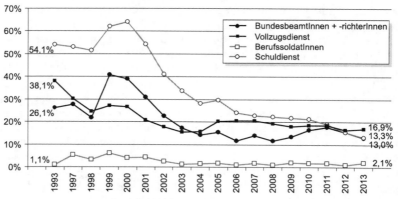

a – Die Daten der Jahre 1994 bis 1996 werden wegen starker Bereinigungen nicht veröffentlicht.

Quelle: Statisches Bundesamt, Versorgungsempfänger des öffentlichen Dienstes, Fachserie 14, Reihe 6.1; eigene Berechnungen

**Abb. 5.3:** Entwicklung des Anteils der Zugänge in Dienstunfähigkeit ≡
an allen Versorgungszugängen von 2003 bis 2013 nach
Laufbahngruppen

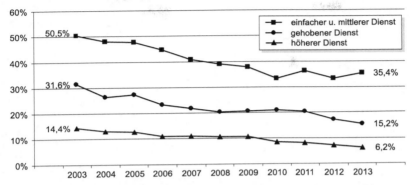

Quelle:  Statisches Bundesamt, Versorgungsempfänger des öffentlichen Dienstes,
Fachserie 14, Reihe 6.1; eigene Berechnungen

Eine weitere Ursache für die feststellbaren Differenzen ist das unterschiedliche Nutzungsverhalten von Frauen und Männern (vgl. Abb. 5.4). Über
alle Ebenen und Laufbahngruppen hinweg machen Beamtinnen stets wesentlich häufiger vom Ruhestand wegen Dienstunfähigkeit Gebrauch als
Beamte (BMI 2009: 223ff.; StBA 2015a: 47). Entsprechend sind überall
dort, wo der Frauenanteil hoch ist, auch die Dienstunfähigkeitsquoten
hoch (z.B. bei den Postnachfolgeunternehmen oder im Schuldienst). Allerdings hat hier in den letzten Jahren eine Angleichung zwischen den Geschlechtern stattgefunden. Während im Jahr 2003 noch 56% der Versorgungszugänge unter den Beamtinnen auf eine Dienstunfähigkeit zurück-
gingen, so traf dies im Jahr 2013 nur noch auf 24% zu. Bei den Männern
fiel der Rückgang mit rund zehn Prozentpunkten (von 24% auf 14%) hingegen deutlich moderater aus.

Eine Erklärung für die fortbestehenden Ungleichheiten könnten unterschiedliche geschlechtsspezifische Belastungsfaktoren sein. Darauf weisen
die Daten zu den Gründen für die Dienstunfähigkeit hin: Während Frauen
im Regelfall wegen psychischen bzw. psychosomatischen Erkrankungen
und Verhaltensstörungen dienstunfähig werden, sind bei den Männern die
typischen Verschleißkrankheiten des Alters (Muskel-, Skelett-, Nerven-
und Kreislaufsystem) nahezu gleichgewichtig ursächlich (BMI 2013:
53f.). Da der öffentliche Dienst jedoch insbesondere durch hohe psychi-

≡ Abb. 5.4: Entwicklung des Anteils der Zugänge in Dienstunfähigkeit an allen Versorgungszugängen von 2003 bis 2013 nach Geschlecht

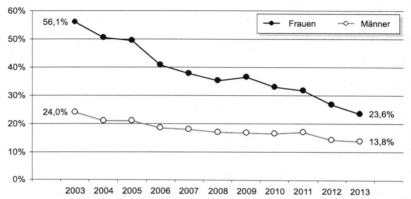

Quelle: Statisches Bundesamt, Versorgungsempfänger des öffentlichen Dienstes, Fachserie 14, Reihe 6.1; eigene Berechnungen

sche Arbeitsbelastungen gekennzeichnet ist, weisen Frauen hier ein höheres Invaliditätsrisiko auf. Zudem treten psychische Erkrankungen häufig bereits in einem früheren Lebensalter auf als körperliche Einschränkungen. Eine andere mögliche Erklärung könnten die geschlechtsspezifischen Unterschiede beim Gesundheitsbewusstsein und der Krankheitsbewältigung sein. Bekanntlich bewerten Frauen ihre Gesundheit im Durchschnitt schlechter als Männer und begeben sich schneller und öfter in ärztliche und therapeutische Behandlung als Männer (Cornelißen 2005: 471ff.). Diese Differenzen in den gesundheitlichen Verhaltensmustern dürften sich auch im geschlechtsspezifischen Umgang mit der Dienstunfähigkeit widerspiegeln.

Wie eingangs bereits dargelegt, ist Dienst- bzw. Erwerbsunfähigkeit für BeamtInnen eher eine wirkliche „Option" für den altersbedingten Erwerbsausstieg als für die Tarifbeschäftigten des öffentlichen Dienstes. Dies zeigt auch die Verteilung nach Altersgruppen (vgl. Abb. 5.5). Im Jahr 2013 waren 60% der Neuzugänge in Dienstunfähigkeit 55 Jahre und älter. Weitere 17% waren zwischen 50 und 55 Jahren alt. Das durchschnittliche Zugangsalter lag bei 54,9 Jahren (StBA 2015a: 47). Dabei werden Beamtinnen grundsätzlich früher (mit durchschnittlich 54 Jahren) dienstunfähig als Beamte (55,8 Jahre) (ebd.). Dies dürfte, wie gesagt, vor allem darauf zurückzuführen sein, dass BeamtInnen wesentlich häufiger an psychischen Erkrankungen leiden. Des Weiteren steigt das Zugangsalter mit der Besoldungsgruppe: Die BeamtInnen des einfachen und mittleren Dienst weisen mit Abstand das niedrigste durchschnittliche Zugangsalter auf und die BeamtInnen des höheren Dienstes noch mal ein deutlich höheres Durchschnittsalter als die BeamtInnen des gehobenen Dienstes (ebd.). Dies korrespondiert mit der Beobachtung, dass das Dienstunfähigkeitsrisiko mit steigender Qualifikation sinkt. Zum einen sind geringer Qualifizierte im Durchschnitt stärker und zu einem früheren Zeitpunkt gesundheitsgefährdenden Belastungen ausgesetzt und zum anderen sind in ihren Tätigkeitsbereichen oft jene Fähigkeiten besonders gefragt, die im Alter am ehesten und stärksten nachlassen.

Abb. 5.5: Entwicklung der Zugänge in Dienstunfähigkeit von 2003 bis 2013 nach Altersgruppen[a] (Anteile an allen Zugängen in Dienstunfähigkeit)

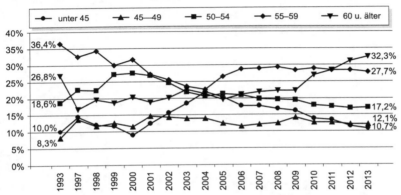

a – Die Daten der Jahre 1994 bis 1996 werden wegen starker Bereinigungen nicht veröffentlicht.

Quelle: Statisches Bundesamt, Versorgungsempfänger des öffentlichen Dienstes, Fachserie 14, Reihe 6.1; eigene Berechnungen

Mit Blick auf die Entwicklung der Altersverteilung fällt auf, dass der Anteil der ab dem 55. Lebensjahr dienstunfähig Gewordenen heute beinahe wieder so hoch ist wie zu Beginn der 1990er Jahre. Dabei steht einem zunächst nahezu kontinuierlichen Rückgang ein erneuter Anstieg seit Mitte der 2000er Jahre gegenüber. Dieser erfasste zunächst vor allem die 55- bis 60-Jährigen. Seit 2009 steigt jedoch insbesondere der Anteil der über 60-Jährigen stark an, während zugleich der Anteil der 55- bis 60-Jährigen stagniert. Damit zeigt sich, dass die seit Einführung der Abschläge im Jahr 2001 insgesamt sinkende Inanspruchnahme des Ruhestands wegen Dienstunfähigkeit zunächst vor allem auf das veränderte Zugangsverhalten der älteren BeamtInnen zurückzuführen war, für welche der Ruhestand wegen Dienstunfähigkeit offenbar zunehmend unattraktiver wurde. Dies scheint sich Mitte der 2000er Jahre geändert zu haben. Ein Erklärungsansatz hierfür könnte in der Entwicklung des Angebots und der Inanspruchnahme von Altersteilzeit liegen. Dieser mögliche Ausweichpfad des Erwerbsausstiegs für gesundheitlich beeinträchtigte BeamtInnen wurde 1998 eröffnet und seit Mitte der 2000er Jahre zunehmend wieder verschlossen (siehe Kap. 6.2). Insbesondere der starke Anstieg der Zugänge in Dienstunfähigkeit in der Altersgruppe der über 60-Jährigen ab 2010 korrespondiert auffallend mit den gleichzeitig stark abnehmenden Zugängen in Altersteilzeit.

# 6    Vorruhestand

Neben dem Ruhestand wegen Dienstunfähigkeit existieren im Beamtenrecht noch weitere Möglichkeiten des vollständigen oder teilweisen Aus-
tritts aus dem aktiven Dienst vor dem Erreichen einer Altersgrenze. Neben
Vorruhestandsregelungen umfasst dies insbesondere die Altersteilzeit. In
letzter Zeit sind neue (potenzielle) Vorruhestandsinstrumente wie die sogenannte „flexible Altersarbeitszeit" – ein Teilruhestandsmodell – oder
Langzeitkonten hinzugekommen. Darüber hinaus bestehen weitere Möglichkeiten des gleitenden oder vollständigen vorzeitigen Versorgungsübergangs wie Teilzeitbeschäftigung (ohne Besoldungs- und Versorgungsaus-
gleich) oder Beurlaubung.

## 6.1    Vorruhestandsregelungen                                          ■

Vorruhestandsregelungen kommen im Beamtenbereich immer dann zum
Einsatz, wenn kurzfristig Personal abgebaut werden soll und die hierzu
vorhandenen obligatorischen Instrumente wie vorgezogene Altersgrenzen,
Dienstunfähigkeit oder Altersteilzeit nicht bzw. nicht in ausreichendem
Maße verfügbar sind. Vorruhestandsregelungen basieren stets auf geson-
derten gesetzlichen Bestimmungen mit spezifischen Zugangs- und Nutzungsbedingungen, sind immer befristet, auf bestimmte Beamtengruppen
in Bereichen mit Personalüberhang begrenzt und zudem oft zusätzlich
kontingentiert. Entsprechend variiert die Gesamtzahl der Fälle erheblich
über den Zeitverlauf hinweg: während 1995 mehr als 18.000 BeamtInnen
über eine Vorruhestandsregelung in den Ruhestand gingen, waren es im
Jahr 2001 ganze 38 BeamtInnen (vgl. Tab. 6.1). Die Hochzeit der Vorru-
standsregelungen lag in der zweiten Hälfte der 1990er Jahre, wo zeitweise
bis zu einem Drittel der Versorgungszugänge auf diese Zugangsart entfielen. Seitdem sind die Zugangszahlen deutlich geringer. Dennoch waren auch
in den letzten zehn Jahren stets zwischen 4% und 10% der Ruhestandseintritte auf die Nutzung einer Vorruhestandsregelung zurückzuführen.
    Vorruhestandsregelungen werden überproportional häufig von Män-
nern in Anspruch genommen. Dies liegt vor allem daran, dass in den
Dienstbereichen, in denen solche Regelungen zum Einsatz kommen, weit
überwiegend Männer tätig sind. Wie Tabelle 6.1 zeigt, werden Vorruhestandsregelungen beinahe ausschließlich im Bundesbereich angeboten und
konzentrieren sich hier auf drei Dienstbereiche: Bundeswehr, Bahn und

≡ Tab. 6.1:    Entwicklung der Ruhestandseintritte wegen Inanspruchnahme einer Vorruhestandsregelung von 1993 bis 2013

|  | 1993 | 1994 | 1995 | 1996 | 1997 | 1998 | 1999 | 2000 | 2001 | 2002 | 2003 |
|---|---|---|---|---|---|---|---|---|---|---|---|
| Anzahl | 4927 | 6874 | 18233 | 12632 | 12406 | 12279 | 8958 | 3220 | 38 | 1317 | 2440 |
| Anteil an Versorgungszugängen | 11,5% | 13,9% | 31,0% | 22,8% | 20,6% | 23,2% | 14,9% | 4,9% | 0,1% | 3,0% | 5,7% |
| durchschnittliches Eintrittsalter[a] | – | – | – | – | – | – | – | 58,0 | 57,0 | 56,0 | 57,0 |
| Männer | 4922 | – | – | – | – | – | 8054 | – | – | 1317 | 2406 |
| Frauen | 4 | – | – | – | – | – | 904 | – | – | 0 | 34 |
| einfacher + mittlerer Dienst | 2549 | – | – | – | – | – | 7559 | 2779 | 23 | 912 | 1795 |
| gehobener Dienst | 828 | – | – | – | – | – | 1289 | 435 | 12 | 140 | 301 |
| höherer Dienst | 1550 | – | – | – | – | – | 110 | 6 | 3 | 265 | 344 |
| Bund[b] | 4927 | 5332 | 4113 | 2486 | 2379 | 2435 | 253 | 0 | 1 | 403 | 514 |
|     BeamtInnen + RichterInnen | 728 | 899 | 1390 | 1051 | 1032 | 1403 | 0 | 0 | 0 | 1 | 0 |
|     BerufssoldatInnen | 4199 | 4433 | 2723 | 1435 | 1347 | 1032 | 253 | 0 | 1 | 402 | 514 |
| Länder[b] | 0 | 0 | 0 | 0 | 17 | 12 | 13 | 1 | 11 | 2 | 7 |
| Kommunen[b] | 0 | 25 | 38 | 0 | 6 | 1 | 0 | 4 | 0 | 0 | 0 |
| Bahn[b] | 0 | 866 | 1736 | 2103 | 3605 | 4510 | 2786 | 180 | 0 | 912 | 1919 |
| Post[b] | 0 | 651 | 12346 | 8043 | 6399 | 5321 | 5906 | 3035 | 26 | 0 | 0 |

Post. Diese Ungleichverteilung ist auch der Hauptgrund dafür, dass Vorruhestandsregelungen weit überproportional von BeamtInnen des einfachen
und mittleren Dienstes genutzt werden, während der gehobene und insbesondere der höhere Dienst stark unterrepräsentiert sind.[1] Hinzu kommt,
dass die unteren Laufbahngruppen wegen des durchschnittlich früheren
Eintritts in die Beamtenlaufbahn sowohl einen höheren Bedarf an einem
vorzeitigen Ruhestand haben als auch eher die Höchstversorgung erreichen und somit – wenn überhaupt – geringere Versorgungseinbußen bei
der Inanspruchnahme einer Vorruhestandsregelung hinnehmen müssen.

---

1    Eine Ausnahme stellt die Bundeswehr da. Hier machen überwiegend BerufssoldatInnen des gehobenen und des höheren Dienstes von Vorruhestandsregelungen
Gebrauch (BMI 2009: 87) – und zwar vermutlich deshalb, weil für sie die Altersgrenzen höher liegen als für SoldatInnen des einfachen und mittleren Dienstes.

# Tab. 6.1: (Fortsetzung)

| 2004 | 2005 | 2006 | 2007 | 2008 | 2009 | 2010 | 2011 | 2012 | 2013 | |
|---|---|---|---|---|---|---|---|---|---|---|
| 2612 | 2518 | 3036 | 3927 | 5426 | 3788 | 4875 | 3174 | 2534 | 2165 | Anzahl |
| 5,8% | 5,6% | 6,2% | 7,7% | 10,1% | 7,4% | 9,3% | 6,1% | 4,4% | 3,6% | Anteil an Versorgungszugängen |
| 56,0 | 56,0 | 56,2 | 56,6 | 56,4 | 56,1 | 56,2 | 55,4 | 56,0 | 56,1 | durchschnittliches Eintrittsalter[a] |
| 2583 | 2495 | 2701 | 3318 | 3932 | 2951 | 3565 | 2267 | 1924 | 1755 | Männer |
| 29 | 23 | 335 | 609 | 1494 | 796 | 1264 | 907 | 610 | 410 | Frauen |
| 1977 | 1987 | 1939 | 2405 | 3124 | 2733 | 3438 | 2313 | 1706 | 1275 | einfacher + mittlerer Dienst |
| 347 | 294 | 847 | 1264 | 1979 | 943 | 1303 | 796 | 765 | 735 | gehobener Dienst |
| 288 | 237 | 250 | 258 | 323 | 71 | 88 | 65 | 63 | 155 | höherer Dienst |
| 436 | 421 | 538 | 367 | 339 | 321 | 265 | 286 | 37 | 390 | Bund[b] |
| 0 | 0 | 1 | 0 | 8 | 3 | 21 | 8 | 16 | 120 | BeamtInnen + RichterInnen |
| 436 | 421 | 537 | 367 | 331 | 318 | 244 | 278 | 21 | 275 | BerufssoldatInnen |
| 12 | 1 | 1 | 0 | 2026 | 325 | 157 | 195 | 357 | 190 | Länder[b] |
| 1 | 0 | 0 | 0 | 775 | 335 | 329 | 298 | 322 | 305 | Kommunen[b] |
| 2163 | 2096 | 68 | 0 | 0 | 0 | 0 | 0 | 0 | 0 | Bahn[b] |
| 0 | 0 | 2429 | 3560 | 3253 | 3407 | 4591 | 2863 | 2463 | 1710 | Post[b] |

a – von 2000 bis 2005 gerundet; b – ab 2008 inkl. sonstige Gründe; – = nicht ausgewiesen

Quelle: Statisches Bundesamt, Versorgungsempfänger des öffentlichen Dienstes, Fachserie 14, Reihe 6.1

Schließlich sind BeamtInnen des höheren Dienstes meist per Gesetz aus der Nutzung ausgeschlossen und gelten für BeamtInnen des gehobenen Dienstes häufig restriktivere Zugangs- und Nutzungsbedingungen (siehe unten).

In den 1990er Jahren kamen Vorruhestandsregelungen in allen Dienstbereichen des Bundes zum Einsatz (vgl. Abb. 6.1). Die stärkste Bedeutung erlangten sie hierbei in der Bundeswehr, wo zeitweise über 80% der BerufssoldatInnen per Vorruhestandsregelung in den Ruhestand gingen. Auch bei den BundesbeamtInnen und -richterInnen spielten Vorruhestandsregelungen früh eine bedeutende Rolle und waren durchschnittlich in rund einem Drittel der Fälle der Grund für den Versorgungszugang.[2] Mitte der 1990er Jahre kamen Vorruhestandsregelungen dann erstmals auch in den Bahn- und Postnachfolgeunternehmen zur Anwendung und avancierten dort schnell zum zweitwichtigsten Eintrittspfad in den Ruhestand nach der Dienstunfähigkeit. Ende der 1990er Jahre gingen die Zugänge dann in allen Dienstbereichen rapide bis (fast) auf den Nullpunkt zurück. Doch schon bald wurden neue Vorruhestandsprogramme aufgelegt, zunächst für die BerufssoldatInnen und vor allem für die BahnbeamtInnen, später dann für die PostbeamtInnen. Bei den BundesbeamtInnen und -richterInnen spielten Vorruhestandsregelungen hingegen fortan keine Rolle mehr.

≡ Abb. 6.1: Bundesbereich: Entwicklung des Anteils der Ruhestandseintritte wegen Inanspruchnahme einer Vorruhestandsregelung (inkl. sonstigen Gründen) von 1993 bis 2013 nach Dienstbereichen

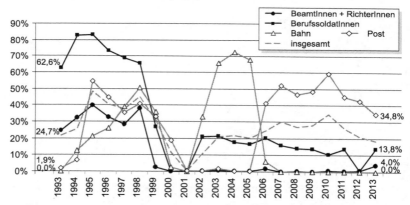

Quelle: Statisches Bundesamt, Versorgungsempfänger des öffentlichen Dienstes, Fachserie 14, Reihe 6.1; eigene Berechnungen

Wie bereits erwähnt, verweisen die ungleiche Verteilung und der schwankende Verlauf der Inanspruchnahme von Vorruhestandsregelungen auf ein sich veränderndes Angebot, das wiederum auf die besondere Funktion dieses Instrumentes für den gezielten Personalabbau zurückzuführen ist. Im

---

2   So konnten z.B. BeamtInnen des mittleren und gehobenen Dienstes des Luftfahrt-Bundesamtes bis Ende 1998 auf Antrag ab dem 56. Lebensjahr in den Ruhestand versetzt werden, wenn ihre Stelle von Umstrukturierungsmaßnahmen betroffen und eine anderweitige Verwendung nicht möglich oder nach allgemeinen beamtenrechtlichen Grundsätzen nicht zumutbar war.

Folgenden werden die wichtigsten gesetzlichen Regelungen dargestellt und in ihren Entstehungszusammenhang gesetzt.

## Bundeswehr

Seit der Auflösung des Warschauer Paktes und dem Ende des „Kalten Krieges" befindet sich die Bundeswehr in einem anhaltenden Prozess der strategischen Neuausrichtung, der sich grob als Umbau einer „Verteidigungs-armee" hin zu einer „Interventionsarmee" beschreiben lässt. Dieser Prozess ist begleitet von umfangreichen personellen Umstrukturierungen und einem fortgesetzten Personalabbau, der vor allem mittels Beurlaubungen, Freistellungen und Ruhestandsversetzungen vollzogen wurde und wird.

Bereits in dem der „Wiedervereinigung" zugrunde liegenden „Zwei-plus-Vier-Vertrag" wurde die Reduzierung der Gesamtstärke der Bundeswehr von 670.000 auf maximal 370.000 SoldatInnen bis Ende des Jahres 1994 vereinbart. Um dieses Ziel zu erreichen, wurden unter anderem mit dem 1991 in Kraft getretenen *Gesetz über die Verminderung der Personalstärke der Streitkräfte* (Personalstärkegesetz) für den Zeitraum von 1992 bis 1998 die besonderen Altersgrenzen der BerufssoldatInnen um ein Jahr abgesenkt und eine Vorruhestandsregelung eingeführt.[3] Demnach konnten Berufsunteroffiziere und Berufsoffiziere des militärfachlichen Dienstes auf Antrag mit Vollendung des 48. Lebensjahres in den Vorruhe-stand versetzt werden, wenn dies im dienstlichen Interesse lag, eine andere angemessene Verwendung nicht möglich war und die Dienstzeit bis zum Erreichen der besonderen Altersgrenze noch mindestens ein Jahr betrug. Für Berufsoffiziere des Truppen-, Sanitäts-, Militärmusik- und Geoinformationsdienstes galt eine entsprechende Altersgrenze von 50 Jahren. Die damit verbundenen Einbußen beim Ruhegehalt wurden durch die fiktive Verlängerung der ruhegehaltsfähigen Dienstzeit bis zum Erreichen der jeweils geltenden besonderen bzw. allgemeinen Altersgrenze (Erhöhungs-zeit) und gegebenenfalls durch die Gewährung des besonderen Alters-grenzenzuschlags und des einmaligen Ausgleichsbetrags vollständig aus-geglichen. Infolge des Personalabbaus sank die Gesamtstärke der Bundes-

---

3    Eine erste Vorruhestandsregelung hatte bereits in den Jahren 1986 bis 1991 bestanden. Nach dem Gesetz zur Verbesserung der Personalstruktur in den Streitkräften (PersStruktG) von 1985 konnten bis zu 1.200 Berufsoffiziere des Truppendiensts der Geburtsjahrgänge 1932 bis 1944 auf Antrag in den Ruhestand versetzt werden, wenn sie bei Beginn des Ruhestands zwischen 45 und 53 Jahren alt waren und eine ruhegehaltsfähige Dienstzeit von mindestens 24 Jahren nachweisen konnten. Sie erhielten einen nach Zugangsalter gestaffelten einmaligen Ausgleichsbetrag in Höhe des Drei- bis Achtfachen der Dienstbezüge des letzten Monats.

wehr bis 1998 auf rund 338.000 Soldaten, die Anzahl der Berufs- und Zeit-soldatInnen verringerte sich im selben Zeitraum von 257.000 auf 191.000 (StBA 2003: Tab. 10.1.1).

Der Umbau zu einer Interventionsarmee, die sich vornehmlich aus innenpolitischen Gründen zunächst in kleineren Schritten vollzog, wurde nach dem Regierungswechsel 1998, der Beteiligung am Kosovokrieg sowie infolge der Anschläge des 11. September 2001 erheblich beschleunigt. Der im Allgemeinen als „Transformation der Bundeswehr" bezeichnete Umstrukturierungsprozess der Jahre 2002 bis 2009 war mit einem erneuten Personalabbau verbunden. Das Anfang 2002 in Kraft getretene *Gesetz zur Anpassung der Personalstärke der Streitkräfte* (Personalanpassungsgesetz) eröffnete in den Jahren 2002 bis 2006 insgesamt bis zu 3.000 Berufsoffizieren und -unteroffizieren die Möglichkeit, mit Vollendung des 50. Lebensjahres in den Vorruhestand zu gehen, wenn sie einem strukturell überbesetzten Geburtsjahrgang angehörten. Wiederum wurden die Ruhegehaltseinbußen durch die Gewährung der Erhöhungszeit und gegebenenfalls des Altersgrenzenzuschlags und des Ausgleichsbetrags vollständig ausgeglichen. Lediglich bei den Besoldungsgruppen A 16 und höher wurden Versorgungsabschläge in Höhe von 1% der ruhegehaltsfähigen Dienstbezüge pro vorzeitigem Ruhestandsjahr (begrenzt auf maximal 5%) vorgenommen.

Wegen der zeitlichen Begrenzung konnte das Personalanpassungsgesetz nicht alle überbesetzten Geburtsjahrgänge erfassen.[4] Zudem waren bis Ende 2006 statt der 3.000 möglichen Vorruhestandsfälle lediglich rund 2.300 BerufssoldatInnen vorzeitig in den Ruhestand versetzt worden (vgl. Tab. 6.1). Deshalb wurde Ende 2007 das Erste Gesetz zur Änderung des Personalanpassungsgesetzes in Kraft gesetzt. Demnach konnten in den Jahren 2007 bis 2011 weitere bis zu 1.200 BerufssoldatInnen unter den weitgehend gleichen Bedingungen mit ihrer Zustimmung in den Vorruhestand versetzt werden.[5] Die tatsächliche Anzahl hing von den dafür jährlich zur Verfügung stehenden Haushaltsmitteln ab. Insgesamt wurden im genannten Zeitraum – unter Einbezug von Überhängen aus dem Personalanpassungsgesetz – sogar rund 1.500 BerufssoldatInnen vorzeitig in den Ruhestand versetzt.

---

4   Auf Grundlage des idealtypischen „Personalstrukturmodells 2010" bestand auf alle Geburtsjahrgänge bezogen ein struktureller Überhang von insgesamt rund 4.200 BerufssoldatInnen.

5   Aus Kostengründen wurde als zusätzliche Voraussetzung für die Inanspruchnahme der Ausschluss einer anderweitigen adäquaten Verwendungsmöglichkeit, einer Umwandlung des Dienstverhältnisses in das eines Zeitsoldaten/einer Zeitsoldatin oder einer Versetzung in den Bereich einer anderen Bundesbehörde bestimmt.

Mit den Zielen der Effizienzsteigerung, Kosteneinsparung und Personalsicherung wurde 2010 unter dem Leitsatz der „Neuausrichtung der Bundeswehr" die bislang umfassendste Bundeswehrreform beschlossen. Die umfangreiche Reorganisation beinhaltet auch die weitere Reduzierung der Streitkräfte auf insgesamt ca. 185.000 SoldatInnen und 55.000 zivile Beschäftigte sowie eine Personalstrukturreform. Hierzu wurde im Juli 2012 das *Gesetz zur Begleitung der Reform der Bundeswehr* (Bundeswehrreform-Begleitgesetz) erlassen. Demnach soll der Abbau des kalkulierten Personalüberhangs von etwa 6.200 BerufssoldatInnen und 3.000 BeamtInnen vorrangig durch eine Weiterbeschäftigung im öffentlichen Dienst oder in der Privatwirtschaft erfolgen. Für den Fall, dass eine solche Weiterbeschäftigung nicht möglich ist, enthält das Gesetz eine neue Vorruhestandsregelung, mit der bis Ende 2017 bis zu 2.170 BerufssoldatInnen und 1.050 BeamtInnen vorzeitig in den Ruhestand gehen können. Das Gesetz unterscheidet zwischen drei Personengruppen mit unterschiedlichen Nutzungsbedingungen:

– Alle BerufssoldatInnen mit einer ruhegehaltsfähigen Dienstzeit von mindestens 20 Jahren können mit Vollendung des 40. Lebensjahres in den Ruhestand versetzt werden, wenn dies zur Personalverringerung erforderlich ist, eine zumutbare Weiterverwendung bei einer Bundesbehörde oder einem anderen öffentlich-rechtlichen Dienstherrn nicht möglich ist und sonstige dienstliche Gründe nicht entgegenstehen. Das Ruhegehalt berechnet sich nach den tatsächlich zurückgelegten Wehrdienstzeiten, Erhöhungzeit und Altersgrenzenzuschlag werden also nicht gewährt. Stattdessen gibt es einen einmaligen steuerpflichtigen Ausgleichsbetrag in Höhe von 10.000 € für jedes Jahr der Zurruhesetzung vor dem Erreichen der jeweils geltenden Altersgrenze.
– Berufsunteroffiziere, die das 50. Lebensjahr vollendet haben, können auch schon dann in den Ruhestand versetzt werden, wenn dies lediglich der Personalverjüngung dient. Die Voraussetzung der erforderlichen Personalverringerung besteht für diese Personengruppe also nicht. Selbiges gilt für Berufsoffiziere, die das 52. Lebensjahr vollendet haben. Die Versorgungseinbußen werden durch die Gewährung von Erhöhungzeit, Altersgrenzenzuschlag und Ausgleichsbetrag vollständig kompensiert.
– Zivile BeamtInnen im Geschäftsbereich des Bundesverteidigungsministeriums können auf Antrag mit Vollendung des 60. Lebensjahres in den Ruhestand versetzt werden, wenn sie weder bei einer Bundesbehörde noch bei einem anderen öffentlich-rechtlichen Dienstherrn in zumutbarer Weise weiterverwendet werden können und sonstige dienstliche Gründe nicht entgegenstehen. Auch hier wird eine Erhöhungs-

zeit bis zum Erreichen der frühestens geltenden Altersgrenze gewährt. Dabei wird jedoch ein verminderter Steigerungssatz in Höhe von 1,19583% pro Jahr zugrunde gelegt.

Die maximale Anzahl der nach dem Bundeswehrreform-Begleitgesetz zulässigen Vorruhestandsfälle kann seit Oktober 2014 bei Bedarf auf bis zu 3.100 BerufssoldatInnen und 1.500 BeamtInnen erhöht werden. Obwohl bis Ende 2013 offensichtlich bereits fast 6.000 BerufssoldatInnen einen Antrag auf Vorruhestand stellten (Focus 2014), hat das Verteidigungsministerium von dieser Möglichkeit bislang noch keinen Gebrauch gemacht. Dennoch verringerte sich der Personalbestand der Bundeswehr zwischen 2010 und 2013 von rund 186.000 auf 170.000 Berufs- und ZeitsoldatInnen (StBA 2015b: 82).

## Bahn

Als die Deutsche Bundesbahn 1994 zusammen mit der Deutschen Reichsbahn privatisiert wurde, konnte sie bereits auf einen jahrzehntelangen Prozess des Personalabbaus zurückblicken. Dieser gründete vor allem im stetigen Verlust von Marktanteilen beim Personen- und Güterverkehr gegenüber dem Straßen- und Flugverkehr.[6] War die Deutsche Bundesbahn Anfang der 1970er Jahre mit rund 410.000 Beschäftigten noch der größte Arbeitgeber der Bundesrepublik, so hatte sich der Personalbestand bis 1990 bereits auf rund 250.000 MitarbeiterInnen vermindert (DB 1990). Die Deutsche Reichsbahn hatte ebenfalls rückläufige Marktanteile im Personenverkehr zu verkraften, die aufgrund der schwächeren Konkurrenzsituation jedoch deutlich geringer ausfielen. Im Güterverkehr verzeichnete die Reichsbahn wegen der gesetzlich verankerten Transportverpflichtung sogar weitgehend konstante Marktanteile. Mit der „Wiedervereinigung" änderte sich die Situation jedoch schlagartig: Binnen kürzester Zeit sank der Marktanteil beim Personenverkehr von 41% auf 14% und beim Güterverkehr von 77% auf 41% (Schwilling et al. 2014: 39f.). Im Jahr 1990 hatte die Reichsbahn noch 224.000 MitarbeiterInnen, die gemäß Einigungsvertrag alle verbeamtet wurden.

Infolge dieser Entwicklungen hatten die beiden Bahnen bis 1990 Schulden in Höhe 76 Mrd. DM angehäuft (ebd.: 43). Zudem wurde aufgrund der jahrzehntelangen Vernachlässigung der Infrastruktur in beiden Ländern ein Investitionsbedarf in mehrfacher Größenordnung konstatiert.

---

6    Der Anteil der Eisenbahn an der Verkehrsleistung fiel zwischen 1950 und 1990 im Güterverkehr von 56% auf 21% und im Personenverkehr von 37% auf 6% (Schwilling et al. 2014: 37f.).

Weiterer Sanierungs- und Rationalisierungsdruck ging von der politisch geförderten Deregulierung des Schienenverkehrs im liberalisierten europäischen Binnenmarkt aus. Mit dem 1994 in Kraft getretenen *Gesetz zur Neuordnung des Eisenbahnwesens* (ENeuG) wurde deshalb nicht nur die Privatisierung der Staatsbahnen und die Wettbewerbsöffnung des Schienenverkehrs beschlossen, sondern auch die Neuordnung der Zuständigkeiten. Bundes- und Reichsbahn wurden zum Bundeseisenbahnvermögen (BEV) zusammengeführt und der unternehmerische Teil an die hierfür gegründete Deutsche Bahn AG ausgegliedert. Die hoheitlichen Aufgaben verblieben hingegen bei Bund und Ländern, die sich auch zu infrastrukturellen Investitionen, insbesondere ins Schienennetz, verpflichteten. Der Bund übernahm zudem weitgehend die aufgelaufenen Schulden und die (finanzielle) Verantwortung für die Daseinsvorsorge des Personalbestands.

Allen MitarbeiterInnen wurde zunächst ein Arbeitsplatz in ihrem bisherigen Einsatzbereich zugesichert, betriebsbedingte Kündigungen wurden ausgeschlossen. Die BeamtInnen von Bundes- und Reichsbahn wurden dem BEV zugeteilt.[7] Ein kleiner Teil von ihnen verblieb beim BEV oder ging auf das neu geschaffene Eisenbahnbundesamt oder die Eisenbahnunfallkasse über. Der größte Teil der BeamtInnen wurde jedoch der DB AG zugewiesen bzw. zu ihr beurlaubt.[8] Gegenüber diesen BeamtInnen übt die DB AG Dienstherrnbefugnisse unter Aufsicht des BEV aus. Besoldung und Versorgung werden durch das BEV als Sondervermögen des Bundes erbracht. Die DB AG leistet an das BEV für die ihr zugewiesenen bzw. zu ihr beurlaubten BeamtInnen Zahlungen in Höhe der Aufwendungen, die sie für Arbeitsleistungen vergleichbarer neu einzustellender Angestellter – inkl. der Arbeitgeberanteile zur gesetzlichen Sozialversicherung und zur betrieblichen Altersversorgung – erbringt bzw. erbringen müsste.

Mit der Bahnprivatisierung wurde ein strikter Rationalisierungskurs eingeläutet, der einen starken Personalabbau umfasste. Zwischen Anfang 1994 und Ende 2001 verringerte sich die Anzahl der MitarbeiterInnen der DB AG von 372.000 auf 214.000 (Schwilling et al. 2014: 96). Dabei halbierte sich die Anzahl der BahnbeamtInnen auf 62.000 (BMI 2013: 153). Bis 2010 ist ihre Anzahl weiter auf 43.000 gesunken. Neben Zurruhesetzungen wegen Dienstunfähigkeit lieferten hierzu insbesondere Vorruhe-

---

7   Der Zugang zur Beamtenlaufbahn war bereits 1992 endgültig geschlossen worden.
8   BeamtInnen können sich aus dem Dienstverhältnis beurlauben lassen, um (vorübergehend) in ein Angestelltenverhältnis zu wechseln. Der Beamtenstatus – und damit auch der Beihilfe- und Pensionsanspruch – bleibt grundsätzlich erhalten, es ruht lediglich die Verpflichtung zur Amtsausübung im übertragenen Amt (sogenannte „In-sich-Beurlaubung").

standsregelungen ihren Beitrag, die zwischen 1994 und 2006 in Kraft waren. Hinzu kamen ca. 5.000 Beurlaubungsfälle (ebd.). Zuletzt (2014) waren noch 37.000 BahnbeamtInnen aktiv (StBA 2015b: 50).

Mit dem Eisenbahnneuordnungsgesetz trat Anfang 1994 das *Gesetz zur Verbesserung der personellen Struktur beim Bundeseisenbahnvermögen und in den Unternehmen der Deutschen Bundespost* (BEDBPStruktG) in Kraft. Demnach konnten von Umstrukturierungsmaßnahmen bei der DB AG betroffene BeamtInnen des einfachen und mittleren Dienstes mit Vollendung des 55. Lebensjahres und BeamtInnen des gehobenen Dienstes mit Vollendung des 60. Lebensjahres auf Antrag vorzeitig in den Ruhestand versetzt werden, sofern eine anderweitige Verwendung in der eigenen oder einer anderen Verwaltung nicht möglich oder nach allgemeinen beamtenrechtlichen Grundsätzen nicht zumutbar war. Der höhere Dienst war explizit nicht einbezogen. Für einem möglichen Hinzuverdienst galten die üblichen Einkommensgrenzen. Diese erste Vorruhestandsregelung war befristet bis Ende 1998. Insgesamt nahmen sie rund 15.800 BeamtInnen in Anspruch (vgl. Tab. 6.1).

Mit dem *Gesetz zur Änderung des Gesetzes zur Verbesserung der personellen Struktur beim Bundeseisenbahnvermögen und in den Unternehmen der Deutschen Bundespost* wurde die Vorruhestandsregelung im Mai 2002 unverändert wieder in Kraft gesetzt. Diesmal galt eine Befristung bis Ende 2006. In diesem Zeitraum machten insgesamt etwa 7.200 BeamtInnen von dieser zweiten Vorruhestandsregelung Gebrauch (ebd.).

Bei allen gesetzlichen Vorruhestandsregelungen beteiligte sich die DB AG an den Kosten des Vorruhestandes durch Zahlung eines Pauschalbetrages in Höhe von rund 31.000 € pro Vorruhestandsfall. Diese Beteiligung entsprach in etwa den Abfindungen, welche die DB AG an vorzeitig ausscheidende Tarifbeschäftigte zahlte.

Nach dem Auslaufen der letzten befristeten Vorruhestandsregelung wurde die Altersteilzeit verstärkt zum gezielten Personalabbau genutzt (BMI 2009: 103). Zu diesem Zweck wurden die Bahnnachfolgeunternehmen per Gesetz in die Liste der festgelegten Restrukturierungs- und Stellenabbaubereiche aufgenommen, für die besonders günstige Konditionen in Bezug auf das Angebot und die Nutzung von Altersteilzeit gelten (siehe Kap. 6.2).

## Post

Die Privatisierung der Deutschen Bundespost gründete vor allem auf dem rasanten mikroelektronischen Fortschritt und der Liberalisierung des europäischen Post- und Telekommunikationsmarktes, in deren Folge die staatlichen Monopole beseitigt werden sollten. Die Privatisierung wurde in drei

Schritten vollzogen. Mit der „Postreform I" wurde die Deutsche Bundespost 1989 in die drei öffentlichen Unternehmen Postdienst, Fernmeldedienst und Postbank aufgeteilt. Mit dem Beitritt der DDR wurde im Herbst 1990 gemäß Einigungsvertrag die Deutsche Post mit der Deutschen Bundespost bzw. ihren Teilunternehmen verschmolzen. Der mit der „Wiedervereinigung" insbesondere im Telekommunikationssektor entstandene Investitionsbedarf wurde auf rund 30 Mrd. € geschätzt (Bundesrechnungshof 2009: 47). Das hierfür benötigte Eigenkapital sollte über die Privatisierung und den Börsengang der öffentlichen Unternehmen beschafft werden, was aufgrund der Liberalisierung des europäischen Binnenmarktes ohnehin auf der politischen Agenda stand. Mit der „Postreform II" wurden die öffentlichen Unternehmen 1995 in die Aktiengesellschaften Deutsche Post, Deutsche Telekom und Deutsche Postbank umgewandelt. Der Bund blieb für die hoheitlichen Aufgaben und die Gewährleistung der Infrastruktur im Postwesen und bei der Telekommunikation zuständig und hielt die Mehrheitsbeteiligung an den Aktiengesellschaften. Die Aktionärs-, Koordinierungs- und Steuerungsaufgaben des Bundes wurden auf die neu errichtete „Bundesanstalt für Post und Telekommunikation Deutsche Bundespost" (BAnstPT) übertragen. Zu ihren Aufgaben gehören unter anderem auch die Weiterführung der betrieblichen Sozialeinrichtungen sowie die Aufsicht über die Personalangelegenheiten der Postbeschäftigten, insbesondere der BeamtInnen. Mit der „Postreform III" wurde ab 1996 die Liberalisierung der Telekommunikations- und Postmärkte durch Wettbewerbsöffnung und Einrichtung einer unabhängigen Regulierungsbehörde (bis 1998 „Bundesamt für Post und Telekommunikation", bis 2005 „Regulierungsbehörde für Telekommunikation und Post", seither „Bundesnetzagentur für Elektrizität, Gas, Telekommunikation, Post und Eisenbahnen") vollzogen.

Die bei der Deutschen Bundespost tätigen BundesbeamtInnen wurden unter Wahrung ihrer Rechtsstellung bei den Aktiengesellschaften weiterbeschäftigt. Diesen wurden Dienstherrnbefugnisse übertragen, die teilweise von der BAnstPT überprüft bzw. begleitet werden. Seit der Privatisierung dürfen keine neuen BeamtInnen mehr eingestellt werden. Um die Beihilfe- und Versorgungsleistungen sicherzustellen, wurden Unterstützungskassen eingerichtet, die bis 1999 von den Aktiengesellschaften in Form jährlicher Festbeträge (insges. 3,69 Mrd. €) finanziert wurden. Im Jahr 2000 wurde die Festbetragsregelung durch eine Prozentregelung auf neuer Bemessungsgrundlage abgelöst. Seitdem zahlen die Aktiengesellschaften Beiträge in Höhe von 33% der Bruttobezüge ihrer aktiven BeamtInnen und der fiktiven Bruttobezüge der ruhegehaltsfähig beurlaubten BeamtInnen. Die Unterschiedsbeträge zwischen laufenden Zahlungen und laufenden Verpflichtungen werden vom Bund ausgeglichen, der somit den Großteil der Versorgungskosten trägt. Die Unterstützungskassen wurden 2001 zur Postbeamtenversorgungskasse zusammengeschlossen und deren Aufgaben dem „Bundes-Pensions-Service für Post- und Telekommunikation" (BPSPT) übertragen. Seit 2013 nimmt die BAnstPT diese Funktionen wahr.

Wie die Bahnprivatisierung war auch die Privatisierung der Deutschen Bundespost mit einem erheblichen Personalabbau verbunden. Von den 663.000 Beschäftigten des Jahres 1991 waren zum Zeitpunkt der Privatisierung noch etwa 600.000 Beschäftigte übriggeblieben, ungefähr die Hälfte davon BeamtInnen (StBA 2003: 10.1.1). Bis zum Jahr 1998 hatte sich der Personalbestand der drei Aktiengesellschaften auf unter eine halbe Million Beschäftigte reduziert (Bundesrechnungshof 2009: 18). Bis Mitte der 2000er Jahre war die Zahl der (Inlands-)Beschäftigten weiter auf rund 380.000 gesunken (ebd.). Dabei bezog sich ein Großteil des Personalabbaus auf die BeamtInnen. Vom Zeitpunkt der Privatisierung an hat sich die Anzahl der PostbeamtInnen um nahezu drei Viertel verringert (BMI 2013: 153). Im Jahr 2014 waren in den Postnachfolgeunternehmen noch 70.700 BeamtInnen aktiv (StBA 2015b: 15). Zu diesem Personalabbau lieferten mehrere Vorruhestandsregelungen einen erheblichen Beitrag.

Eine erste Vorruhestandsregelung trat Anfang 1995 mit dem *Gesetz zur Verbesserung der personellen Struktur beim Bundeseisenbahnvermögen und in den Unternehmen der Deutschen Bundespost* (BEDBPStruktG) in Kraft. Sie war zunächst bis Ende 1998 befristet, wurde dann aber noch um zwei Jahre bis Ende 2000 verlängert. Inhaltlich war sie weitgehend deckungsgleich mit der ersten Vorruhestandsregelung für die BahnbeamtInnen. Es konnten also von Umstrukturierungsmaßnahmen bei den Postnachfolgeunternehmen betroffene BeamtInnen des einfachen und mittleren Dienstes mit Vollendung des 55. Lebensjahres und BeamtInnen des gehobenen Dienstes mit Vollendung des 60. Lebensjahres einen Antrag auf vorzeitige Versetzung in den Ruhestand stellen, wenn für sie keine anderweitige Verwendung bestand bzw. zumutbar war. Insgesamt nahmen fast 42.000 PostbeamtInnen diese Vorruhestandsregelung in Anspruch (vgl. Tab. 6.1).

Im November 2006 trat mit dem *Zweiten Gesetz zur Änderung des Gesetzes zur Verbesserung der personellen Struktur beim Bundeseisenbahnvermögen und in den Unternehmen der Deutschen Bundespost* eine neue Vorruhestandsregelung in Kraft, die zunächst bis Ende 2010 befristet war. Demnach konnten BeamtInnen bei den Postnachfolgeunternehmen und der BAnstPT, die in Bereichen mit Personalüberhang beschäftigt waren, mit Vollendung des 55. Lebensjahres auf Antrag in den Ruhestand versetzt werden, wenn eine anderweitige Verwendung nicht möglich oder nicht zumutbar war und zudem betriebliche oder betriebswirtschaftliche Gründe dem nicht entgegenstanden. Der bei einem vorzeitigen Ruhestandseintritt anfallende Versorgungsabschlag wurde durch einen Ausgleichsbetrag für die gesamte Dauer des Versorgungsbezugs vollständig ausgeglichen. Den Ausgleichsbetrag musste die jeweilige Aktiengesellschaft bis zu einer Höhe von 10,8% der Versorgungsabschläge an den Bund erstatten. Darüber hinaus hatten die Aktiengesellschaften auch die sonstigen finanziellen Mehrbelastungen der Postbeamtenversorgungskasse (inkl. der anfallenden Beihilfeleistungen) zu tragen, die sich aus dem vorzeitigen Beginn des Ruhestandes ergaben. Hierzu enthielt das Gesetz genaue Berechnungsvorgaben.

Bis Ende 2010 hatten rund 17.000 BeamtInnen von dieser zweiten Vorruhestandsregelung Gebrauch gemacht (vgl. Tab. 6.1). Mit dem *Dienstrechtsneuordnungsgesetz* von 2009 wurde sie unverändert bis Ende 2012 verlängert. In diesen beiden Jahren gingen weitere rund 5.300 PostbeamtInnen in den vorzeitigen Ruhestand (ebd.). Schließlich wurde die Vorruhestandsregelung mit dem *Gesetz zur Neuordnung der Postbeamtenversorgungskasse* (PVKNeuG) von 2010 erneut bis Ende 2016 verlängert. Im Jahr 2013 nahmen weitere 1.700 BeamtInnen diese Option wahr (ebd.).

## 6.2 Altersteilzeit

Fast zwei Jahre nach Verabschiedung des *Altersteilzeitgesetzes* trat 1998 im öffentlichen Dienst erstmalig ein Tarifvertrag zur Altersteilzeit in Kraft.[9] Gemäß der zum damaligen Zeitpunkt noch weitgehend ungebrochenen Tradition der Angleichung der Beschäftigungsbedingungen wurde dieser Tarifvertrag auch ins Beamtenrecht übertragen. Seitdem hat sich die Altersteilzeit zu einer vielgenutzten Möglichkeit des vorzeitigen oder auch gleitenden Übergangs in den Ruhestand entwickelt. Allerdings zeigt sich in den letzten Jahren eine zunehmend nachlassende Bedeutung im Übergangsgeschehen, die auf deutlich restriktivere gesetzliche Vorgaben zurückzuführen ist.

### 6.2.1 Zentrale Regelungen zur Altersteilzeit

Die erste Grundlage für die Nutzung der Altersteilzeit im Beamtenbereich bildete der „Tarifvertrag zur Regelung der Altersteilzeitarbeit", der im Mai 1998 in Kraft trat (vgl. Fröhler et al. 2013: 405ff.). Er wurde noch im

---

9    Zu den Vorgaben des Altersteilzeitgesetzes und zum Instrument der Altersteilzeit im Allgemeinen siehe Fröhler et al. (2013: 57ff.).

Herbst desselben Jahres weitgehend inhaltsgleich ins Beamtenrecht übertragen. Eine Übertragung ins Soldatenrecht fand hingegen nicht statt, weshalb BerufssoldatInnen bis heute keinen Zugang zu Altersteilzeit haben. Da das Beamtenrechtsrahmengesetz keine statusrechtlichen Vorschriften zur Regelung von Teilzeitbeschäftigung – und damit auch nicht zur Regelung von Altersteilzeit – enthielt, wurden die Bestimmungen des Bundesbeamtengesetzes nicht automatisch in Landesrecht übertragen. Vielmehr war Ländern und Kommunen der Umgang mit der Altersteilzeit rahmenrechtlich freigestellt. Dies galt jedoch nicht für die besoldungs- und versorgungsrechtlichen Regelungen zur Altersteilzeit, die durch Bundesrecht gesetzt waren. Mit der Einführung der Altersteilzeit verbanden sich insgesamt vor allem die Ziele einer kostengünstigen Alternative zu den Vorruhestandsregelungen, der Zurückdrängung der Inanspruchnahme von Dienstunfähigkeit sowie einer zielgenaueren Personalsteuerung. Hingegen stand die arbeitsmarktpolitische Funktion der Altersteilzeit als „Beschäftigungsbrücke" zwischen Alt und Jung bzw. zwischen Arbeitsmarkt-Insidern und -Outsidern stets im Hintergrund (ebd.). Dementsprechend wurden die freiwerdenden Stellen nur selten neu besetzt (vgl. hierzu auch Ahlers 2004: 82).

Nach den Bestimmungen des BBG konnten BeamtInnen seit Ende 1998 ab dem 55. Lebensjahr für die Höchstdauer von zehn Jahren ihre bisherige regelmäßige Arbeitszeit um die Hälfte reduzieren.[10] Möglich waren hierbei sowohl die Halbierung der Arbeitszeit über die gesamte Dauer der Altersteilzeit hinweg (Gleichverteilungsmodell) als auch das Blockmodell, also die Abfolge einer Phase der ungeminderten Weiterarbeit und einer gleich langen Phase der vollständigen Freistellung vom Dienst bei (weitgehend) gleichen Bezügen über den gesamten Bewilligungszeitraum hinweg. Bei vorheriger Teilzeitbeschäftigung konnte Altersteilzeit zunächst gar nicht und ab 2000 ausschließlich im Blockmodell bewilligt werden. Dabei musste in der Arbeitsphase wenigstens ein Arbeitsumfang von der Hälfte der Regelarbeitszeit erreicht werden. Wie im Tarifbereich bestand ein unbegrenzter Rechtsanspruch auf Altersteilzeit ab dem 60. Lebensjahr. Anträge von 55- bis 59-Jährigen konnten hingegen mit Verweis auf „dringende dienstliche Belange" jederzeit abgelehnt werden.[11] Die Altersteilzeit endete spätestens mit Erreichen der Regelaltersgrenze oder der besonderen Altersgrenze. Sie konnte aber auch in einen vorgezogenen Antragsruhe-

---

10  Maximale Bezugsgröße für die Arbeitszeitreduzierung war hierbei die in den letzten beiden Jahren vor Beginn der Altersteilzeit durchschnittlich zu leistenden Arbeitszeit.

11  Zu diesen Belangen zählten z.B. die Haushaltslage oder Schwierigkeiten bei der Nachbesetzung der freiwerdenden Stelle. Grundsätzlich lag die Bewilligung „im pflichtgemäßen Ermessen" des Dienstherrn.

stand bei Erreichen der hierfür geltenden Altersgrenzen münden. Nach dem Auslaufen von entsprechenden Übergangsbestimmungen wurden hierbei die üblichen Versorgungsabschläge fällig, die im Gegensatz zum Tarifbereich auch nicht anderweitig ausgeglichen wurden.[12] Abgesehen davon waren die materiellen Bedingungen jedoch nahezu identisch: Die Teilzeitbesoldung wurde um einen steuerfreien Zuschlag bis zur Gesamthöhe von 83% der vorherigen Nettobesoldung und die ruhegehaltsfähige Dienstzeit auf 90% aufgestockt.[13] Ruhegehaltsfähig waren hierbei nicht nur die Altersteilzeitbezüge, sondern die vollen Dienstbezüge des letzten Amtes. Im Blockmodell wurde das Amt zum Zeitpunkt des Eintritts in die Freistellungsphase zugrunde gelegt, Beförderung und Aufstieg waren in der Freistellungsphase ausgeschlossen. Neben dem Grundgehalt wurden auch Familienzuschläge, Amts-, Stellen-, Überleitungs- oder Ausgleichszulagen sowie Sonderzuwendungen während des gesamten Zeitraums der Altersteilzeitbeschäftigung gewährt und in die Aufstockung einbezogen. Steuerfreie Bezüge, Erschwerniszulagen oder Vergütungen (z.B. für Mehrarbeit) wurden hingegen nur entsprechend dem Umfang der tatsächlich geleisteten Tätigkeit gezahlt und nicht aufgestockt. Im Blockmodell wurden diese Leistungen (auch Urlaub) entsprechend nur in der Arbeitsphase gewährt. Der Beihilfeanspruch bestand auch in der Freistellungsphase fort. Die Altersteilzeitbediensteten nahmen grundsätzlich sowohl an der Besoldungs- als auch an der Laufbahnentwicklung teil. Nebentätigkeiten waren bis zu einem Umfang von acht Wochenstunden erlaubt.

In den Ländern zeigten sich sehr unterschiedlichen Umgangsweisen in Bezug auf die Gesetzgebung des Bundes und die Umsetzung der tariflichen Vorgaben. Im Saarland hat es bis heute nie eine Altersteilzeitregelung für BeamtInnen gegeben, in Hamburg wurde sie Mitte 2004 schon wieder abgeschafft. In den übrigen Ländern wichen die Zugangs- und Nutzungsbedingungen zum Teil erheblich voneinander ab (vgl. BMI 2005: 399). Während insbesondere in Brandenburg und Thüringen, weitgehend aber auch in Berlin, Nordrhein-Westfalen und Sachsen die Vorschriften des BBG übernommen wurden, waren in den übrigen Ländern von Anfang an abweichende Regelungen in Kraft, die sich insbesondere im Hinblick auf Modellwahl, Mindestalter und nutzungsberechtigten Personenkreis deutlich vom Bundesrecht unterschieden, bei den Bedingungen stärker zwischen verschiedenen Beamtengruppen differenzierten und in der

---

12  Im Tarifbereich wurde ein Teilausgleich der Renteneinbußen in Form einer Abfindung in Höhe von 5% des Regelarbeitsentgelts (inklusive Zulagen und Zuschlägen) pro vorgezogenen Monat gewährt.

13  In der Bundeswehrverwaltung erfolgte sogar eine Aufstockung auf 88% der vorherigen Nettobesoldung.

Summe durchweg die schlechteren Konditionen boten.[14] Einige Länder machten die Bewilligung von vornherein von den zur Verfügung stehenden Haushaltsmitteln (z.b. Mecklenburg-Vorpommern, Rheinland-Pfalz) oder vom Wegfall der jeweiligen Planstelle abhängig (z.b. Niedersachsen, Sachsen-Anhalt und Schleswig-Holstein). In Bremen und Nordrhein-Westfalen wurde die Anwendung der Altersteilzeit zeitweise sogar vollständig ausgesetzt.

Wegen der regen Nachfrage und den damit verbundenen Kosten wurde der Altersteilzeitanspruch im Bund Im Jahr 2005 abgeschafft.[15] Zudem wurde Altersteilzeit bereits ab dem 55. Lebensjahr grundsätzlich nur noch BeamtInnen mit Schwerbehinderung sowie BeamtInnen in festgelegten Restrukturierungs- und Stellenabbaubereichen (z.b. Bundeswehrverwaltung, Bahn- und Postnachfolgeunternehmen oder Rentenversicherung Bund) gewährt.[16] Für alle anderen BeamtInnen galt fortan ein Mindestantragsalter von 60 Jahren. Die Nachbesetzung der freigewordenen Stellen wurde nur noch bis zur Schwelle der Kostenneutralität erlaubt. Ab dem Jahr 2006 wurde schließlich auch die Nutzung des Blockmodells auf die festgelegten Stellenabbaubereiche sowie auf zuvor teilzeitbeschäftigte BeamtInnen (die umgekehrt vom Gleichverteilungsmodell ausgeschlossen waren) begrenzt. Alle anderen BeamtInnen (auch die schwerbehinderten) waren auf das Gleichverteilungsmodell verwiesen (vgl. Tab. 6.2). Auch in den Ländern wurde verbreitet der Rechtsanspruch abgeschafft, das Zugangsalter (noch weiter) heraufgesetzt und die Nutzung des Blockmodells (noch stärker) auf bestimmte Personengruppen beschränkt.

Ende des Jahres 2009 wurde die staatliche Förderung der Altersteilzeit abgeschafft.[17] Da die Laufzeit des Altersteilzeittarifvertrags – wie in

14  Eine Ausnahme stellte Sachsen-Anhalt dar, wo zur Förderung des beschleunigten Stellenabbaus die Mindestaltersgrenze auf das 50. Lebensjahr herabgesetzt wurde.

15  Nach Berechnungen des Bundesfinanzministeriums für das Jahr 2003 hoben sich die Einsparungen aus der Altersteilzeit (Besoldung und Versorgung) und die Mehrausgaben aufgrund notwendiger Nachbesetzungen bei einer Nachbesetzungsquote von etwa 28% gegenseitig auf. Eine höhere Nachbesetzungsquote hatte also zusätzliche Kosten zur Folge.

16  Die Festlegung dieser Bereiche oblag der obersten Dienstbehörde im Einvernehmen mit dem BMI und dem Haushaltsausschuss des Bundestages.

17  Unternehmen konnten seit 1996 von der Bundesagentur für Arbeit die gesetzlich vorgeschriebene Mindestaufstockung des Teilzeitentgelts auf 70% der vorherigen Nettobezüge und 90% der Rentenversicherungsbeiträge für maximal sechs Jahre erstattet bekommen, wenn sie die freigewordene Arbeitsstelle nachweislich mit einem/einer Erwerbslosen oder Ausgebildeten (in kleineren Betrieben auch mit einem/einer Auszubildenden) wiederbesetzt hatten. Die mit den Zuschüssen ver-

den meisten anderen Branchen auch – an die Existenz der staatlichen Förderung gekoppelt war, musste dieser neu verhandelt werden. Die öffentlichen Arbeitgeber lehnten eine Fortsetzung der Altersteilzeit zunächst strikt ab (vgl. Fröhler et al. 2013: 406). Erst nach zähem Ringen und Anrufung der Schlichtungskommission konnten sich die Tarifparteien auf Bundes- und auf kommunaler Ebene schließlich auf einen neuen Tarifvertrag – den „Tarifvertrag zur Regelung flexibler Arbeitszeiten für ältere Beschäftigte" – mit Laufzeit bis 2016 einigen, der jedoch deutlich schlechtere Konditionen bietet als der alte Tarifvertrag. Auf Landesebene kam hingegen aufgrund der strikten Ablehnung der TdL keine Nachfolgeregelung zustande. Vereinbart wurde hier lediglich eine Öffnungsklausel, die Vereinbarungen zur Altersteilzeit auf Ebene der einzelnen Bundesländer erlaubt (ebd.: 410).

Wie im Tarifbereich liefen die Bestimmungen zur Altersteilzeit auch im Beamtenbereich des Bundes und der meisten Länder Ende 2009 aus. Somit war ab Anfang 2010 Altersteilzeit nicht mehr möglich. Erst Ende 2010 wurde der neue Tarifvertrag mit dem Bundesbesoldungs- und Versorgungsanpassungsgesetz 2010/11 weitgehend inhaltsgleich auf den Beamtenbereich des Bundes übertragen. Somit ist hier bis Ende 2016 der Wechsel in Altersteilzeit wieder möglich. Dabei gilt nun allerdings ohne Ausnahme ein Mindestalter von 60 Jahren als Voraussetzung.[18] Neu ist auch, dass die BeamtInnen nun wie im Tarifbereich einen Anspruch auf die Bewilligung von Altersteilzeit haben, wenn die individuellen Voraussetzungen hierzu erfüllt sind und dienstliche Belange (die nicht „dringend" sein müssen) nicht entgegenstehen. Der Rechtsanspruch, der auch das Blockmodell umfasst, ist jedoch auf eine Bewilligungsquote von 2,5% der BeamtInnen begrenzt. Für die Ermittlung der Quote ist die jeweilige oberste Dienstbehörde zuständig. Sie kann die Quote als Ressortquote für sich und ihren Geschäftsbereich oder als Behördenquote für jede Behörde oder Dienststelle einzeln oder für mehrere Behörden oder Dienststellen gemeinsam festlegen. Über diese Quote hinaus kann Altersteilzeit (gleich welchen Modells) nur in festgelegten Restrukturierungs- und Stellenabbaubereichen bewilligt werden.[19] Die Teilzeitbesoldung wird grundsätzlich nur noch um 20% der Dienstbezüge aufgestockt, eine Mindestnetto-

---

bundenen Ziele der Beschäftigungsförderung und der Förderung des gleitenden Erwerbsausstiegs erfüllten sich jedoch nur ansatzweise (vgl. Fröhler 2014: 420).

18  Weitere Bedingung ist wie bisher, dass in den letzten fünf Jahren vor Beginn der Altersteilzeit drei Jahre lang Dienst im Umfang von mindestens der Hälfte der regelmäßigen Arbeitszeit geleistet worden ist.

19  Die Festlegung dieser Bereiche erfolgt durch das BMI im Einvernehmen mit dem BMF.

aufstockung existiert nicht mehr. Die übrigen Regelungen zur Besoldung (Zulagen etc.) wurden weitgehend beibehalten. Die ruhegehaltsfähige Dienstzeit wird weiterhin auf 90% aufgestockt. Auch an den anderen grundsätzlichen Vorgaben (etwa zur Berechnung und Verteilung der Arbeitszeit, zum Versorgungsübergang oder zu Nebenbeschäftigungen) hat sich nichts geändert.

≡ **Tab. 6.2:** Übersicht über die Bewilligungsformen von Altersteilzeit im Beamtenbereich des Bundes bis Ende 2009

| Altersgruppe | Beschäftigtengruppe | Teilzeitmodell | Blockmodell |
|---|---|---|---|
| 55 bis 59 Jahre | BeamtInnen mit Schwerbehinderung | Ja | Nein |
| | zuvor teilzeitbeschäftigte BeamtInnen | Nein | Nein |
| | BeamtInnen in Stellenabbaubereichen | Ja | Ja |
| | alle anderen BeamtInnen | Nein | Nein |
| 60 bis 65 Jahre | BeamtInnen mit Schwerbehinderung | Ja | Nein |
| | zuvor teilzeitbeschäftigte BeamtInnen | Nein | Ja |
| | BeamtInnen in Stellenabbaubereichen | Ja | Ja |
| | alle anderen BeamtInnen | Ja | Nein |

Eigene Zusammenstellung

In den Ländern ist es bislang lediglich in Baden-Württemberg, Bayern, Bremen, Niedersachsen, Nordrhein-Westfalen, Rheinland-Pfalz, Sachsen-Anhalt und Schleswig-Holstein zu Nachfolgeregelungen gekommen (vgl. Tab. 6.3 auf S. 128f.). Dabei handelt es sich jedoch – mit Ausnahme von Sachsen-Anhalt – durchgehend um Kann-Bestimmung ohne Rechtsanspruch. In Baden-Württemberg ist die Nutzung auf Schwerbehinderte beschränkt, in Rheinland-Pfalz auf LehrerInnen sowie auf BeamtInnen in Stellenabbaubereichen. In Nordrhein-Westfalen und Schleswig-Holstein kann die jeweilige oberste Dienstbehörde den Zugang auf bestimmte Beamtengruppen begrenzen. In Bremen und Niedersachsen sind BeamtInnen des Polizeivollzugsdienstes ausgeschlossen. Auch im Hinblick auf Modell, Lage und Dauer der Altersteilzeit sowie in Bezug auf die finanziellen Leistungen existieren zum Teil erhebliche Unterschiede zwischen den Landesgesetzen. So variiert das Mindestalter zwischen 50 und 60 Jahren, die Dauer zwischen mindestens einem Jahr bis maximal zwölf Jahren, die Besoldungsaufstockung zwischen 60% der vorherigen Bruttobezüge und 83% der vorherigen Nettobezüge und die Anrechnung als ruhegehaltsfähige Dienstzeit zwischen 60 und 90%. Meist sind sowohl das Gleichverteilungs- als auch das Blockmodell möglich, lediglich in Niedersachsen ist die Wahl des Blockmodells ausgeschlossen. Das Verhältnis zwischen Arbeit(sphase) und Freistellung(sphase) beträgt meist 60% zu 40%, aber auch das Verhältnis 50% zu 50% ist in einigen Ländern vorgeschrieben. Oft wird es den obersten Dienstbehörden erlaubt, abweichende Regelungen zu treffen.

### 6.2.2 Inanspruchnahme von Altersteilzeit

Nach eher zögerlichem Beginn in den Jahren 1998 bis 2000 stieg die Anzahl der Altersteilzeitbeschäftigten in den Folgejahren rasch auf fast 73.000 BeamtInnen an (vgl. Abb. 6.2). Die Mitte der 2000er Jahre einsetzenden Zugangsbeschränkungen auf Bundes- und Landesebene hatten eine Stagnation bzw. sogar einen leichten Rückgang zur Folge. Angesichts des bevorstehenden Wegfalls der alten Regelungen und der unsicheren Fortsetzung der Altersteilzeit machten die Dienststellen und BeamtInnen Ende der 2000er Jahre schließlich wieder verstärkt von ihr Gebrauch. Bis Mitte des Jahres 2010 stieg die Anzahl der BeamtInnen in Altersteilzeit auf den Rekordwert von rund 86.000 BeamtInnen. Seitdem sind die Nutzungszahlen jedoch deutlich rückläufig: Mitte des Jahres 2014 befanden sich

Abb. 6.2: Entwicklung der Anzahl der BeamtInnen in Altersteilzeit ≡ von 2000 bis 2014 nach Ebenen (am 30.6. des jeweiligen Jahres)[a]

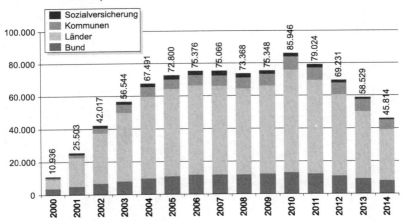

a – ohne BeamtInnen der Postnachfolgeunternehmen

Quelle: Statistisches Bundesamt, Personal des öffentlichen Dienstes, Fachserie 14, Reihe 6

Tab. 6.3: Zentrale Bestimmungen zur Altersteilzeit im Beamtenbereich des Bundes und der Länder[a]

| | Zugang | Mindestalter | Dauer | Ende | Modell | Aufstockung |
|---|---|---|---|---|---|---|
| Bund (seit Dez. 2010) | allgemeiner Anspruch ab 60 bis zu 2,5% der BeamtInnen sonst nur Stellenabbaubereiche | 60 | – | Ruhestandsbeginn | Block + Teilzeit Verhältnis von Arbeits- + Freistellungszeit 50:50 | Besoldung: 60% der vorher. Bruttobezüge Ruhegehalt: 90% |
| Baden-Württemberg (seit 2010) | kein Anspruch nur Schwerbehinderte | 55 | – | Ruhestandsbeginn | Block + Teilzeit Verhältnis Arbeit/Frei 60:40 | Besoldung: 80% der vorh. Nettobezüge Ruhegehalt: 60% |
| Bayern (seit 2011) | kein Anspruch nicht für Leitungsfunktionen | 60, Schwerbehinderte: 58, Stellenabbaubereiche: 55 | mind. 1 Jahr | Ruhestandsbeginn | Block + Teilzeit Verhältnis Arbeit/Frei 60:40 | Besoldung: 80% der vorh. Nettobezüge Ruhegehalt: 60% |
| Berlin | nur noch Altfälle; seit 2010 kein Zugang mehr zu Altersteilzeit | | | | | |
| Brandenburg | nur noch Altfälle; seit 2010 kein Zugang mehr zu Altersteilzeit | | | | | |
| Bremen (seit 2010) | kein Anspruch nicht für Polizeivollzugsdienst | 60, Schwerbehinderte: 58 | – | Ruhestandsbeginn | Block + Teilzeit Verhältnis Arbeit/Frei 60:40 | Besoldung: 83% der vorh. Nettobezüge Ruhegehalt: 90% |
| Hamburg | seit 2004 kein Zugang mehr zu Altersteilzeit | | | | | |
| Hessen | nur noch Altfälle; seit 2010 kein Zugang mehr zu Altersteilzeit | | | | | |
| Meck-Pomm | nur noch Altfälle; seit 2010 kein Zugang mehr zu Altersteilzeit | | | | | |
| Niedersachsen (seit 2012) | kein Anspruch nicht für Polizeivollzugsdienst | 60 | verbindlich bis zur Regelaltersgrenze | Regelaltersgrenze (bis zu 3 Jahre darüber hinaus möglich) | nur Teilzeit Verhältnis Arbeit/Frei 60:40 | Besoldung: 70% der vorh. Nettobezüge; über RAG hinaus +8% Zuschlag Ruhegehalt: 80% |
| | für LehrerInnen abweichende Regelungen möglich | | | | | |

Tab. 6.3: (Fortsetzung)

| | Zugang | Mindestalter | Dauer | Ende | Modell | Aufstockung |
|---|---|---|---|---|---|---|
| Nordrhein-Westfalen (von 2013 bis Ende 2015) | kein Anspruch | 55 | max. zehn Jahre | Ruhestandsbeginn | Block + Teilzeit Verhältnis Arbeit/Frei 50:50 | Besoldung: 80% der vorh. Nettobezüge Ruhegehalt: 80% |
| | Beschränkung und abweichende Regelungen durch oberste Dienstbehörden möglich | | | | | |
| Rheinland-Pfalz (von Juli 2012 bis Ende 2016) | kein Anspruch nur LehrerInnen + BeamtInnen in Stellenabbaubereichen | 55 | verbindlich bis zur Regelaltersgrenze (Ausnahme: Schwerbehinderte) | Regelaltersgrenze (bis zu 3 Jahre darüber hinaus möglich) Schwerbehinderte: ab 63 | Block + Teilzeit Verhältnis Arbeit/Frei 50:50 | Besoldung: 60% der vorh. Bruttobezüge; über Regelaltersgrenze 70% (+8% Zuschlag) Ruhegehalt: 60% bzw. 70% |
| Saarland | Altersteilzeit noch nie möglich | | | | | |
| Sachsen | nur noch Altfälle; seit 2010 kein Zugang mehr zu Altersteilzeit | | | | | |
| Sachsen-Anhalt (von 2012 bis Ende 2016) | allgemeiner, unquotierter Anspruch ab 60 | 50 | verbindlich bis zur Regelaltersgrenze | Regelaltersgrenze | Block + Teilzeit Verhältnis Arbeit/Frei 50:50 | Besoldung: 83% der vorh. Nettobezüge Ruhegehalt: 90% |
| Schleswig-Holstein (seit 2012) | kein Anspruch | 55 | Blockmodell max. zwölf Jahre | Ruhestandsbeginn | Block + Teilzeit Verhältnis Arbeit/Frei 60:40 | Besoldung: 83% der vorh. Nettobezüge Ruhegehalt: 90% |
| | Beschränkung und abweichende Regelungen durch oberste Dienstbehörden möglich | | | | | |
| Thüringen | nur noch Altfälle; seit 2010 kein Zugang mehr zu Altersteilzeit | | | | | |

a – Stand: März 2014

Eigene Zusammenstellung nach dbb (2014b)

nur noch knapp 46.000 BeamtInnen in Altersteilzeit. Binnen weniger Jahre hat sich der Bestand somit beinahe halbiert. Dies zeigt, dass der erschwerte bzw. in manchen Ländern auch vollständig verschlossene Zugang und die meist deutlich schlechteren finanziellen Konditionen ihre Wirkung nicht verfehlt haben.

Der nahezu gleiche Entwicklungsverlauf ergibt sich, wenn man die Altersteilzeitbeschäftigten in Bezug zur Gesamtzahl der BeamtInnen setzt und somit den Altersteilzeitquotienten ermittelt (vgl. Abb. 6.3). Zwischen 2000 und 2005 ist die Altersteilzeitquote kontinuierlich auf nahezu 4% angestiegen.[20] Nach einer Phase der Stagnation erfolgte dann 2010 ein Anstieg auf den Rekordwert von 4,6% (bzw. 20,2% der über 55-Jährigen) und seitdem ein rascher Abfall bis auf 2,5% (bzw. 10,1% der über 55-Jährigen) Mitte des Jahres 2014. Für die folgenden Jahre ist mit einem weiteren deutlichen Rückgang zu rechnen, denn von den zuletzt knapp 46.000 Altersteilzeitbeschäftigten befanden sich 67% bereits in der Freistellungsphase des Blockmodells und somit unmittelbar vor dem Ruhestandseintritt (StBA 2015b: 26).

Des Weiteren zeigt Abbildung 6.3, dass im Tarifbereich des öffentlichen Dienstes schon immer in deutlich stärkerem Maße Gebrauch von Altersteilzeit gemacht wurde als im Beamtenbereich. War die Entwicklung zunächst noch gleichgerichtet, so ist die Schere zwischen den beiden Rechtsbereichen ab 2004 deutlich auseinandergegangen, was vor allem auf die zu diesem Zeitpunkt in Kraft getretenen Zugangsbeschränkungen im Beamtenbereich zurückzuführen ist.[21] Aufgrund des drastischen Rückgangs der Altersteilzeit im Tarifbereich, der in der Quotierung und den wesentlich schlechteren finanziellen Konditionen des neuen Tarifvertrags begründet liegt, zeigt sich seit 2010 jedoch eine Tendenz der raschen (Wieder-)Angleichung.

Trotz der insgesamt sinkenden Inanspruchnahme liegen die Altersteilzeitquoten des öffentlichen Dienstes noch immer weit über jenen der Privatwirtschaft. Zum Vergleich: Unter allen sozialversicherungspflichtig Beschäftigten gingen Ende des Jahres 2009 lediglich 2,6% und Ende des Jahres 2013 nur noch 1,3% einer Altersteilzeitbeschäftigung nach (DRV 2015a: 30; DRV 2015b: 28). Der öffentliche Dienst gehört somit zu den

---

20  Ein Teil des Anstiegs ist jedoch nicht auf eine verhaltensbedingte Zunahme der Nutzung von Altersteilzeit zurückzuführen, sondern auf die demografisch bedingte Alterung, die einen kontinuierlichen Anstieg sowohl der Anzahl als auch des Anteils der über 55-Jährigen zur Folge hatte und hat (Altis/Koufen 2011: 1115).

21  Ein Teil dieser Entwicklung geht aber auch auf die stärkere Alterung des Personals im Tarifbereich aufgrund des bis 2008 fortgesetzten Personalabbaus zurück (StBA 2015b: 82).

altersteilzeitintensivsten Branchen überhaupt (Wanger 2009: 6; Brussig et al. 2009: 14). In der Hochzeit zwischen 2004 und 2010 befanden sich stets mehr als ein Viertel aller öffentlich Beschäftigten über 55 Jahren in Altersteilzeit (Altis/Koufen 2011: 1115).

Abb. 6.3: Entwicklung der Altersteilzeitquote unter den BeamtInnen ≡ und ArbeitnehmerInnen des öffentlichen Dienstes von 2000 bis 2014 (Anteil der Altersteilzeitbeschäftigten an allen Beschäftigten am 30.6. des jeweiligen Jahres)[a]

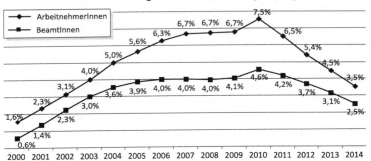

a – ohne Beschäftigte der Postnachfolgeunternehmen

Quelle: Statistisches Bundesamt, Personal des öffentlichen Dienstes, Fachserie 14, Reihe 6; eigene Berechnungen

So wie die gesetzlichen Bestimmungen zwischen den verschiedenen Ebenen des Beamtenbereichs differieren, so unterscheiden sich auch Angebot und Nutzung der Altersteilzeit in Bund, Ländern und Kommunen (vgl. Abb. 6.4). Die niedrigste Altersteilzeitquote weist traditionell der Bundesbereich auf. Dies dürfte vor allem am Ausschluss der SoldatInnen sowie an der umfangreichen Nutzung anderer Möglichkeiten des frühzeitigen Erwerbsausstiegs – Dienstunfähigkeit, Vorruhestandsregelungen und besondere Altersgrenzen – liegen. Demgegenüber wiesen die Länder – trotz der allgemein höheren gesetzlichen Zugangshürden – lange Zeit die höchsten Altersteilzeitquoten auf. Auch dieser Befund korrespondiert mit dem Angebot an alternativen Vorruhestandswegen, nur diesmal umgekehrt: Wie gesehen, spielten Vorruhestandsregelungen in den Ländern nie eine Rolle und auch der Ruhestand wegen Dienstunfähigkeit wurde und wird hier bei weitem nicht so häufig in Anspruch genommen wie im Bundesbereich. Die Kommunen schließlich bewegen sich in beiden Fällen, d.h. sowohl bei der Altersteilzeitquote als auch bei der Nutzung von Dienstunfähigkeit und

Vorruhestandsregelungen, traditionell etwa in der Mitte zwischen Bund und Ländern. Des Weiteren dürften auch Unterschiede in der Altersstruktur zwischen den Ebenen mitverantwortlich für die Differenzen sein. So sind die Länder, wie in Kap. 3.3 dargestellt, seit Ende der 1990er Jahre mit einer regelrechten Pensionierungswelle konfrontiert, d.h. es sind anteilig mehr BeamtInnen in das altersteilzeitfähige Alter vorgerückt als im Bund und in den Kommunen (vgl. Altis/Koufen 2014: 182).

≡ **Abb. 6.4:** Entwicklung der Altersteilzeitquote der BeamtInnen von 2000 bis 2014 nach Ebenen (Anteil der Altersteilzeitbeschäftigten an allen Beschäftigten am 30.6. des jeweiligen Jahres)[a]

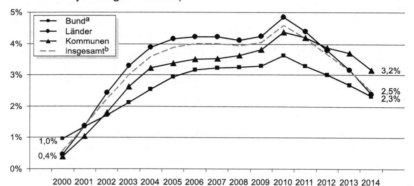

a – ohne BeamtInnen der Postnachfolgeunternehmen

Quelle: Statistisches Bundesamt, Personal des öffentlichen Dienstes, Fachserie 14, Reihe 6; eigene Berechnungen

Das beschriebene Verteilungsmuster zwischen den Ebenen hat sich mit dem Auslaufen der alten gesetzlichen Regelungen zum Jahresende 2009 verändert. Im Landesbereich ist die Altersteilzeitquote stark gesunken, was angesichts der Tatsache, dass in der Hälfte der Länder Altersteilzeit nun gar nicht mehr angeboten wird, kaum verwundern kann. Auch auf Bundesebene ist die Inanspruchnahme aufgrund der Sperrquote von 2,5%, über die hinaus Altersteilzeit nur noch in ausgewiesenen Stellenabbaubereichen bewilligt werden darf, deutlich gesunken. Da die Altersteilzeitquote im Jahr 2010 mit 3,7% deutlich über dieser Sperrquote lag, wurden hier in den Folgejahren offensichtlich nur noch selten Neuanträge bewilligt, so dass die Altersteilzeitquote inzwischen sogar unter die Sperrquote abgerutscht ist. Dies wird auch durch den Umstand untermauert, dass sich

2014 rund 82% der altersteilzeitbeschäftigten BundesbeamtInnen bereits in der Freistellungsphase des Blockmodells befanden und somit unmittelbar vor dem Ruhestandseintritt standen (StBA 2015b: 26). In den Kommunen hat sich die Situation hingegen noch am wenigsten verändert. Zwar ist auch hier die Inanspruchnahme gesunken, allerdings in wesentlich geringerem Maße als in Bund und Ländern, so dass die kommunalen BeamtInnen inzwischen mit deutlichem Abstand die höchste Altersteilzeitquote aufweisen. Fast die Hälfte der Altersteilzeitbeschäftigten befand sich hier 2014 noch in der Arbeitsphase des Blockmodells oder im Gleichverteilungsmodell (ebd.). In den Kommunen ist Altersteilzeit also auch nach 2010 noch in größerem Umfang bewilligt worden.

Auch entlang der Kategorie Geschlecht zeigte sich lange Zeit eine Ungleichverteilung in der Nutzung von Altersteilzeit (vgl. Abb. 6.5). Von Anfang an lag die Altersteilzeitquote der Beamtinnen deutlich unter jener der Beamten. Wiederum dürfte hierbei die unterschiedliche Bedeutung anderer Zugangswege in den Ruhestand eine zentrale Rolle spielen, in diesem Fall vor allem die wesentlich stärkere und frühere Inanspruchnahme von Dienstunfähigkeit seitens der Beamtinnen. So wie sich insgesamt beim Ruhestandszugang eine Angleichung zwischen den Geschlechtern vollzogen hat, so haben sich jedoch auch die Altersteilzeitquoten in den

Abb. 6.5: Entwicklung der Altersteilzeitquote der BeamtInnen von 2002 bis 2014 nach Geschlecht (Anteil der Altersteilzeitbeschäftigten an allen Beschäftigten am 30.6. des jeweiligen Jahres)[a]

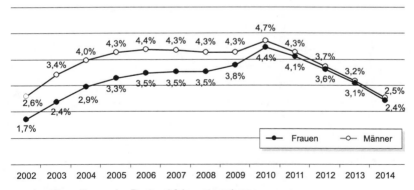

a – ohne BeamtInnen der Postnachfolgeunternehmen

Quelle: Statistisches Bundesamt, Personal des öffentlichen Dienstes, Fachserie 14, Reihe 6; eigene Berechnungen

133

letzten Jahren stark angenähert, so dass inzwischen von einem weitgehend gleichen Nutzungsverhalten gesprochen werden kann.[22]

Wie bereits mehrfach angedeutet: Unabhängig von Ebenen und Geschlecht machen die BeamtInnen nahezu ausschließlich vom Blockmodell der Altersteilzeit Gebrauch (vgl. Abb. 6.6). Das Gleichverteilungsmodell hatte im Jahr 2014 nur einen Anteil an allen Altersteilzeitfällen von gerade einmal 7%. Dabei machten die Beamten (8%) überraschenderweise etwas häufiger von „echter" Altersteilzeit Gebrauch als die eigentlich ja teilzeitaffineren Beamtinnen (7%) (StBA 2015b: 28). Auch zwischen den Ebenen zeigen sich nur geringe Unterschiede: Im Bund (9%) wird das Gleichverteilungsmodell etwas häufiger gewählt als in den Ländern und in den Kommunen (je 5%) (StBA 2015b: 26).

Vor den Neuregelungen des Jahres 2010 und folgende war das Gleichverteilungsmodell noch etwas häufiger in Anspruch genommen worden, kam aber auch da nie über einen subalternen Status hinaus. Im Vergleich zeigt sich immerhin, dass das Gleichverteilungsmodell von den BeamtInnen etwas häufiger gewählt wird als von den Tarifbeschäftigten des öffentlichen Dienstes. Gleichwohl bestätigt sich insgesamt der auch aus anderen Untersuchungen bekannte Befund: Altersteilzeit konnte sich bis heute entgegen der ursprünglichen gesetzgeberischen Intention nie zu einem

≡ Abb. 6.6:    Entwicklung des Anteils des Gleichverteilungsmodells unter den Altersteilzeitfällen von 2006 bis 2014 (am 30.6. des jeweiligen Jahres)[a]

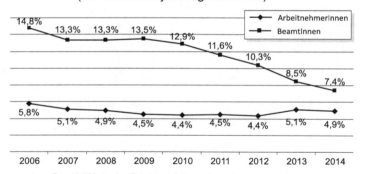

a – ohne Beschäftigte der Postnachfolgeunternehmen

Quelle:    Statistisches Bundesamt, Personal des öffentlichen Dienstes, Fachserie 14, Reihe 6; eigene Berechnungen

---

22    Dieses Verteilungs- und Entwicklungsmuster zeigt sich übrigens auch auf gesamtwirtschaftlicher Ebene (vgl. Wanger 2009).

Instrument des gleitenden Erwerbsausstiegs entwickeln. Ihr hoher Angebots- und Nutzungsgrad verdankt sich vielmehr ausschließlich der Möglichkeit der Verblockung von Arbeits- und Freistellungsphase (vgl. Fröhler 2014).

## 6.3    Teilzeitbeschäftigung im Alter    ∎

Eine Möglichkeit des gleitenden Übergangs in den Ruhestand ist die Reduzierung der Arbeitszeit. Soweit dienstliche Belange nicht entgegenstehen, können BeamtInnen jederzeit den Wechsel in Teilzeit beantragen. Die Teilzeitbeschäftigung darf die Hälfte der regelmäßigen Arbeitszeit nicht unterschreiten. Wenn sich der Antrag auf den gesamten Zeitraum bis zum Ruhestandseintritt erstreckt und zwingende dienstliche Gründe nicht entgegenstehen, kann die Teilzeit – zumindest im Bundesbereich – sogar im Blockmodell bewilligt werden. Dabei ist eine maximale Freistellung von der Arbeit bis zu fünf Jahren möglich. Die Freistellungsphase muss am Ende des Zeitraums liegen. Ein mehrmaliger Wechsel von Arbeits- und Freistellungsphasen oder eine schrittweise Reduzierung der Arbeitszeit sind also nicht möglich. In den Ländern gelten zum Teil abweichende Regelungen.

Im Gegensatz zur Altersteilzeit oder zur „flexiblen Altersarbeitszeit" gibt es im Rahmen einer „normalen" Teilzeitbeschäftigung keinen finanziellen (Teil-)Ausgleich. Vielmehr werden die Dienstbezüge im gleichen Verhältnis wie die Arbeitszeit gekürzt und gleichmäßig über die gesamte Laufzeit verteilt. Auch die ruhegehaltsfähigen Dienstzeiten vermindern sich entsprechend. Für Nebentätigkeiten gelten dieselben Vorschriften und Grenzen wie für Vollzeitbeschäftigte. Zudem kann die zuständige Dienstbehörde die Dauer der Teilzeitbeschäftigung nachträglich beschränken oder den Umfang der zu leistenden Arbeitszeit erhöhen, wenn zwingende dienstliche Belange dies erfordern.

Daten zur Teilzeitbeschäftigung im Alter liegen nicht vor. Aufgrund der ungünstigen Bedingungen und der Existenz attraktiverer Übergangsoptionen ist jedoch zu vermuten, dass diese Form des gleitenden oder auch vorzeitigen Erwerbsausstiegs nur selten genutzt wird.

## 6.4    Beurlaubung ohne Bezüge    ∎

In Dienstbereichen, in denen ein Stellenüberhang abgebaut werden soll oder ein außergewöhnlicher arbeitsmarktbedingter Bewerberüberhang besteht, können BundesbeamtInnen einen Antrag auf Urlaub ohne Besoldung bis zu einer Dauer von sechs Jahren stellen. Reicht der Urlaub bis zum Beginn des Ruhestands, ist sogar eine Gesamtdauer von bis zu 15 Jahren möglich.[23] Eine Rückkehr in den aktiven Dienst ist möglich, wenn die Fortsetzung der Beurlaubung dem Beamten/der Beamtin nicht zugemutet werden kann und dienstliche Belange dem nicht entgegenstehen. In den Ländern sind zum Teil abweichende Bestimmungen in Kraft.

Während des Urlaubs erhalten die BeamtInnen keine Bezüge, die Versorgungsansprüche bleiben jedoch bestehen. Sie dürfen auch keiner genehmigungspflichtigen Nebentätigkeit nachgehen. Nicht genehmigungspflichtige Nebentätigkeiten dürfen nur im Umfang der Bestimmungen für Vollzeitbeschäftigte ausgeübt werden. Die zuständige Dienstbehörde darf hiervon jedoch abweichen, wenn die Nebentätigkeit dem Zweck der Urlaubsbewilligung nicht zuwiderläuft.

Im Jahr 2014 waren rund 76.000 BeamtInnen der Gebietskörperschaften, der Sozialversicherungsträger und des Bundeseisenbahnvermögens ohne Bezüge beurlaubt (StBA 2015b: 25). Hinzu kamen ca. 34.000 beurlaubte BeamtInnen in den Postnachfolgeunternehmen (BMI 2013: 153). Wie viele dieser Beurlaubungen bis zum Ruhestandseintritt reichen und somit den Charakter eines Übergangsinstrumentes haben, ist jedoch nicht bekannt.

■ **6.5 Langzeitkonten**

Langzeitkonten sind eine Variante von betrieblichen Arbeitszeitkonten. Während Kurzzeitkonten vor allem dem kurzfristigen Ausgleich von Arbeitszeitschwankungen dienen, verfolgen Langzeitkonten den Zweck einer längerfristigen, teilweise oder vollständig bezahlten Freistellung. Grundsätzlich sind zwei Typen zu unterscheiden (vgl. Hildebrandt/Wotschack 2006: 592):

1) *Optionale Langzeitkonten* ermöglichen Zeitentnahmen zu unterschiedlichen Zeitpunkten und Zwecken.

2) *Altersbezogene Langzeitkonten*, auch als Lebensarbeitszeitkonten bekannt, werden erst am Ende des Erwerbslebens fällig und dienen der Finanzierung eines vorzeitigen Erwerbsausstiegs.

Um Langzeitkonten sozialrechtlich abzusichern und ihre Verbreitung zu fördern, wurde 1998 mit dem so genannten „Flexi-Gesetz" ein erster ge-

---

23  Bis 2004 war zusätzlich ein Mindestalter von 50 Jahren und von 2005 bis 2009 ein Mindestalter von 55 Jahren vorgeschrieben.

setzlicher Rahmen geschaffen. Dabei wurde unter anderem die nachgelagerte Verbeitragung und Besteuerung der Wertguthaben, der grundsätzliche Fortbestand des Arbeitsverhältnisses während der Freistellung und das Verbot stark abweichender Entgelte zwischen Arbeits- und Freistellungsphase festgelegt. Des Weiteren wurden Regelungen für den „Störfall" der vorzeitigen Beendigung des Arbeitsverhältnisses getroffen (Auszahlung des Guthabens, Übertragung in die betriebliche Altersvorsorge oder auf ein neues Unternehmen) und ein gesonderter Insolvenzschutz für Wertguthaben eingeführt, weil diese im Insolvenzrecht nicht abgesichert waren.

Da sich auch in der Folgezeit insbesondere der mangelhafte Insolvenzschutz sowie die eingeschränkte Portabilität der Wertguthaben als Hemmnis für eine stärkere Verbreitung und Nutzung von Langzeitkonten erwiesen, wurden die gesetzlichen Vorgaben 2009 mit dem „Flexi-II-Gesetz" nachjustiert. Die Insolvenzschutzvorschriften wurden deutlich verschärft, Kontrollmechanismen und eine persönliche Haftung der Unternehmensleitung etabliert. Die Übertragung des Guthabens auf ein neues Unternehmen wurde erleichtert und die Möglichkeit der treuhänderischen Verwaltung durch die Rentenversicherungsträger geschaffen. Um Anlagerisiken einzudämmen, wurden die Anlagevorschriften für Wertguthaben strenger gefasst und eine Werterhaltungsgarantie seitens des Unternehmens eingeführt. Des Weiteren wurden die Führungs- und Verwaltungsvorschriften sowie die Verwendungszwecke für Wertguthaben konkretisiert.[24] Dennoch stellen die gesetzlichen Vorgaben insgesamt nach wie vor lediglich Rahmenbedingungen dar, die der tariflichen bzw. betrieblichen Präzisierung bedürfen.

Im öffentlichen Dienst kam es bislang nicht zum Abschluss eines Branchentarifvertrages zur Regelung von Langzeitkonten. Es existiert jedoch eine tarifliche Öffnungsklausel im TVöD und im TV-L, der entsprechende Vereinbarungen auf betrieblicher oder individueller Ebene ermöglicht. Diese Öffnungsklausel wird durchaus genutzt: Im Herbst 2010 boten 7% der öffentlichen Betriebe und Dienststellen Langzeitkonten an (Riedmann et al. 2011: 50). Damit waren Langzeitkonten im öffentlichen Dienst deutlich stärker verbreitet als in der Privatwirtschaft (2% der Betriebe). Ausschlaggebend hierfür dürfte vor allem die günstigere Betriebsgrößenstruktur im öffentlichen Dienst mit im Durchschnitt erheblich größeren Betrieben bzw. Dienststellen sein, denn das Angebot an Langzeitkonten steigt deutlich mit der Betriebsgröße (vgl. Ellguth et al. 2013: 5).

---

24  Näheres zu den gesetzlichen Vorgaben und zu Langzeitkonten als Übergangsinstrument siehe bei Fröhler et al. (2013: 70ff.).

Im Beamtenbereich kamen Langzeitkonten lange Zeit gar nicht zu Anwendung. Erst im Jahr 2011 wurde in die Arbeitszeitverordnung des Bundes eine „Experimentierklausel" zur Erprobung von Langzeitkonten als Element einer flexiblen Arbeitszeitgestaltung aufgenommen. Das Pilotprojekt war zunächst auf die Geschäftsbereiche des BMAS und des BMFSFJ beschränkt. Mitte Dezember 2014 wurde es auf alle Bundesressorts ausgeweitet. Dies lässt vermuten, dass die Langzeitkonten bei den BeamtInnen in den beiden Ministerien durchaus auf Resonanz gestoßen sind. Daten hierzu wurden jedoch bislang nicht veröffentlicht.

Die „Experimentierklausel" sieht vor, dass die oberste Dienstbehörde Dienststellen und Arbeitsbereiche bestimmen kann, in denen Langzeitkonten erprobt werden sollen. Dort können BeamtInnen eine Verlängerung der allgemeinen regelmäßigen Wochenarbeitszeit von 41 auf bis zu 44 Stunden beantragen, wenn dies für die Erfüllung ihrer dienstlichen Aufgaben angemessen und zweckmäßig ist. BeamtInnen mit einer reduzierten regelmäßigen Arbeitszeit sind von der Nutzung ausgeschlossen. Die über 41 Wochenstunden hinaus geleistete Arbeitszeit wird dem Langzeitkonto gutgeschrieben. Darüber hinaus kann auch dienstlich angeordnete oder genehmigte Mehrarbeit im Umfang von bis zu 40 Stunden im Jahr sowie ein Teil des jährlichen Erholungsurlaubs (bis zu zehn Tage) eingebracht werden. Die Einbringung von Zeitguthaben aus einem Gleitzeitkonto ist hingegen ausgeschlossen. Der Ansparprozess darf längstens einen Zeitraum von bis zu fünf Jahren umfassen und ist bis Ende 2020 begrenzt. Das gesamte Zeitguthaben darf 1.400 Stunden nicht überschreiten. Bei einer regelmäßigen Arbeitszeit von 41 Stunden entspricht dies einem maximalen Freistellungsvolumen von 34 Wochen. Der Zeitausgleich wird durch Freistellung vom Dienst unter Fortzahlung der Besoldung gewährt. Der Freistellungsantrag kann aus dienstlichen Gründen abgelehnt werden. In diesem Fall muss der Dienstherr aber mitteilen, wann eine Freistellung in dem beantragten Umfang denn möglich ist. Nach Vollendung des 60. Lebensjahres ist der Zeitausgleich nur in Form von Teilzeitarbeit möglich, wobei die Blockbildung ausgeschlossen ist. Nähere Bestimmungen zu den Langzeitkonten trifft die oberste Dienstbehörde.

Auch in Ländern und Kommunen sind vereinzelt Bestimmungen zu Langzeitkonten in Kraft. So wird in Hessen seit 2007 eine Stunde der auf 42 Stunden erhöhten regelmäßigen Wochenarbeitszeit auf einem Lebensarbeitszeitkonto gutgeschrieben. BeamtInnen, die aufgrund der Altersstaffelung nur noch eine Wochenarbeitszeit von 41 Stunden (ab dem 51. Lebensjahr) bzw. 40 Stunden (ab dem 61. Lebensjahr) haben, können zu diesem Zweck ihre Arbeitszeit um eine Stunde erhöhen. Die angesparten Stunden dienen der Freistellung unmittelbar vor dem Ruhestand oder der

Freistellungsphase der Altersteilzeit. Auf Antrag ist auch die Freistellung zu einem früheren Zeitpunkt möglich. Eine ähnliche Regelung existiert seit Anfang 2015 auch in Brandenburg. Zusätzlich können dort teilweise auch Überstunden sowie Zulagen und Zuschläge angespart werden. In Berlin hingegen wurden die 2003 eingeführten Lebensarbeitszeitkonten für Lehrkräfte, auf denen pro Schuljahr obligatorisch fünf Arbeitstage angespart wurden, mit Schuljahresbeginn 2014/15 wieder abgeschafft. Stattdessen wird nun als Ausgleich eine Altersermäßigung ab dem 58. Lebensjahr von bis zu zwei Unterrichtsstunden pro Woche gewährt. Schließlich verhandelt die Deutschen Post AG bereits seit 2011 mit dem Bundesfinanzministerium über eine Übertragung ihres Kombinationsmodells aus Altersteilzeit und Zeitwertkonto (vgl. Fröhler et al. 2013: 621) auf die ihnen zugewiesenen PostbeamtInnen – bislang jedoch ohne Erfolg (vgl. ver.di 2014).

## 6.6 Flexible Altersarbeitszeit ■

In den Tarifverhandlungen des Jahres 2010 zur Fortsetzung der Altersteilzeit machten die öffentlichen Arbeitgeber die Vereinbarung eines Teilrentenmodells zur Voraussetzung für einen Tarifabschluss.[25] Das im Bundesaußenministerium (BMA) entwickelte Modell der „flexiblen Altersarbeitszeit" (FALTER) ist Bestandteil des „Tarifvertrags zur Regelung flexibler Arbeitszeiten für ältere Beschäftigte", der auch die aktuellen Regelungen zur Altersteilzeit enthält. Das Modell wurde weitgehend inhaltsgleich auf den Beamtenbereich des Bundes übertragen. Im Beamtenbereich der Länder findet es hingegen bislang keine Anwendung.

Im Grunde genommen handelt es sich bei der „flexiblen Altersarbeitszeit" gar nicht um ein Vorruhestandsmodell, sondern vielmehr um ein Instrument zur Verlängerung der Lebensarbeitszeit über die Regelaltersgrenze bzw. die besonderen Altersgrenzen hinaus. Es bietet die Möglichkeit eines gleitenden Übergangs in den Ruhestand mittels einer Kombination von Teilzeitbeschäftigung und Teilruhegehalt. Über einen Zeitraum von bis zu vier Jahren hinweg können BeamtInnen ihre Arbeitszeit auf die Hälfte der bisherigen regelmäßigen Arbeitszeit reduzieren. Eine „Verblockung" oder eine ungleichmäßige Verteilung der Arbeitszeit ist nicht möglich. Die Teilzeitbeschäftigung beginnt frühestens zwei Jahre vor der Regelaltersgrenze (bzw. der besonderen Altersgrenze) und endet spätestens zwei Jahre nach deren Erreichen. Auch eine kürzere Dauer ist möglich, die

---

25  Zum Instrument der Teilrente im Allgemeinen siehe Fröhler et al. (2013: 64ff.).

Zeiträume vor und nach Erreichen der jeweils geltenden Altersgrenze müssen jedoch gleich lang sein. Zu den hälftigen Dienstbezügen wird ein nicht ruhegehaltsfähiger Zuschlag in Höhe des hälftigen Ruhegehalts gewährt, das zum Zeitpunkt des Beginns der Teilzeitbeschäftigung zugestanden hätte. Um eine finanzielle Schlechterstellung gegenüber der ungeminderten Weiterarbeit bis zum Erreichen der Altersgrenze zu vermeiden, entfallen im Rahmen von FALTER die sonst üblichen Abschläge bei vorzeitigem Versorgungszugang.[26] Nebentätigkeiten sind lediglich im Rahmen der für Vollzeitbeschäftigte geltenden Bestimmungen möglich.

Ein Anspruch auf die „flexible Altersarbeitszeit" existiert nicht. Vielmehr setzt die Bewilligung das Vorliegen eines expliziten dienstlichen Interesses voraus. Die Bewilligung ist wechselseitig bindend. Sie kann nur widerrufen werden, wenn die Fortsetzung der Beschäftigung dem Beamten/der Beamtin nicht mehr zugemutet werden kann. Der Zugang zu FALTER ist, analog zum Tarifbereich, zunächst bis Ende 2016 befristet.

Die Fortsetzung der Diensttätigkeit über die Regel- oder besondere Altersgrenze hinaus in Form einer Teilzeitbeschäftigung ist sowohl im Bund als auch in sämtlichen Ländern bereits seit langem auch jenseits von FALTER möglich (vgl. dbb 2014a). In der Regel kann der Ruhestandseintritt bei dienstlichem Interesse sogar bis zu drei Jahre hinausgeschoben werden. Wenn die Höchstversorgung wegen familienbedingter Abwesenheitszeiten nicht erreicht werden konnte, besteht hierauf sogar ein Bewilligungsanspruch, insofern dienstliche Belange dem nicht entgegenstehen. Auch Teilzeit mit mehr als der Hälfte der regelmäßigen Arbeitszeit oder einer ungleichmäßigen Verteilung der Arbeitszeit ist in diesem Rahmen möglich. Bei Erreichen der Altersgrenze wird wie bei FALTER zusätzlich zur Besoldung ein nicht ruhegehaltsfähiger Zuschlag in Höhe des zustehenden Ruhegehalts gewährt.[27] Einzige substantielle Neuerung von FALTER ist insofern, dass dieser Zuschlag auch schon in der Zeit vor dem Erreichen der Altersgrenze gewährt wird und dass die Bewilligung bis zu vier Jahre bindend ist.

Daten zur Bewilligung von FALTER liegen bislang nicht vor. Nach Auskunft von DGB und dbb beschränkt sich die Nutzung jedoch auf wenige Einzelfälle im höheren Dienst. Schon bei Einführung des Modells waren selbst die Arbeitgeber von einem geringen Nutzungsinteresse aus-

---

26  Diese Regelung wurde allerdings erst nachträglich Mitte 2013 auf entsprechende Forderungen der Beamtenverbände hin eingeführt. Zuvor galten die üblichen Abschlagsbestimmungen.

27  Ist die Höchstversorgung erreicht, wird zusätzlich ein weiterer Zuschlag in Höhe von 10% des Grundgehalts gewährt.

gegangen. Die Bedeutung von FALTER ist deshalb vor allem im politisch-symbolischen Bereich zu verorten: Die öffentlichen Arbeitgeber wollten der von ihnen propagierten Verlängerung des Erwerbslebens – auch über die Regelaltersgrenze hinaus – mit gutem Beispiel vorangehen (Fröhler et al. 2013: 415).

# 7    Fazit: Versorgungsübergang im beschäftigungspolitischen Wandel

Die Untersuchung hat gezeigt, dass sowohl die Entwicklung der Regulation des Versorgungsübergangs als auch die Entwicklung der Übergangspraxis von den beschäftigungs- und personalpolitischen Interessen der öffentlichen Arbeitgeber bestimmt wird. Diese sind geprägt von den sich seit Ende der 1980er Jahre vollziehenden Prozessen der Liberalisierung, Privatisierung und Ökonomisierung des öffentlichen Dienstes. Im Rahmen der vorherrschenden Sparpolitik, die der Entlastung der öffentlichen Haushalte und der Reduktion der Personalkosten absolute Priorität einräumt, stellt die Regulierung des Erwerbsausstiegs ein zentrales Steuerungselement dar. Einerseits wird der notwendige Personalabbau mangels anderer beamtenrechtlicher Handlungsmöglichkeiten vor allem über das Zusammenspiel von Einstellungsstopps und vorzeitiger Ruhestandsversetzung vollzogen, andererseits soll das verbliebene und benötigte Personal seine Arbeitskraft möglichst lange zur Verfügung stellen, um die Ruhestandskosten zu begrenzen. Denn im Gegensatz zur Privatwirtschaft und zum privatrechtlichen Bereich des öffentlichen Dienstes können die öffentlichen Arbeitgeber ihrer Personalkosten im Beamtenbereich nicht über den Vorruhestand externalisieren, da ihre finanzielle Verantwortung hier sowohl die Besoldung als auch die Versorgung umfasst. Vorruhestandsbedingte Einsparungen bei der Besoldung haben somit zusätzliche Ausgaben bei der Versorgung zur Folge. Wirtschaftlich ist die vorzeitige Versetzung in den Ruhestand nur dann, wenn die zusätzlichen Versorgungskosten niedriger sind als die eingesparten Besoldungskosten. Dies ist regelmäßig dann der Fall, wenn eine Stelle eingespart werden soll oder für den Beamten bzw. die Beamtin aus anderen Gründen (z.B. wegen einer dauerhaften Leistungseinschränkung oder einem schwer auszugleichenden Qualifikationsdefizit) keine Verwendung mehr besteht.

Vor dem Hintergrund des umfassenden Personalabbaus und -umbaus waren die 1990er Jahre zunächst von einem personalpolitischen Paradigma der Lebensarbeitszeitverkürzung geprägt. Vorruhestandsregelungen und vor allem der Ruhestand wegen Dienstunfähigkeit waren die dominanten Zugangswege in die Versorgung. Zeitweise entfielen bis zu zwei Drittel aller Ruhestandseintritte auf diese beiden besonders frühen Arten des Versorgungszugangs. Insgesamt traten die BeamtInnen nahezu flächendeckend vorzeitig aus dem aktiven Dienst aus, kaum eine/r erreichte die Regelaltersgrenze. Entsprechend sank das durchschnittliche Pensionsalter bis Ende der 1990er Jahre auf den historischen Tiefststand von gut 56 Jahren.

Damit gingen die BeamtInnen im Durchschnitt rund drei Jahre früher in den Ruhestand als die privatrechtlich Beschäftigten des öffentlichen Dienstes und fast vier Jahre früher als der Gesamtkreis der gesetzlich Versicherten.

Angesichts der steigenden Versorgungsausgaben und des sich absehbar abschwächenden Personalanpassungsbedarfs vollzogen Gesetzgeber und öffentliche Arbeitgeber gegen Ende der 1990er Jahre einen Paradigmenwechsel hin zur *Verlängerung* der Lebensarbeitszeit. Im weitgehenden Einklang mit den Reformen in der gesetzlichen Rentenversicherung wurden (und werden) die Altersgrenzen für den Ruhestandseintritt angehoben. Gleichzeitig wurde der vorzeitige Zugang mit steigenden Versorgungsabschlägen versehen. Um die Nutzung des Ruhestands wegen Dienstunfähigkeit einzuschränken, wurden die Anspruchsvoraussetzungen verschärft und das Versorgungsniveau abgesenkt. Vorruhestandsregelungen wurden abgeschafft oder auf eng definierte Restrukturierungs- und Stellenabbaubereiche begrenzt. Weitere Beschränkungen für den vorzeitigen Erwerbsausstieg gehen von der Anhebung der für das Erreichen der Höchstversorgung notwendigen Dienstjahre und der sukzessiven Absenkung des allgemeinen Versorgungsniveaus aus, denn hierdurch wird der finanziellen Handlungsspielraum der BeamtInnen in Bezug auf Zeitpunkt und Gestaltung des Erwerbsaustritts deutlich eingeengt.

Diese regressiven Reformen hatten (und haben) erhebliche Auswirkungen auf das Übergangsverhalten der BeamtInnen. Die Zugänge in Dienstunfähigkeit und in Vorruhestandsregelungen gingen zurück, im Gegenzug gewannen die anderen, erst zu einem späteren Zeitpunkt möglichen Zugangsarten an Gewicht. Dies gilt in besonderem Maße für das Erreichen der Regelaltersgrenze, das – zusammen mit dem allgemeinen Antragsruhestand – inzwischen die am häufigsten gewählte Zugangsmöglichkeit darstellt. Zudem werden alle Zugangsarten (mit Ausnahme der Vorruhestandsregelungen) inzwischen (deutlich) später in Anspruch genommen. Infolge des veränderten Zugangsverhaltens hat sich das durchschnittliche Pensionsalter seit Ende der 1990er Jahre innerhalb nur einer Dekade um rund fünf Jahre erhöht. Somit gehen die BeamtInnen inzwischen im Durchschnitt später in den Ruhestand als die privatrechtlich Beschäftigten und die gesetzlich Versicherten.

Einen Beitrag zu dieser Entwicklung leistete die 1998 neu eingeführte Altersteilzeit, die entgegen der ursprünglichen gesetzgeberischen Intention der Förderung des gleitenden Erwerbsausstiegs beinahe ausschließlich in Form des Blockmodells genutzt wurde. Dies eröffnete den BeamtInnen die Möglichkeit der Kombination eines vorzeitigen Erwerbsausstiegs mit einem späteren Ruhestandseintritt – und somit der Vermeidung oder zumindest Verringerung von Versorgungsabschlägen und -einbußen. Entsprechend stieg der Anteil der Altersteilzeitbeschäftigten – trotz erster Zugangsbegrenzungen Mitte der 2000er Jahre – nahezu kontinuierlich auf bis zu 20% der über 55-Jährigen an. Um Nutzung und Kosten zu reduzieren, wurde der Zugang zur Altersteilzeit ab 2010 erheblich erschwert und auf festgelegte Bereiche mit Personalüberhang konzentriert. Gleichzeitig wurden die finanziellen Leistungen deutlich reduziert. In der Hälfte der Bundesländer ist Altersteilzeit gar nicht mehr möglich. Infolgedessen ist die Nutzungsquote erheblich gesunken, und für die folgenden Jahre ist mit einem weiteren Rückgang zu rechnen. Andere Formen des teilweisen oder vollständigen Vorruhestands wie Teilzeitbeschäftigung, Beurlaubung, Langzeitkonten oder die „Flexible Altersarbeitszeit" spielen hingegen in der Praxis bislang kaum eine Rolle oder befinden sich noch in der Erprobungsphase.

Insgesamt lässt sich somit festhalten, dass die regressiven gesetzlichen Reformen ihre intendierte Wirkung nicht verfehlt haben. Aufgrund der Doppelfunktion des Staates als Gesetzgeber und Arbeitgeber und des direkten Zugriffs auf das Beamtenverhältnis fiel die Wirkung der weitgehend gleichgerichteten Maßnahmen im Beamtenbereich stärker aus als im Bereich der privatrechtlich Beschäftigten. Die Nutzung des Vorruhestands und der vorgezogenen Altersgrenzen hat erheblich nachgelassen, gleichzeitig wurden die Kosten des vorzeitigen Erwerbsausstiegs in hohem Maße auf die BeamtInnen selbst übertragen. Auch unter Berücksichtigung der (leichten) statistischen Verzerrungen durch die Altersteilzeit ist das Pensionsalter erheblich angestiegen.[1] Der Anstieg war stärker als die Zunahme der weiteren Lebenserwartung der 65-Jährigen, so dass sich die Lebensphase, in der Versorgungsleistungen bezogen werden, insgesamt sogar verringert hat. In ähnlicher Weise werden aller Voraussicht nach die weitere schrittweise Erhöhung der Altersgrenzen und die Einschränkung der Vorruhestandsmöglichkeiten zumindest in näherer Zukunft die Auswirkungen der vermutlich weiter steigenden Lebenserwartung kompensieren.

Die Beamtenverbände konnten den beschäftigungs- und versorgungspolitischen Strategien des Gesetzgebers und der öffentlichen Arbeitgeber kaum etwas entgegensetzen. Ohnehin nur mit eingeschränkten formalrecht-

---

1    Bei einer Altersteilzeitquote unter den über 55-Jährigen von 20%, einer Blockmodellquote von 87% und einer geschätzten durchschnittlichen Dauer der Freistellungsphase von 2,5 Jahren (dies entspricht in etwa dem gesamtgesellschaftlichen Durchschnitt; vgl. Wanger 2009: 5) betrug die altersteilzeitbedingte Differenz zwischen dem statistischen Pensionierungsalter und dem tatsächlichen Erwerbsaustrittsalter selbst zum Höchstnutzungszeitpunkt des Jahres 2010 lediglich etwa 0,4 Jahre.

lichen Möglichkeiten der Interessenvertretung versehen, haben sie im Laufe der letzten beiden Dekaden zunehmend auch an informellem Einfluss verloren. Die Privatisierung öffentlicher Aufgaben, die Dezentralisierung und Fragmentierung des Beamten- wie des Tarifrechts und die zunehmende Entkopplung von Tarif- und Beamtenrecht (bzw. Tarifverhandlungen und Beteiligungsgesprächen) haben die Interessenvertretung erheblich erschwert. Die vormals hochgradig zentralisierten und vereinheitlichten Arbeitsbeziehungen und -bedingungen haben sich erheblich ausdifferenziert. Um das abnehmende Interesse der Gesetzgeber und der öffentlichen Arbeitgeber an der Übergangsregulierung auch nur teilweise zu kompensieren, müss(t)en Gewerkschaften und Beamtenverbände einen wachsenden Teil des Verhandlungsvolumens in dieses Themenfeld investieren, denn für eine reale Ausweitung des Verhandlungsvolumens fehlt ihnen die Durchsetzungskraft, wie sich an der Entwicklung der Tariflöhne und der Besoldungsbezüge unschwer erkennen lässt. Der Ausbau des Vorruhestands hätte also Einbußen in anderen Regelungsbereichen, insbesondere bei der Besoldung, zur Folge, was angesichts der restriktiven bzw. negativen Besoldungs- und Versorgungsentwicklung bei den Mitgliedern verbreitet auf Widerstand stößt (vgl. Fröhler et al. 2013). Unabhängig davon ist die Mobilisierungsfähigkeit für altersbezogene Themen stets begrenzt, da diese vor allem im Fokus der älteren Verbandsmitglieder stehen, während sich Jüngere für dieses Themenfeld weit weniger interessieren und zudem davon auszugehen ist, dass sie von den heutigen Regelungen kaum werden profitieren können. Ohnehin lassen sich seit geraumer Zeit Entsolidarisierungstendenzen unter den Verbandsmitgliedern und Belegschaften feststellen, die auf interpersonaler Umverteilung basierende Vereinbarungen generell erschweren (vgl. Tietel 2006; Strauß et al. 2009).

Für die BeamtInnen bedeuten die Einschränkung des Vorruhestands und die Anhebung der Altersgrenzen in der Summe nicht nur ein in ein höheres Alter verlängertes Erwerbsleben, sondern auch erhebliche Einschränkungen bei der Wahl des Zeitpunkts des Erwerbsausstiegs und der Gestaltung des Übergangs in den Ruhestand. Hinzu kommt, dass sie die Kosten des vorzeitigen Erwerbsaustritts in wachsendem Maße selbst tragen müssen, was ihnen vor dem Hintergrund sinkender Besoldungs- und Versorgungsbezüge zudem zunehmend schwerer fällt.

Da sich die Möglichkeiten und Bedingungen des vorzeitigen Erwerbsausstiegs immer stärker nach Geburtsjahrgängen, Gebietskörperschaften, Beamtengruppen und Dienststellen ausdifferenzieren, steigt zudem die Ungleichheit bei den Zugangs- wie den Nutzungchancen. Derselbe Lebenssachverhalt wird je nach räumlicher und gruppenspezifischer Zugehörigkeit versorgungsrechtlich unterschiedlich geregelt. Dabei sind die Regelungen zu den Altersgrenzen in den Ländern und Kommunen tendenziell günstiger als jene im Bund. Bei den Vorruhestandsoptionen verhält es sich hingegen genau umgekehrt. Legt man das durchschnittliche Pensionsalter als Kriterium zugrunde, so haben die BundesbeamtInnen die besten Chancen und Bedingungen für einen vorzeitigen Erwerbsausstieg, die LandesbeamtInnen hingegen die schlechtesten. Wie gesehen, differieren die Zugangs- und Nutzungsbedingungen jedoch auch innerhalb der Gebietskörperschaften erheblich nach Geburtsjahrgang, Beamtengruppe und räumlicher Zugehörigkeit.

Weil sich die Übergangsbedingungen insgesamt deutlich verschlechtert haben, spielen zudem auch die individuellen Handlungsressourcen wie Qualifikation, Einkommen und Arbeitsfähigkeit eine zunehmend wichtige Rolle für die tatsächliche Nutzbarkeit einer Möglichkeit des vorzeitigen oder gleitenden Erwerbsausstiegs. Benachteiligt sind hierbei vor allem jene, welche die höheren (abschlagsfreien) Altersgrenzen aufgrund eingeschränkter Leistungsfähigkeit nicht erreichen können, sowie diejenigen, die sich einen vorzeitigen Erwerbsausstieg wegen der Einkommens- und Versorgungseinbußen nicht leisten können. Damit erweisen sich jene Personengruppen als besonders benachteiligt, die sowohl ein früheres Erwerbsausstiegsalter als auch geringere Besoldungs- und Versorgungsbezüge aufweisen: Frauen, BeamtInnen mit einem hohen Invaliditätsrisiko und BeamtInnen der unteren und mittleren Laufbahngruppen. Somit verliert die sozialpolitische Funktion der Altersgrenzenpolitik, Unterschiede in den individuellen Übergangschancen zumindest teilweise zu nivellieren, weiter an Gewicht – mit der Folge eines weiteren Anstiegs der sozialen Ungleichheit im Versorgungsübergang und im Ruhestand.

Verschärfend kommt hinzu, dass sich die Voraussetzungen für ein längeres Erwerbsleben infolge der Ökonomisierung des öffentlichen Dienstes grundsätzlich verschlechtert haben und der Bedarf an Möglichkeiten des vorzeitigen oder gleitenden Erwerbsausstiegs somit eigentlich gestiegen ist. Der Personalabbau, die Reorganisations- und Rationalisierungsmaßnahmen und die strukturelle Unterfinanzierung der öffentlichen Haushalte haben die Arbeitsanforderungen und -belastungen massiv erhöht. Entsprechend nimmt der öffentliche Dienst inzwischen sowohl bei den arbeitsbedingten gesundheitlichen Beeinträchtigungen als auch bei den krankheitsbedingten Fehlzeiten im Branchenvergleich Spitzenplätze ein (BMAS/ BauA 2012; Badura et al. 2012). Dabei steigen Beeinträchtigungen und Fehlzeiten mit höherem Erwerbsalter stark an. Laut DGB-Index „Gute Arbeit" geht die Hälfte der öffentlich Beschäftigten davon aus, dass sie ihre derzeitige Tätigkeit aufgrund der Arbeitsbelastungen nicht bis zum Ruhestandsalter ausüben können oder sind sich diesbezüglich zumindest unsicher (DGB-Index 2011: 13).

Angesichts dieser Situation müsste der alter(n)sgerechten Gestaltung der Arbeitsbedingungen im öffentlichen Dienst eigentlich ein besonderes Gewicht zukommen. Einschlägige Untersuchungen zeigen jedoch eine gegenteilige Praxis. So wurden laut BIBB/BAuA-Erwerbstätigenbefragung 2005/06 lediglich 39% der öffentlichen Beschäftigten Maßnahmen der betrieblichen Gesundheitsförderung angeboten; zum Vergleich: in der Industrie waren es mit 52% der Beschäftigten deutlich mehr (BMAS/BAuA 2012: 64). Zudem sind die angebotenen Maßnahmen oft von zweifelhafter Qualität (vgl. Ahlers 2005: 349). Häufig liegen ihnen gar keine explizit gesundheitspräventiven Ziele zugrunde (wie z.B. beim Betriebssport). Auch folgen sie in der Regel keinem Gesamtkonzept und sind deshalb auch nicht aufeinander abgestimmt. Zudem dominieren verhaltenspräventive Maßnahmen, die im Hinblick auf einen konstruktiven Gesundheitsschutz eher als nachrangig zu betrachten sind, da sie nicht auf den Abbau der gesundheitsgefährdenden Arbeitsbelastungen zielen, sondern lediglich auf Symptombewältigung durch die Beschäftigten. Maßnahmen, die bei den arbeits-, leistungs- und organisationspolitischen Ursachen ansetzen, sind hingegen rar (Brandl/Stelzl 2013: 76). Ausgerechnet die öffentlichen Arbeitgeber missachten also in besonderer Weise die Vorgaben des von ihnen in ihrer Funktion als Gesetzgeber verabschiedeten Arbeitsschutzgesetzes, das seit seiner Reformierung 1996 den präventiven Umgang mit krankmachenden Arbeitsbedingungen fordert.

Im Hinblick auf spezielle Maßnahmen für ältere Beschäftigte sieht es im öffentlichen Dienst hingegen etwas besser aus als in der Privatwirtschaft. Gleichwohl ist die Situation auch hier mehr als unbefriedigend: Laut den Ergebnissen des IAB-Betriebspanels boten im Jahr 2006 lediglich 11% der Dienststellen in der öffentlichen Verwaltung altersgemischte Arbeitsgruppen an, 9% verfügten über eine altersgemäße Ausstattung der Arbeitsplätze, 4% gewährten eine Herabsetzung der Leistungsanforderungen im Alter und nur 3% hatten spezielle Weiterbildungsangebote für Ältere (Bellmann et al. 2007: 4). Seit in den 1990er Jahren die Verlängerung der Lebensarbeitszeit auf die politische Agenda gesetzt wurde, sind zahllose Vorschläge und Maßnahmen für eine wirksamen Gesundheitsschutz und eine nachhaltige Anpassung der Arbeitsbedingungen im Hinblick auf das Ziel der Alter(n)sgerechtigkeit erarbeitet und unterbreitet worden (für den öffentlichen Dienst vgl. z.B. Robert-Bosch-Stiftung 2009 und Clemens 2010). Geschehen ist gleichwohl wenig. Aufgrund der starken Alterszentrierung der Personalstruktur sehen zwar mittlerweile auch die öffentlichen Arbeitgeber Handlungsbedarf, wie sich an der steigenden Anzahl der Gesundheitsförderungs- und Demografieberichte zeigt (z.B. BMI 2011, 2012a, 2012b). Angesichts der fortgesetzten Austeritätspolitik darf allerdings bezweifelt werden, ob den Worten auch Taten folgen, denn eine wirksame altern(s)gerechte Gestaltung der Arbeitsbedingungen ist nicht nur mit massiven Eingriffen in die Arbeits- und Leistungsgestaltung, sondern auch mit erheblichen Kosten verbunden. Subjektivierte Leistungspolitik und permanente Effizienzsteigerungen sind mit diesen Zielen weitgehend unvereinbar und waren bereits in der Vergangenheit einer der Hauptgründe für die unbefriedigende Arbeits- und Gesundheitsprävention (vgl. Ahlers 2005: 350).

Arbeitgeberseitig besteht ein fortgesetzter Bedarf an Möglichkeiten des vorzeitigen und gleitenden Erwerbsausstiegs nicht nur in Bezug auf gesundheitlich eingeschränkte und leistungsgeminderte BeamtInnen sowie auf die verbliebenen Umstrukturierungs- und Personalabbaubereiche, sondern auch in Hinblick auf die überdurchschnittliche Alterszentrierung im öffentlichen Dienst. Bis zum Jahr 2030 wird etwa die Hälfte der heute aktiven BeamtInnen aus dem Dienst ausgeschieden sein. Soll der Status quo der Personalausstattung zumindest beibehalten werden (worauf die jüngere Personalentwicklung hinweist), entsteht dadurch ein erheblicher Ersatzbedarf, der bei kleiner werdenden Alterskohorten zunehmend schwieriger zu befriedigen sein wird. Dies gilt in besonderer Weise für die im Beamtenbereich hauptsächlich nachgefragten höheren Qualifikationen, wo die Alterszentrierung besonders ausgeprägt ist und zudem eine starke Konkurrenz mit der Privatwirtschaft besteht. Da höher Qualifizierte in der Privatwirtschaft grundsätzlich die besseren Verdienstmöglichkeiten haben, wird deren Rekrutierung bei insgesamt schrumpfendem Erwerbspersonenpotenzial vermutlich immer schwieriger. Seit geraumer Zeit lässt sich bereits eine zunehmende Konkurrenz zwischen den Gebietskörperschaften bei der Personalrekrutierung beobachten, wobei die „ärmeren" Länder und Kommunen gegenüber den „reicheren" grundsätzlich benachteiligt sind (vgl. Seidel et al. 2008).

Der erhebliche quantitative und qualitative Ersatzbedarf wird durch die faktische Anhebung des Pensionierungsalters zwar kurzzeitig verringert, allerdings um den Preis eines begrenzten Spielraums für die Neueinstellung Jüngerer und damit eines weiteren Anstiegs des Altersdurchschnitts sowie des Anteils Älterer, mit denen die steigenden Anforderungen der öffentlichen Dienstleistungserbringung bewältigt werden müssen (vgl. Robert-Bosch-Stiftung 2009: 47ff.; Clemens 2010: 14ff.; Brandl/ Stelzl 2013. 78f.). Mithilfe der gezielten Förderung des flexiblen Erwerbsausstiegs könnte nicht nur der Spielraum für die rechtzeitige Verjüngung des Personals erweitert, sondern auch die Attraktivität als Arbeitgeber und somit die Erfolgschancen bei der Mitarbeiterrekrutierung und -bindung gesteigert werden. Denn angesichts des schrumpfenden und alternden Erwerbspersonenpotenzials dürfte diese Funktion des flexiblen Erwerbsausstiegs in Zukunft wieder an Bedeutung gewinnen. In der Privatwirtschaft ist schon seit geraumer Zeit zu beobachten, dass Unternehmen Instrumente des vorzeitigen Erwerbsausstiegs zunehmend zur gezielten Personalverjüngung und -rekrutierung nutzen (vgl. Fröhler 2015).

Somit besteht nicht nur seitens der Beschäftigten ein anhaltend hoher bzw. sogar gestiegener Bedarf an Möglichkeiten des flexiblen Erwerbsausstiegs, sondern grundsätzlich auch seitens der Arbeitgeber. In Bezug auf die Privatwirtschaft und die gesetzlich Versicherten hat der Gesetzgeber diesen Bedarf mittlerweile erkannt und Mitte 2014 mit dem „RV-Leistungsverbesserungsgesetz" die „Rente mit 63" eingeführt. Gleichzeitig wurde – quasi am oberen Ende der Übergangsphase – die Weiterbeschäftigung Älterer über die Regelaltersgrenze hinaus gefördert, indem Arbeitsverträge, die mit Erreichen der Regelaltersgrenze enden, nunmehr beliebig lang und beliebig oft verlängert werden können. Weitere Gesetzesinitiativen zur (Re-)Flexibilisierung des Rentenübergangs sind geplant (vgl. Fröhler 2016). Entsprechende Bestrebungen lassen sich im Beamtenbereich hingegen bislang nicht erkennen. Im Gegenteil: Bis heute weigern sich die Gesetzgeber in Bund und Ländern, die Maßnahmen des „RV-Leistungsverbesserungsgesetzes" in das Beamtenrecht zu übertragen. Die einzigen Neuerungen bleiben somit die Erprobung von Langzeitkonten und die „Flexible Altersarbeitszeit". Diese beiden Instrumente eignen sich jedoch nur bedingt für eine (Re-)Flexibilisierung des Ruhestandübergangs.

Der Einsatz von Langzeitkonten ist im Beamtenrecht erheblichen Beschränkungen unterworfen, da lediglich Arbeitszeit- nicht aber Entgeltanteile ansparfähig sind. Zudem werden die Langzeitkonten nach den geltenden Regelungen ohne Arbeitgeberbeteiligung vollständig von den Beschäftigten alleine finanziert – durch Mehrarbeit und Verzicht auf Erholungsurlaub. Da die Nutzung für den vorzeitigen Erwerbsausstieg hohe Wertguthaben voraussetzt, besteht das Risiko dauerhafter Mehrarbeit und schleichender Arbeitszeitverlängerung, was – zumal vor dem Hintergrund fortschreitender Arbeitsverdichtung und -entgrenzung – mit dem Ziel „guter" oder alter(n)sgerechter Arbeit kaum vereinbar ist. Vor allem in Tätigkeiten mit ohnehin hohen Arbeitsbelastungen erhöht sich durch Mehrarbeit und den Verzicht auf Erholzeiten das Invaliditätsrisiko. Aufgrund des notwendigen Ansparvolumens tritt die Verwendung von Langzeitkonten für den Ruhestandsübergang zudem notwendigerweise in Konkurrenz zu anderen Verwendungszwecken und schließt die Verwendung für eine bessere „Work-Life-Balance" im Rahmen von Erziehungs- und

Pflegezeiten, Teilzeitbeschäftigung oder Sabbaticals nahezu aus. Dies dürften auch die Gründe sein, weshalb das mögliche Ansparvolumen im Beamtenbereich bislang deutlich begrenzt wurde, was umgekehrt die Verwendung der Zeitguthaben für den Versorgungsübergang unattraktiv macht.

Das FALTER-Modell trifft bei den BeamtInnen bislang nur auf sehr geringes Interesse. Das dürfte vor allem daran liegen, dass es sich hierbei nicht um ein Vorruhestandsmodell, sondern um ein Instrument zur Verlängerung der Lebensarbeitszeit über die Regelaltersgrenze hinaus handelt. Offensichtlich ist der Bedarf der BeamtInnen an der Fortsetzung ihrer aktiven Laufbahn im Ruhestandsalter vor dem Hintergrund der ohnehin heraufgesetzten Altersgrenzen gering. Trotz des gestiegenen Pensionsalters gehen noch immer drei Viertel der BeamtInnen vor dem Erreichen der Regelaltersgrenze in den Ruhestand. Zudem begrenzt die Existenz der Höchstversorgungsregelung die finanzielle Attraktivität des Teilruhestands. Doch auch in der gesetzlichen Rentenversicherung, wo diesbezüglich wesentlich günstigere Nutzungsbedingungen herrschen, werden Teilrenten kaum beantragt (vgl. Fröhler 2015). Ausschlaggebend hierfür dürfte nicht zuletzt der Umstand sein, dass es sich hierbei dem Wesen nach um ein Instrument des gleitenden Erwerbsausstiegs handelt. Trotz jahrzehntelanger wissenschaftlicher und politischer Propagierung ist das Interesse sowohl der Beschäftigten als auch der Arbeitgeber an gleitenden Übergängen nach wie vor überschaubar, wie nicht zuletzt auch der geringe Anteil „echter" Altersteilzeit zeigt. Unter den Beschäftigten ist Teilzeitarbeit noch immer weithin als minderwertig stigmatisiert und mit Anerkennungsverlusten verbunden. Da Ältere im Arbeitsalltag ohnehin oftmals mit Nachteilen und Diskriminierungen konfrontiert sind, ist ihre Neigung, am Ende des Berufslebens noch in Teilzeit zu wechseln, meist gering. Hinzu kommt, dass die Reduzierung der Arbeitszeit in der Regel mit Arbeitsverdichtung und höheren Mobilitätskosten verbunden ist und zudem nicht selten mit unfreiwilligen Veränderungen des Arbeitsbereichs bzw. der Arbeitsinhalte einhergeht. Deshalb ist im Regelfall nur mit dem vollständigen Erwerbsausstieg der angestrebte Gewinn an Zeitsouveränität zu erzielen. Doch auch jenseits dieser mit Teilzeit verbundenen Probleme sind die Beschäftigten am Ende ihrer Erwerbsphase mehrheitlich an einem vollständigen Erwerbsausstieg und einer solchermaßen gewonnenen Verlängerung der Ruhestandsphase interessiert. Auch die Arbeitgeber bevorzugen nach wie vor den vollständigen Erwerbsausstieg, da dieser Personalanpassungen erleichtert. Zudem ist Vollzeitbeschäftigung in arbeitsorganisatorischer Hinsicht oft vorteilhafter, weil keine Teilung des Arbeitsplatzes oder Neuverteilung von Arbeit notwendig ist und Übergabe- und Absprachekosten entfallen. Auch werden nach wie vor viele Arbeitsplätze (insbesondere Schichtarbeit, Projektarbeit und wissensbasierte Tätigkeiten) von den Arbeitgebern als nur schwer teilbar angesehen.

Auch die Altersteilzeit konnte nur deshalb zum erfolgreichsten Übergangsinstrument der letzten 15 Jahre werden, weil sie die Möglichkeit der Verblockung und damit des vollständigen vorzeitigen Erwerbsausstiegs bietet. Ein weiterer Grund ist die hohe Flexibilität mittels vieler variabler Stellschrauben, die einen Zuschnitt auf die jeweilige örtliche und individuelle Situation ermöglicht (Fröhler et al. 2013: 525ff.). Vor dem Hintergrund der beschriebenen Problemlagen sollte die Altersteilzeit auch über das Jahr 2016 hinaus fortgesetzt bzw. in denjenigen Ländern, in denen zur Zeit keine gesetzlichen Grundlagen mehr bestehen, wieder eingeführt werden. Dabei sollte auf eine gezielte Förderung jener Beamtengruppen geachtet werden, die von der Anhebung der Altersgrenzen besonders betroffen sind: BeamtInnen mit hohen gesundheitlichen Belastungen und Anforderungen sowie BeamtInnen mit unterdurchschnittlichen Bezügen. Entsprechende Ansätze lassen sich vereinzelt bereits in Tarifverträgen und Betriebsvereinbarungen finden. So sieht der aktuelle Altersteilzeittarifvertrag in der Metall- und Elektroindustrie sowohl eine umgekehrt proportionale Staffelung der Entgeltaufstockung nach Entgeltgruppen, als auch einen besonderen Anspruch und eine eigenständige Anspruchsquote für Beschäftigte in kontinuierlicher Wechselschicht und ähnlich belastenden Arbeitsverhältnissen vor (ebd.: 252ff.). Solche Regelungen könnten ins Beamtenrecht übertragen werden und für die auch zukünftig notwendige Flexibilität im Versorgungsübergang sorgen.

Ein Ansatz zur gezielten Förderung des gleitenden Erwerbsausstiegs und der Verlängerung der Erwerbsphase könnte die Übertragung der Regelungen zur Teilrente aus der gesetzlichen Rentenversicherung in das Beamtenrecht sein (ebd.: 64ff.). Somit könnten sich auch BeamtInnen bei Erreichen einer Altersgrenze dazu entscheiden, ihre Versorgungsbezüge nur teilweise in Anspruch zu nehmen und parallel dazu ihre Diensttätigkeit in reduziertem Umfang fortzusetzen. Damit von dieser Möglichkeit auch tatsächlich Gebrauch gemacht wird, müssten die Regelungen aber nicht nur an das Beamtenrecht angepasst, sondern darüber hinaus auch modifiziert werden (vgl. Fröhler 2016). Um eine individuelle Arbeitszeitreduktion zu ermöglichen und Einkommenseinbußen zu vermeiden, sollte die Vorgabe starrer Teilversorgungsstufen (1/3-, 1/2- und 2/3-Rente) und Hinzuverdienstgrenzen vermieden werden. Stattdessen sollte die stufenlose Kombination von Teilversorgung und Dienstbezügen bis zur Höhe der vorherigen vollen Dienstbezüge möglich sein (vgl. BMAS 2012). Um den Zugang zu einer entsprechenden Teilzeitbeschäftigung zu erleichtern, sollte in diesem Fall ein Rechtsanspruch auf Teilzeit in Anlehnung an die

Regelungen zur familienbedingten Teilzeit geschaffen werden. Von zentraler Bedeutung ist darüber hinaus die Steigerung der Attraktivität des Teilruhestands gegenüber dem vollständigen vorzeitigen Ruhestand. So könnten Teilruheständlerinnen von den üblichen Versorgungsabschlägen befreit werden, wie dies im Rahmen von FALTER bereits der Fall ist. Des Weiteren könnten die Altersgrenzen für den Teilruhestand abgesenkt und damit ein etwas früherer Versorgungszugang im Vergleich zum jeweiligen Vollruhestand geschaffen werden. So wird in Bezug auf die gesetzliche Rentenversicherung seit geraumer Zeit von Parteien und Verbänden die Schaffung eines eigenständigen Versicherungsfalls für Teilrenten mit einer Altersgrenze von 60 Jahren gefordert (z.B. DGB 2007; SPD 2008; Bündnis 90/Die Grünen 2010). Ein solchermaßen reformierter Teilruhestand könnte in der Tat geeignet sein, dem gleitenden Erwerbsausstieg zum Durchbruch zu verhelfen. Zugleich könnte das Beamtenrecht in diesem Fall einmal zum Vorbild für entsprechende Reformen in der gesetzlichen Rentenversicherung werden.

# Literatur

Ahlers, E. (2004): Beschäftigungskrise im öffentlichen Dienst? In: WSI-Mitteilungen, 57 (2), S. 78–83

Ahlers, E. (2005): Arbeitsbelastungen im öffentlichen Dienst – Prävention (noch) kein Thema? In: WSI-Mitteilungen, 58 (6), S. 346–351

Altis, A./Koufen, S. (2011): Entwicklung der Beschäftigung im öffentlichen Dienst. In: Wirtschaft und Statistik, 11/2011, S. 1111–1116

Altis, A./Koufen, S. (2014): Ist die Beamtenversorgung langfristig noch finanzierbar? In: Wirtschaft und Statistik, 4/2014, S. 181–193

Bäcker, G./Brussig, M./Jansen, A./Knuth, M./Nordhause-Janz, J. (2009): Ältere Arbeitnehmer. Erwerbstätigkeit und soziale Sicherheit im Alter. Wiesbaden

Bäcker, G./Jansen, A. (2009): Analyse zur Entwicklung der Bruttolöhne und -gehälter in Ost- und Westdeutschland. Expertise im Auftrag des Forschungsnetzwerks Alterssicherung (FNA) der Deutschen Rentenversicherung Bund. DRV-Schriften Bd. 84. Berlin

Badura, B./Ducki, A./Schröder, H./Klose, J./Meyer, M. (Hg.) (2012): Fehlzeiten-Report 2012. Gesundheit in der flexiblen Arbeitswelt. Berlin

Bellmann, L./Fischer, G./Hohendanner, C. (2009): Betriebliche Dynamik und Flexibilität auf dem deutschen Arbeitsmarkt. In: Möller, J./Walwei, U. (Hg.): Handbuch Arbeitsmarkt 2009. Bielefeld, S. 359–401

Birnbaum, C. (2012): Die Pensionslüge. Warum der Staat seine Zusagen für Beamte nicht einhalten kann und warum uns das alle angeht. München

BMAS (2012): Entwurf eines Gesetzes zur Stärkung der Alterssicherung (Alterssicherungsstärkungsgesetz) vom 7.8.2012. Berlin

BMAS/BAuA (2012): Sicherheit und Gesundheit bei der Arbeit. Unfallverhütungsbericht Arbeit. Dortmund u.a.O.

BMI (1996): Erster Versorgungsbericht der Bundesregierung. Berlin

BMI (2005): Dritter Versorgungsbericht der Bundesregierung. Berlin

BMI (2009): Vierter Versorgungsbericht der Bundesregierung. Berlin

BMI (2011): Demografiebericht. Bericht der Bundesregierung zur demografischen Lage und künftigen Entwicklung des Landes. Berlin

BMI (2012a): Gesundheitsförderungsbericht 2011 der unmittelbaren Bundesverwaltung – einschließlich Fehlzeitenstatistik. Berlin

BMI (2012b): Demografiesensibles Personalmanagement in der Bundesverwaltung. Leitfaden zur Ausgestaltung einer lebensphasenorientierten Personalpolitik. Berlin

BMI (2013): Fünfter Versorgungsbericht der Bundesregierung. Berlin

Bogumil, J./Grohs, S./Kuhlmann, S./Ohm, A. (2007): Zehn Jahre Neues Steuerungsmodell. Eine Bilanz kommunaler Verwaltungsmodernisierung. Berlin

Böhle, F./Stöger, U./Weihrich, M. (2015): Interaktionsarbeit gestalten. Vorschläge und Perspektiven für humane Dienstleistungsarbeit. Berlin

Brandl, S./Stelzl, B. (2013): Arbeitsbedingungen und Belastungen im öffentlichen Dienst. Ein Überblick zum Forschungsstand und Forschungsbedarf. Böckler-Arbeitspapier, Arbeit und Soziales, Bd. 290. Düsseldorf

Briken, K./Gottschall, K./Hils, S./Kittel, B. (2014): Wandel von Beschäftigung und Arbeitsbeziehungen im öffentlichen Dienst in Deutschland – zur Erosion einer sozialstaatlichen Vorbildrolle. In: Zeitschrift für Sozialreform, 60 (2), S. 123–148

Brussig, M. (2010): Erwerbstätigkeit im Alter hängt vom Beruf ab: Ausdifferenzierung der Erwerbschancen vor allem nach dem 60. Lebensjahr, in einigen Berufen aber schon früher, Altersübergangs-Report 2010-05. Duisburg

Brussig, M./Knuth, M./Wojtkowski, S. (2009): Altersteilzeit: Zunehmende Beschäftigungsbrücke zum späteren Renteneintritt, Altersübergangs-Report 2009-2. Duisburg

Brussig, M./Nordhause-Janz, J. (2006): Der Renteneintritt im Spannungsfeld von institutionellem Umfeld und Haushaltskontext. In: Institut Arbeit und Technik (Hg.): IAT-Jahrbuch 2006. Gelsenkirchen, S. 23–40

Bündnis 90/Die Grünen (2010): Voraussetzungen für die Rente mit 67 schaffen. Antrag der Bundestagsfraktion vom 1.12.2010, BT-Drs. 17/4046

Bull, H. (2006): Vom Staatsdiener zum öffentlichen Dienstleister. Zur Zukunft des Dienstrechts. Berlin

Clemens, W. (1997): Frauen zwischen Arbeit und Rente. Lebenslagen in später Erwerbstätigkeit und frühem Ruhestand. Opladen

Clemens, W. (2010): Auswirkungen des demografischen Wandels auf die Beschäftigungssituation und Beschäftigte in öffentlichen Verwaltungen. Expertise im Auftrag der Hans-Böckler-Stiftung. Düsseldorf

Cornelißen, W. (Hg.) (2005): Gender-Datenreport: Erster Datenreport zur Gleichstellung von Frauen und Männern in der Bundesrepublik Deutschland im Auftrag des Bundesministeriums für Familie, Senioren, Frauen und Jugend. München

Czerwick, E. (2007): Die Ökonomisierung des öffentlichen Dienstes. Dienstrechtsreformen und Beschäftigungsstrukturen seit 1991. Wiesbaden

DB (1990): Statistische Angaben. Frankfurt/M.

dbb (2013): Übersicht zu den wesentlichen besoldungs- und versorgungsrechtlichen Entwicklungen im Bund und in den Ländern (15.02.2013), http://www.dbb.de/fileadmin/pdfs/themen/bes_vers_entwicklung_bund_laender.pdf

dbb (2014a): Übersicht 2: Sachstand, Altersgrenzen und Hinausschieben des Ruhestandseintritts in Bund und Ländern (Stand: März 2014), http://www.dbb.de/file admin/pdfs/2014/140811_regelaltersgrenzen_ruhestandseintritt.pdf

dbb (2014b): Übersicht 3: Altersteilzeitregelungen in Bund und Ländern (Stand: März 2014), http://www.dbb.de/fileadmin/pdfs/2014/140811_alterssteilzeitregelungen_ bund_laender.pdf

dbb (2015): Zahlen Daten Fakten 2015. Berlin, http://www.dbb.de/fileadmin/pdfs/ 2015/zdf_2015.pdf

Deutscher Bundestag (2014): Entschließungsantrag der Fraktionen der CDU/CSU und SPD, Drucksache 18/1507 vom 22.5.2014

DGB (2007): Vorschläge zu einem flexiblen Übergang in die Rente. Beschluss des DGB-Bundesvorstandes vom 4. September 2007. Berlin

DGB-Index (2011): Die Arbeitsqualität im öffentlichen Dienst aus Sicht der Beschäftigten. Sonderauswertung öffentlicher Dienst. Berlin

Drobnič, S./Schneider, T. (2000): Der Übergang erwerbstätiger Ehepartner in den Ruhestand aus der Lebenslaufperspektive. In: Heinz, W. (Hg.): Übergänge – Individualisierung, Flexibilisierung und Institutionalisierung des Lebensverlaufs. Zeitschrift für Soziologie der Erziehung und Sozialisation 20 (3. Beiheft), S. 205–220

DRV (2015a): Rentenversicherung in Zeitreihen. Berlin

DRV (2015b): Rentenversicherung in Zahlen. Berlin

Ehlert, H. (Hg.) (2002): Armee ohne Zukunft. Das Ende der NVA und die deutsche Einheit. Zeitzeugenberichte und Dokumente. Berlin

Ellguth, P./Gerner, H./Zapf, I. (2013): Flexibilität für Betriebe und Beschäftigte: Vielfalt und Dynamik bei den Arbeitszeitkonten, IAB-Kurzbericht 3/2013. Nürnberg

Ellguth, P./Kohaut, S. (2011): Der Staat als Arbeitgeber: Wie unterscheiden sich die Arbeitsbedingungen zwischen öffentlichem Sektor und der Privatwirtschaft? In: Industrielle Beziehungen, 18 (1–2), S. 11–38

Europäische Kommission (2014): Annual macro-economic database (Ameco)

Eurostat (2015): Öffentliches Defizit im Euroraum und in der EU28 bei 2,4% bzw. 2,9% des BIP, Pressemitteilung 72/2015 vom 21. April 2015. Luxemburg

Färber, G./Funke, M./Walther, S. (2011): Nachhaltige Finanzierung der Beamtenversorgung. Ökonomische Perspektiven und rechtliche Gestaltungsmöglichkeiten. Berlin

Faust, F./Klöckner, B. (2005): Beamte – die Privilegierten der Nation. Wie unsere Staatsdiener kassieren, während Deutschland pleitegeht. Weinheim

Focus (2014): Anträge auf Vorruhestand: Tausende Soldaten kehren der Bundeswehr den Rücken. In: Focus-Online vom 12.01.2014, http://www.focus.de/politik/deutschland/bundeswehr-soldaten-antraege-auf-vorruhestand-bundeswehr-beste-koepfe-gehen-offiziere-vorruhestand-von-der-leyen-7_id_3534348.html

Fröhler, N. (2014): Entstaatlichung – Vertariflichung – Verbetrieblichung: Politik und Praxis des flexiblen Übergangs in den Ruhestand. In: Zeitschrift für Sozialreform, 60 (4), S. 413–438

Fröhler, N. (2015): Betriebliche Regulierung des Übergangs von der Erwerbsphase in den Ruhestand. In: WSI-Mitteilungen, 68 (2), S. 96–107

Fröhler, N. (2016): Staat statt Tarif und Betrieb. Ein Beitrag zur Diskussion um die (Re-)Flexibilisierung des Rentenübergangs. In: Sozialer Fortschritt, 65 (i.E.)

Fröhler, N./Fehmel, T./Klammer, U. (2013): Flexibel in die Rente. Gesetzliche, tarifliche und betriebliche Perspektiven. Berlin

Funke M./Walther, S. (2010): Die Beamtenversorgung zwischen Modernisierung und Sparzwang. In: WSI-Mitteilungen, 63 (1), S. 26–33

Hellfeier, M./Pinsdorf, C. (2013): Altersgeld statt Pension? Die Modernisierung der Beamtenversorgung schreitet voran. In: Forschung & Lehre, 20 (6), S. 476–477

Himmelreicher, R./Hagen, C./Clemens, W. (2009): Bildung und Übergang in den Ruhestand. Gehen Höherqualifizierte später in Rente? In: Kölner Zeitschrift für Soziologie und Sozialpsychologie, 61 (3), S. 437–452

Himmelreicher, R./Sewöster, D./Scholz, R./Schulz, A. (2008): Die fernere Lebenserwartung von Rentnern und Pensionären im Vergleich. In: WSI-Mitteilungen, 61 (5), S. 274–280

Hucul, S. (2009): Anpassung der Altersgrenzen der Berufssoldatinnen und Berufssoldaten durch das Dienstrechtsneuordnungsgesetz, http://www.deutsches-wehr recht.de/Unterlagen/DNeuG%20-%20Altersgrenzentabelle.pdf

IWF (2015): World Economic Outlook Database (WEO)

Keller, B. (2010): Arbeitspolitik im öffentlichen Dienst. Ein Überblick über Arbeitsmärkte und Arbeitsbeziehungen. Berlin

Keller, B./Seifert, H. (2014): Atypische Beschäftigungsverhältnisse im öffentlichen Dienst. In: WSI-Mitteilungen, 67 (8), S. 628–638

Kistler, E. (2009): Demographischer Wandel im öffentlichen Dienst. Mythos und Realität. In: Der Personalrat, 26 (12), S. 472–475

Koch, R. (2004): Umbau Öffentlicher Dienste: Internationale Trends in der Anpassung Öffentlicher Dienste an ein New Public Management. Wiesbaden

Kruse, A. (2000): Psychologische Beiträge zur Leistungsfähigkeit im mittleren und höheren Erwachsenenalter – eine ressourcenorientierte Perspektive. In: Rothkirch, C. (Hg.): Altern und Arbeit: Herausforderung für Wirtschaft und Gesellschaft. Berlin, S. 72–87

Lohmann-Haislah, A. (2012): Stressreport Deutschland 2012. Psychische Anforderungen, Ressourcen und Befinden. Dortmund u.a.O.

Matuschek, I. (2010): Konfliktfeld Leistung: Eine Literaturstudie zur betrieblichen Leistungspolitik. Berlin

Mühlenkamp, H. (2008): Leistungsbezahlung im öffentlichen Sektor unter dem Regime der „Kostenneutralität": Warum sie nicht wirklich funktionieren kann. In: Magiera, S./Sommermann, K./Ziller, J. (Hg.): Verwaltungswissenschaft und Verwaltungspraxis in nationaler und transnationaler Perspektive. Berlin, S. 637–653

Murmann, T. (1991): Grundlagen des Beamtenversorgungsrechts. In: Recht im Amt, 38 (5), S. 231–246

OECD (2011): Government at a glance. Paris

Pechstein, M. (2006): Wie können die Länder ihre neuen beamtenrechtlichen Kompetenzen nutzen? In: Zeitschrift für Beamtenrecht, 54 (9), S. 285–288

Pelizzari, A. (2001): Die Ökonomisierung des Politischen: new public management und der neoliberale Angriff auf die öffentlichen Dienste. Konstanz

Resch, H. (2012): Arbeitsverdichtung im Fahrdienst als Folge der Restrukturierung im ÖPNV, Arbeitspapier 212 der Hans-Böckler-Stiftung. Düsseldorf

Riedmann, A./Kümmerling, A./Seifert, H. (2011): Evaluation des Gesetzes zur Verbesserung der Rahmenbedingungen für die Absicherung flexibler Arbeitszeitregelungen („Flexi II"-Gesetz), Forschungsbericht Arbeitsmarkt des BMAS Nr. 418. Berlin

Robert-Bosch-Stiftung (Hg.) (2009): Demographieorientierte Personalpolitik in der öffentlichen Verwaltung. Studie der Prognos AG im Auftrag der Robert Bosch Stiftung. Stuttgart

Ruland, F. (2002): Noch einmal davon gekommen. Zur Reform der Beamtenversorgung. In: Neue juristische Wochenschrift, 55 (13), S. 948–949

Schilling, P. (2011): Die Mär von der Überversorgung von Richtern und Beamten. In: Deutsche Richterzeitung, 89 (5), S. 157–158

Schmidt, W./Müller, A. (2012): Leistungsentgelt in den Kommunen. Bundesweite Erhebung zur Umsetzung § 18 TVöD-VKA. Tübingen

Schwilling, A./Bunge, S./Roland Berger Strategy Consultants (2014): 20 Jahre Bahnreform und Deutsche Bahn AG: Erfolge und künftige Herausforderungen. Hamburg

Seidel, A./Ovey, J./Birk, S. (2008): Zukunftsreport Moderner Staat 2008. Die öffentliche Verwaltung im Jahr 2020. In: Innovative Verwaltung, IV-Special 3-2008

SPD (2008): Flexible Übergänge in den Ruhestand noch in dieser Wahlperiode beschließen. Beschluss des SPD-Präsidiums vom 16.6.2008. Berlin

StBA (2003): Finanzen und Steuern: Personal des öffentlichen Dienstes 2002, Fachserie 14, Reihe 6. Wiesbaden

StBA (2004): Finanzen und Steuern: Personal des öffentlichen Dienstes 2003, Fachserie 14, Reihe 6. Wiesbaden

StBA (2011): Finanzen und Steuern: Personal des öffentlichen Dienstes 2010, Fachserie 14, Reihe 6. Wiesbaden

StBA (2015a): Finanzen und Steuern: Versorgungsempfänger des öffentlichen Dienstes 2014, Fachserie 14, Reihe 6.1. Wiesbaden

StBA (2015b): Finanzen und Steuern: Personal des öffentlichen Dienstes 2014, Fachserie 14, Reihe 6. Wiesbaden

StBA (2015c): Preise: Verbraucherpreisindizes für Deutschland. Lange Reihen ab 1948. Wiesbaden

StBA (2015d): Bevölkerung und Erwerbstätigkeit. Allgemeine Sterbetafel Deutschland 2010/12. Wiesbaden

Strauß, J./Lichte, R./Schulte, C. (2009): Generationenpolitik und Generationengerechtigkeit im Betrieb. Ergebnisse aus Betriebsfallstudien. SFS-Beiträge aus der Forschung 169. Dortmund

Tepe, M./Kroos, D. (2010): Lukrativer Staatsdienst? Lohndifferenzen zwischen öffentlichem Dienst und Privatwirtschaft. In: WSI-Mitteilungen, 63 (1), S. 3–10

Tietel, E. (2006): Konfrontation – Kooperation – Solidarität. Betriebsräte in der sozialen und emotionalen Zwickmühle. Berlin

Trischler, F. (2014): Erwerbsverlauf, Altersübergang, Alterssicherung: Zunehmende soziale Ungleichheit im Alter. Wiesbaden

ver.di (2014): Altersteilzeit für Beamte, https://psl.verdi.de/themen/nachrichten/++co ++17a34f36-c3a8-11e3-a068-52540059119e

Walther, S. (2013): Reformen der Beamtenversorgung aus ökonomischer Perspektive, Speyer (Univ.-Diss.)

Wanger, S. (2009): Altersteilzeit: Beliebt, aber nicht zukunftsgerecht. IAB-Kurzbericht 8/2009, Nürnberg

Winkel, R./Nakielski, H. (2014): Abschlagsfreie Rente ab 63 – wer kann jetzt davon profitieren? In: Soziale Sicherheit, 63 (6), S. 236–239

WSI-Tarifarchiv (2015): Statistisches Taschenbuch Tarifpolitik. Düsseldorf

# Verzeichnis der Abbildungen und Tabellen

*Abbildungen*

Abb. 2.1:  Entwicklung der Anzahl der aktiven BeamtInnen von 1991 bis 2014    17

Abb. 2.2:  Tarif- und Besoldungssteigerungen von 1998 bis 2014    23

Abb. 2.3:  Altersstruktur der Beschäftigten des öffentlichen Dienstes und der    24
sozialversicherungspflichtig Beschäftigten im Jahr 2010

Abb. 2.4:  Entwicklung der Altersstrukturen im Beamtenbereich    25
von 1993 bis 2013

Abb. 3.1:  VersorgungsempfängerInnen nach Ebenen im Januar 2014    49

Abb. 3.2:  Entwicklung der Anzahl der VersorgungsempfängerInnen von 1991    50
bis 2014 nach Ebenen

Abb. 3.3:  Entwicklung der durchschnittlichen Ruhegehaltssätze nach Ebenen    52
von 1994 bis 2014

Abb. 3.4:  Durchschnittliche Ruhegehaltsbezüge im Januar 2014 nach Ebenen    53
und Geschlecht

Abb. 3.5:  Entwicklung der Versorgungsquote des öffentlichen Dienstes    55
von 1991 bis 2012

Abb. 4.1:  Entwicklung des Versorgungszugangs nach Eintrittsgrund    71
von 1993 bis 2013

Abb. 4.2:  Grund für den Ruhestandseintritt im Jahr 2013 nach Geschlecht    74

Abb. 4.3:  Grund für den Ruhestandseintritt im Jahr 2013 nach Laufbahngruppe    75

Abb. 4.4:  Bundesbereich: Entwicklung des Versorgungszugangs    76
nach Eintrittsgrund von 1993 bis 2013

Abb. 4.5:  BeamtInnen und RichterInnen des Bundes: Entwicklung des    78
Versorgungszugangs nach Eintrittsgrund von 1993 bis 2013

Abb. 4.6:  BerufssoldatInnen: Entwicklung des Versorgungszugangs nach    79
Eintrittsgrund von 1993 bis 2013

Abb. 4.7:  BahnbeamtInnen: Entwicklung des Versorgungszugangs nach    80
Eintrittsgrund von 1993 bis 2013

Abb. 4.8:  PostbeamtInnen: Entwicklung des Versorgungszugangs nach    81
Eintrittsgrund von 1993 bis 2013

Abb. 4.9:  Landesbereich: Entwicklung des Versorgungszugangs nach    81
Eintrittsgrund von 1993 bis 2013

Abb. 4.10:  Vollzugsdienst der Länder: Entwicklung des Versorgungszugangs    82
nach Eintrittsgrund von 1993 bis 2013

Abb. 4.11:  Schuldienst der Länder: Entwicklung des Versorgungszugangs    83
nach Eintrittsgrund von 1993 bis 2013

Abb. 4.12:  Kommunalbereich: Entwicklung des Versorgungszugangs nach    84
Eintrittsgrund von 1993 bis 2013

Abb. 4.13:   Entwicklung des Durchschnittsalters beim Versorgungszugang         86
             nach Eintrittsgrund von 2003 bis 2013

Abb. 4.14:   Entwicklung des Durchschnittsalters beim Versorgungszugang         87
             von 1993 bis 2013 nach Ebenen

Abb. 4.15:   Bundesbereich: Entwicklung des Durchschnittsalters beim            88
             Versorgungszugang von 1993 bis 2013 nach Dienstbereichen

Abb. 4.16:   Landesbereich: Entwicklung des Durchschnittsalters beim            90
             Versorgungszugang von 1993 bis 2013 nach Dienstbereichen

Abb. 5.1:    Entwicklung des Anteils der Zugänge in Dienstunfähigkeit an        102
             allen Versorgungszugängen von 1993 bis 2013 nach Ebenen

Abb. 5.2:    Entwicklung des Anteils der Zugänge in Dienstunfähigkeit an        104
             allen Versorgungszugängen von 1993 bis 2013 in ausgewählten
             Dienstbereichen

Abb. 5.3:    Entwicklung des Anteils der Zugänge in Dienstunfähigkeit an allen  105
             Versorgungszugängen von 2003 bis 2013 nach Laufbahngruppen

Abb. 5.4:    Entwicklung des Anteils der Zugänge in Dienstunfähigkeit an allen  106
             Versorgungszugängen von 2003 bis 2013 nach Geschlecht

Abb. 5.5:    Entwicklung der Zugänge in Dienstunfähigkeit von 2003 bis 2013     107
             nach Altersgruppen

Abb. 6.1:    Bundesbereich: Entwicklung des Anteils der Ruhestandseintritte     112
             wegen Inanspruchnahme einer Vorruhestandsregelung von 1993
             bis 2013 nach Dienstbereichen

Abb. 6.2:    Entwicklung der Anzahl der BeamtInnen in Altersteilzeit            127
             von 2000 bis 2014 nach Ebenen

Abb. 6.3:    Entwicklung der Altersteilzeitquote unter den BeamtInnen und       131
             ArbeitnehmerInnen des öffentlichen Dienstes von 2000 bis 2014

Abb. 6.4:    Entwicklung der Altersteilzeitquote der BeamtInnen                 132
             von 2000 bis 2014 nach Ebenen

Abb. 6.5:    Entwicklung der Altersteilzeitquote der BeamtInnen von 2002        133
             bis 2014 nach Geschlecht

Abb. 6.6:    Entwicklung des Anteils des Gleichverteilungsmodells unter den     134
             Altersteilzeitfällen von 2006 bis 2014

*Tabellen*

Tab. 4.1:    Zentrale Reformen bei den Altersgrenzen für den altersbedingten    61
             Ruhestand seit 1989

Tab. 4.2:    Anhebung der Altersgrenzen im Bundesbereich nach den               63
             Bestimmungen des Dienstrechtneuordnungsgesetzes 2009

Tab. 4.3:    BeamtInnen und RichterInnen des Bundes: Entwicklung des            91
             Durchschnittsalters beim Versorgungszugang von 1993 bis 2010
             nach Laufbahngruppen

Tab. 5.1:   Anhebung der abschlagsfreien Altersgrenze bei Dienstunfähigkeit          96
            nach den Bestimmungen des Dienstrechtsneuordnungsgesetzes 2009

Tab. 5.2:   Zentrale Reformen beim Ruhestand wegen Dienstunfähigkeit                 98
            seit 1997

Tab. 5.3:   Entwicklung der Anzahl der Versorgungszugänge wegen                     100
            Dienstunfähigkeit von 1993 bis 2013 nach Ebenen

Tab. 6.1:   Entwicklung der Ruhestandseintritte wegen Inanspruchnahme               110
            einer Vorruhestandsregelung von 1993 bis 2013

Tab. 6.2:   Übersicht über die Bewilligungsformen von Altersteilzeit im             126
            Beamtenbereich des Bundes bis Ende 2009

Tab. 6.3:   Zentrale Bestimmungen zur Altersteilzeit im Beamtenbereich              128
            des Bundes und der Länder

## Ebenfalls bei edition sigma – eine Auswahl

**In dieser Schriftenreihe sind zuletzt erschienen:**

Marian Döhler, Jochen Franzke, Kai Wegrich (Hg.): **Der gut organisierte Staat.** Festschrift für Werner Jann zum 65. Geburtstag
Sonderbd. 45      2015      588 S.      ISBN 978-3-8487-2062-0      € 39,90

Reinhard Bahnmüller, Markus Hoppe: **Weiterbildung in Kommunalverwaltungen.** Bestandsaufnahme, tarifliche Regelungen, Empfehlungen
Sonderbd. 44      2014      166 S.      ISBN 978-3-8360-7294-6      € 15,90

Helmut Klages, Angelika Vetter: **Bürgerbeteiligung auf kommunaler Ebene.** Perspektiven für eine systematische und verstetigte Gestaltung
Sonderbd. 43      2013      131 S.      ISBN 978-3-8360-7293-9      € 14,90

Werner Schmidt, Andrea Müller: **Leistungsorientierte Bezahlung in den Kommunen.** Befunde einer bundesweiten Untersuchung
Sonderbd. 42      2013      340 S.      ISBN 978-3-8360-7292-2      € 24,90

Jörg Bogumil, M. Burgi, R. G.Heinze, S. Gerber, I.-D. Gräf, L. Jochheim, M. Schickentanz, M. Wannöffel: **Modernisierung der Universitäten.** Umsetzungsstand und Wirkungen neuer Steuerungsinstrumente
Sonderbd. 41      2013      251 S.      ISBN 978-3-8360-7291-5      € 18,90

Johann Seiwald, R. Meyer, G. Hammerschmid, I Egger-Peitler, M.A. Höllerer: **Neue Wege des Haushaltsmanagements.** Internationale Erfahrungen, Herausforderungen und Trends
Sonderbd. 40      2012      154 S.      ISBN 978-3-8360-7290-8      € 14,90

Christoph Reichard, Manfred Röber: **Ausbildung der Staatsdiener von morgen.** Bestandsaufnahme – Reformtendenzen – Perspektiven
Bd. 40      2012      95 S.      ISBN 978-3-8360-7240-3      € 8,90

Rolf Dubs: **Die teilautonome Schule.** Ein Beitrag zu ihrer Ausgestaltung aus politischer, rechtlicher und schulischer Sicht
Bd. 39      2011      110 S.      ISBN 978-3-8360-7239-7      € 8,90

edition sigma in der Nomos Verlagsgesellschaft
Waldseestr. 3-5      D – 76530 Baden-Baden
Tel. [07221] 2104-37      Mail shop@nomos.de

www.**edition-sigma**.de
www.**nomos-shop**.de